# 前 言 FOREWORD

为了适应我国会计准则改革的纵深发展，对于广大财会人员来说，及时学习、领会、掌握新知识显得尤为重要。只有如此，才能适时更新会计观念，调整知识结构，掌握新的财务操作技能。因此，编者结合最新的会计准则制定精神，在符合我国国情的基础上编写了本书 。

## 本书的特点

本书以着力培养建筑相关专业财会人员的专业知识、方法和专业技能为目标，旨在使建筑专业财会人员能够系统、全面地掌握建筑施工企业会计核算的基本理论和基本方法，能够运用所学的专业知识和技能，熟练准确地进行企业会计要素的核算，正确编制财务会计报告。

本书具有以下几个方面的特点。

❑ 行业特点明显

本书以建筑施工企业为主体，内容以建筑施工企业的生产经营活动为对象，是一本反映建筑施工企业会计核算的专业书。书中涉及的知识理论和方法体现了行业的基本内容，突出了行业特色。

❑ 通俗易懂、图文并茂

本书结合建筑施工企业的特点，充分运用图解的方式帮助读者概括、总结知识点，图文并茂，简单易懂，使原本较枯燥的内容能够生动地展现在读者的面前，这样不仅能使读者较快掌握知识的精髓，也能使读者加深对知识的理解。

❑ 专业性、权威性强

本书以我国最新的财经法规、相关制度以及建筑会计人员的实际工作经验为基础，将理论与实务很好地结合在一起，使读者对相关规定和操作流程一目了然。

## 本书的主要内容

本书结合建筑施工企业的性质和特点，全面、系统地阐述了建筑施工企业会计核算的原理、方法、流程，其主要内容如下。

第 1 章介绍了建筑行业的概念和建筑施工企业的生产经营特点，以及建筑施工企业会计核算的基本方法。

第 2 章介绍了建筑施工企业货币资金的管理与核算，包括库存现金的使用范围、收支规定及核算，运用实例讲解了现金长短款的处理、银行存款业务的核算。

第 3 章介绍了建筑施工企业应收及预付款项的核算，其中重点讲解了应收账款中销售折扣、销售折让和销售退回的相关核算，应收票据中带息和不带息票据的核算。

第 4 章主要介绍了建筑施工企业存货的核算，包括材料的购进、领用、退库，以及周转材料的摊销方法、存货的清查及期末计量。

第 5 章介绍了建筑施工企业对外投资的核算，包括短期投资和长期投资的核算，重点讲解了长期股权投资的后续计量。

第 6 章介绍了建筑施工企业固定资产的核算，其中重点讲解了自行建造的固定资产、外购的固定资产、临时设施固定资产的折旧、固定资产的处置以及固定资产清查的核算。

第 7 章介绍了建筑施工企业无形资产、商誉以及其他资产的核算。

第 8 章介绍了建筑施工企业流动负债的核算，主要讲解了短期借款取得和归还的核算、应付账款和预收账款的核算、应付职工薪酬的核算以及其他流动负债的核算。

第 9 章介绍了建筑施工企业非流动负债的核算，包括长期借款的核算、应付债券发行和归还的核算、其他长期应付款的核算、债务重组的相关核算以及预计负债的相关核算。

第 10 章介绍了建筑施工企业所有者权益的核算，其中讲述了所有者权益的概念和内容，所有者权益中实收资本、资本公积、留存收益的核算以及利润的结转与分配的核算。

第 11 章介绍了建筑施工企业收入的确认和计量，费用和利润的核算。

第 12 章介绍了建筑施工企业工程施工成本的核算，主要讲解了工程成本包含的内容有哪些，工程成本如何核算，以及辅助生产成本和机械作业成本核算的内容。

第 13 章介绍了建筑施工企业税金的计算和核算，重点讲述了增值税、企业所得税的核算内容。

第 14 章介绍了建筑施工企业财务会计报告的编制，包括资产负债表的编制、利润表的编制、现金流量表的编制、所有者权益变动表及报表附注的编制。

第 15 章主要介绍了建筑施工企业合并财务报表的特点及编制要求。

## 适合阅读本书的读者

本书的适用面较广，既可作为建筑施工企业广大财会人员处理会计实务的工具书，又可作为高等院校财经专业开设建筑施工企业会计课程的最新教材，还可作为广大财会人员自学以及参加各种会计专业考试的参考书。

本书由郝芸编写，其余参与资料整理的还有梁静、黄艳娇、任耀庚、刘海琛、刘涛、蒲玉平、李晓朦、张鑫卿、李阳、陈诺、张宇微、李光明、庞国威、史帅、何志朋、贾倩楠、曾源、胡萍凤、杨罡、郝召远。

由于编者水平有限，本书中对有些问题的讲解可能不尽完善，疏漏之处不可避免，敬请读者批评指正。

编者

2017 年 2 月

郝芸/编著

# 建筑施工企业
# 会计核算与纳税实务

## 零基础 | 全流程 | 重实践

人民邮电出版社

北京

**图书在版编目（ＣＩＰ）数据**

建筑施工企业会计核算与纳税实务：零基础　全流程　重实践 / 郝芸编著. -- 北京：人民邮电出版社，2017.5
ISBN 978-7-115-44702-9

Ⅰ．①建… Ⅱ．①郝… Ⅲ．①建筑施工企业－工业会计 Ⅳ．①F407.906.72

中国版本图书馆CIP数据核字(2017)第008254号

## 内 容 提 要

2016 年全面"营改增"后，建筑施工企业纳入"营改增"试点范围，这就对建筑施工企业会计人员的职业能力提出了更高的要求。本书从货币资金、应收及预付款项、存货、对外投资、固定资产、工程成本、财务报表等方面，结合建筑施工企业的特点，叙述了建筑施工企业的会计核算，对建筑施工企业有关的会计科目的设置和使用、成本的构成与核算、相关信息的财务报告披露等方面做了详细介绍。

本书强调基本理论、基本知识、基本方法、基本技能相结合，并在阐明基本理论、方法的基础上通过举例，帮助读者深入理解和运用所学知识，章后习题帮助读者检验对知识的吸收效果。

本书适用于在校学生、从事建筑施工企业的会计人员或相关人员学习和参考。

◆ 编　　著　郝　芸
责任编辑　刘向荣
责任印制　杨林杰

◆ 人民邮电出版社出版发行　北京市丰台区成寿寺路 11 号
邮编　100164　电子邮件　315@ptpress.com.cn
网址　http://www.ptpress.com.cn
北京鑫正大印刷有限公司印刷

◆ 开本：700×1000　1/16
印张：19.75　　　　　　2017 年 5 月第 1 版
字数：350 千字　　　　2017 年 5 月北京第 1 次印刷

定价：49.80 元

读者服务热线：(010)81055256　印装质量热线：(010)81055316
反盗版热线：(010)81055315
广告经营许可证：京东工商广字第 8052 号

# 目 录 CONTENTS

# 第1章  建筑施工企业概述

城市建筑是构成城市的一个重要部分，而建筑不仅仅只是一个供人们住宿休息，娱乐消遣的人工作品，它从很大的层面上与我们的经济、文化和生活相关联。在今天，城市建筑以其独特的方式传承着文化，散播着生活的韵味，不断地渗透进人们的日常生活中，为人们营造一个和谐和安宁的精神家园。

当前国家处于建设阶段，建筑行业的发展来势迅猛，如火如荼，遍及全国各个区域，建筑风格新颖多样。尤其是一些公共建筑，以其独特的造型和结构彰显出城市特有的个性与风采，也因此而成为一个城市的地标性建筑物，形成该地区经济与文化的独特魅力。

建筑行业是随社会生产的发展和人们的需求而产生的，作为三大产业之一，是国民经济的重要组成部分，是国民经济的重要基础原材料工业之一，也是资源、能源依赖型产业，是世界上对全球经济做出最大贡献的行业之一。

# 1.1  建筑行业的概述

建筑行业是一个古老的行业，自人类需要安身之所的时候起，就慢慢地开始形成。而随着人类科学技术的日益发达，全球城市化的一步步扩展，建筑行业已不再是粗放的、无序的搭建房子而已，建筑行业已经成为涵盖无数企业，跨行四大领域现代工业体系，与钢铁工业、汽车工业并列为国民经济的三大支柱产业。

## 1.1.1  建筑行业的概念

建筑行业，则首先是将建筑相关行业作为工业的一个门类，就像化学工业、石油工业、钢铁工业等一样，先是工业，然后才是不同类别的建筑各个行业。

在我国，通用的建筑行业的概念可分为广义和狭义。

### 1. 广义的建筑行业

反映的是建筑产品生产的全过程及参与其过程的各个产业和各类活动，涵盖了建筑产品的生产以及与建筑生产有关的生产和服务内容，包括建设规划、勘察、设计、施工及安装，建筑构配件生产，建成环境的运营、维护及管理，相关的技术、管理、商务咨询和中介服务，相关的教育科研培训等活动。

### 2. 狭义的建筑行业

狭义的建筑行业是指国家标准的产业分类中的建筑行业，是专门从事土木工程、房屋建设和设备安装以及工程勘察设计工作的生产部门。其产品是各种工厂、矿井、铁路、桥梁、港口、道路、管线、住宅以及公共设施的建筑物、构筑物和设施。建筑行业的产品转给使用者之后，就形成了各种生产性和非生产性的固定资产。

## 1.1.2 建筑设计领域

建筑行业包含一系列与建筑相关联的行业，设计领域是最基础的领域，不论是建筑设计还是装饰设计，在整个建筑行业的相关行业里都具有举足轻重的地位和作用。

建筑设计是指设计一个建筑物或建筑群所要做的全部工作。

由于科学技术的发展，在建筑上利用各种科学技术的成果越来越广泛深入，设计工作常涉及建筑学、结构学，以及给水、排水、供暖、空气调节、电气、燃气、消防、防火、自动化控制管理、建筑声学、建筑光学、建筑热工学、工程估算，园林绿化等方面的知识，需要各种科学技术人员的密切协作。

建筑设计领域，主要包括诸多建筑设计研究院、建筑事务所、相关企业等。

## 1.1.3 建筑施工领域

建筑设计完成之后，就需要由拥有专业人力、物力的建筑施工企业进行施工，才能将电脑和图纸里的建筑设想，真实地展示在世人面前。

建筑施工企业，是指专门从事建筑物与构筑物（建筑工程、市政公用工程、线路管道和设备安装工程及装修工程）的新建、扩建、改建和拆除等有关活动的企业。

凡是承建各种建筑相关工程的企业，如建筑工程公司，各色的施工队、建筑队、装修工程队等都属于建筑施工领域。

## 1.1.4 建筑监理领域（监理单位）

建设监理是商品经济发展的产物。工业发达国家的资本占有者，在进行一项新的投资时，需要一批有经验的专家进行投资机会分析，制定投资决策；项目确立后，又需要专业人员组织招标活动，从事项目管理和合同管理工作。

工程建设监理，《工程建设监理规定》第三条给出的定义是，指监理单位受项目法人的委托，依据国家批准的工程项目建设文件，有关工程建设的法律、法规和工程建设监理合同及其他工程建设合同，对工程建设实施的监督管理。

### 1.1.5 其他建筑领域

建筑行业涵盖许多方面的领域，这些领域统称为其他建筑领域。

其他建筑领域，泛及面广，主要包括：

❑ 各房地产开发商；

❑ 诸多建筑机械和建筑材料的生产供应商；

❑ 各类试验室，比如建筑工程检测试验室；

❑ 高端的建筑研究领域，如大学里的建筑教学，或国家建筑方面的实验室；

❑ 国家建设行政主管部门，比如建设部、某省建设厅等；

❑ 全国各行业关于工程建设的一些协会等行业组织等。

# 1.2 建筑施工企业的生产特点

与一般工业企业相比，建筑施工企业的生产经营活动以及生产的产品等都具有自身的特点，具体表现在以下几个方面。

## 1.2.1 生产的流动性

生产的流动性表现在两个方面：一是施工对象的不断变化而导致的生产人员和机械器具，甚至整个施工机构，都要随施工对象坐落位置的变化而迁徙流动，转移区域或地点；二是在一个产品的生产过程中，施工人员和机具又要随施工部位的不同而沿着施工对象上、下、左、右流动，不断地变换操作场所。为了适应施工条件的经常变化，施工机械器具多是比较小型或便于移动的，手工操作也较多，在一定程度上影响了建筑行业技术的发展。

## 1.2.2 生产的单件性

由于建筑物或构筑物的功能要求不同，所处的自然条件和社会经济条件各异，每个工程都各有独特的工程设计和施工组织设计，不可能进行批量生产，而产品价格也必须个别确定并单独进行成本核算，所以建筑行业产品要单件进行生产和核算成本。

### 1.2.3 生产的长期性

建筑施工工程一般都较大，工期常以年计，施工准备也需要较长时间。因此，在生产中往往要长期占用大量的人力、物力和资金，不可能在短期内提供有用的产品，甚至有的工程要两三年才能完工。

### 1.2.4 施工生产受自然气候影响

建筑施工企业产品生产一般都是露天和高空作业，受自然气候条件的影响非常大，导致生产质量和安全问题突出，安全设施、人员安全教育和培训必不可少。

# 1.3 建筑施工企业会计核算的方法

建筑施工企业的会计核算，虽然与其他行业的会计核算有些差异，但是基本的理念和方法都是一样的。在建筑施工企业的日常会计核算中，会计的基本核算方法同样在发挥着作用。

会计核算方法，是指会计对已经发生的经济活动进行连续、系统、全面反映和监督所采用的方法。会计核算方法共有以下几种：

- ❑ 设置账户；
- ❑ 复式记账；
- ❑ 填制和审核凭证；
- ❑ 登记账簿；
- ❑ 成本的归集及核算；
- ❑ 财产清查；
- ❑ 编制财务报告。

这些会计核算方法，主要是用来全面地反映和监督会计对象。而由于会计对象具有多样性和复杂性的特点，所以针对其进行反映和监督的会计核算方法就不能一刀切，不能以一种方法形式全面适用，从而采用了一系列的方法体系。

### 1.3.1 设置账户

设置账户，是对会计核算的具体内容进行分类核算和监督的一种专门方法。由于会计对象的具体内容是复杂多样的，要对其进行系统地核算和经常性监督，就必须对经济业务进行科学的分类，以便分门别类地、连续地记录，据以取得多种不同性质、符合经营管理需要的信息和指标。

在会计日常工作中，用到更多的是会计科目。会计科目是会计账户的名称，在进行相应的会计核算时，需要用会计科目来明确账户间的相互关系，并进行相应的归集和计算。

## 1.3.2　复式记账法

复式记账是指对每一项经济业务，都要以相等的金额，在两个或两个以上相互联系的账户中同时进行记录的方法。任何一项经济业务，都会引起至少两个方面的变化，或资产内部或权益内部此增彼减，或资产与权益同增同减。这种变化既相互独立，又密切联系。

如果采取单式记账法，只能对其中的一种变化进行核算和监督，无法全面地反映经济业务的全貌。采用复式记账法，可以通过账户的对应关系完整地反映经济业务的来龙去脉，还可以通过每一项经济业务所涉及的两个或两个以上的账户之间的平衡关系，来检查会计记录的正确性。

复式记账法按记账符号、记账规则等不同，分为：

❑　收付记账法；

❑　增减记账法；

❑　借贷记账法。

根据我国的相关法律法规，我国境内的企业，都必须采用借贷记账法进行记账，建筑施工企业也不例外。

借贷记账法是以"借""贷"作为记账符号，记录会计要素增减变动情况的一种复式记账法。借贷记账法的账户基本结构是：每一个账户都分为"借方"和"贷方"，账户的左方为"借方"，账户的右方为"贷方"。

采用借贷记账法时，账户的借贷两方必须做相反方向的记录。即对于每一个账户来说，如果规定借方用来登记增加额，则贷方就用来登记减少额；如果规定借方用来登记减少额，则贷方就用来登记增加额。

究竟哪个账户的哪一方用来登记增加额，哪一方用来登记减少额，要看账户反映的经济内容和账户的性质。不同性质的账户，其结构是不同的。

## 1.3.3　填制和审核凭证

填制和审核凭证是指为了审查经济业务是否合法、合理，保证账簿记录正确、完整而采用的一种专门方法。

会计凭证是记录经济业务，明确经济责任，做为记账依据的书面证明，是登记账簿的重要依据。正确填制和审核会计凭证，是核算和监督经济活动财务收支的基础，是做好会计工作的前提。

### 1.3.4 登记账簿

登记会计账簿简称记账，是以审核无误的会计凭证为依据在账簿中分类、连续地、完整地记录各项经济业务，以便为经济管理提供完整、系统的各项经济业务记录，提供完整、系统的会计核算资料。账簿记录是重要的会计资料，是进行会计分析、会计检查的重要依据。

### 1.3.5 成本的归集及核算

成本是在经营过程中发生的各种费用，只要对产品的生产、销售及相关服务等全系列活动相关的费用，都需要列入产品成本进行计算。

由于大部分企业的成本项目，都是按照一定对象进行归集的，借以明确各对象的总成本和单位成本。通过成本计算，可以考核各工程的物化劳动和活劳动的耗费程度，进而为成本控制、投标书的编写和经营成果的确定提供有用资料。

成本的归集及核算包括以下内容。

（1）生产费用支出的审核。

（2）确定成本计算对象和成本项目，开设产品成本明细账。

（3）进行要素费用的分配。

对发生的各项要素费用进行汇总，编制各种要素费用分配表，按其用途分配计入有关的生产成本明细账。

（4）进行综合费用的分配。

对记入"制造费用""生产成本——辅助生产成本"和"废品损失"等账户的综合费用，月终采用一定的分配方法进行分配，并记入"生产成本——基本生产成本"以及有关的产品成本明细账。

（5）进行完工产品成本与在产品成本的划分。

通过要素费用和综合费用的分配、所发生的各项生产费用的分配，所发生的各项生产费用均已归集在"生产成本——基本生产成本"账户及有关的产品成本明细账中。

（6）计算产品的总成本和单位成本。

在品种法、分批法下，产品成本明细账中计算出的完工产品成本即为产品的总成本；分步法下，则需根据各生产步骤成本明细账进行顺序逐步结转或平行汇总，才能计算出产品的总成本。以产品的总成本除以产品的数量，就可以计算出产品的单位成本。

## 1.3.6 财产清查

财产清查是指定期或不定期地对财产物资、货币资金、往来结算款项进行清查盘点，以查明其实物量和价值量实有数额的一种专门方法。通过财产清查，可以保证账实相符，从而确保财务会计报告的数据真实可靠。同时，也是加强财产物资管理，充分挖掘财产物资潜力，明确经济责任，强化会计监督的重要制度。

建筑施工企业财产清查按财产清查范围分类，分为以下几种。

（1）全面清查，是对全部财产进行盘点与核对。一般在以下几种情况下才需进行全面清查：

① 年终决算之前；

② 单位撤销、合并或改变隶属关系前；

③ 单位主要领导调离工作前；

④ 资产评估、清产合资前或企业股份制改造前。

（2）局部清查，根据需要对部分财产物资进行盘点与核对。局部清查一般包括下列清查内容：

① 现金应由出纳员每日清点 1 次；

② 银行存款每月至少同银行核对 1 次；

③ 贵重物品每月清查 1 次；

④ 债权债务每年至少核对 1～2 次；

⑤ 各项存货，年内要轮流盘点或重点抽查。

## 1.3.7 编制财务会计报告

编制财务会计报告是根据账簿记录的数据资料，概括地、综合地反映各单位在一定时期经济活动情况及其结果的一种书面报告。财务会计报告由会计报表、会计报表附注和财务情况说明书组成。编制财务会计报告是对日常核算的总结，是在账簿记录基础上对会计核算资料的进一步加工整理，也是进行会计分析、会计检查、会计预测和会计决算的重要依据。

以上这些会计核算方法反映了会计核算过程，当企业的经济业务发生后，首先，要填制或取得并审核原始凭证，按照设置的会计科目和账户，运用复式记账法，编制记账凭证；其次，要根据会计凭证登记会计账簿，然后根据会计账簿资料和有关资料，对生产经营过程中发生的各项费用进行成本计算，并依据财产清查的方法对账簿的记录加以核实；最后，在账实相符的基础上，根据会计账簿资料编制会计报表。在会计核算过程中，填制和审核会计凭证是开始环节，登记会计账簿是中间环节，编制会计报表是终结环节。

在一个会计期间，企业所发生的经济业务，都要通过这三个环节将大量的经济业务转换为系统的会计信息。这个转换过程，即从填制和审核会计凭证开始，经过登记会计账簿，直至编制出会计报表周而复始的变化过程，就是一般称谓的会计循环。在这个循环过程中，以三个环节为联结点，联结其他的核算方法，从而构成了一个完整的会计核算方法体系。

# 1.4　建筑施工企业的相关会计业务流程

了解了建筑施工企业会计的核算方法还要了解建筑行业的业务流程，才能理顺工作思路，尽快且很好地投入建筑施工企业会计工作中。建筑施工企业的业务流程主要包括材料业务流程、产值申报流程、费用报销流程、会计核算流程、成本列支流程、预算编制流程、报表编制报送流程。下面以建筑施工企业的材料业务流程、产值申报流程、费用报销流程这三种常用业务流程为例进行介绍。

## 1.4.1　建筑施工企业的材料业务流程

建筑施工企业的产品的主要成本就是材料，所以我们要先了解材料的业务流程。

### 1．供应商的选择

年初的时候，材料部根据历年和新增的供应商的资质、供应能力、信誉等条件编制详细的供应商名册，对达到要求的供应商评出相应等级，本着优先选择高等级的供应商，坚决杜绝不合格的供应商参加投标和供货的原则，按材料供应商建立采购信息档案，以便对已验收的材料做好相应的标识，保证各种材料的可追溯性。

### 2．申购

每月月初，由各工程项目部根据施工进度估算每月本项目部所需耗用的材料品种、规格、数量，向公司材料部提出采购申请。

### 3．采购

材料部收到项目部提出的材料采购申请后，按照交易额的大小采取招标、直接采购等方式，向在册供应商进行询价，按照同质低价的原则决定供货商和供货数量，签订采购合同。

### 4．验收

供应商将采购合同材料送货至各项目部，各项目部材料保管员按照提出申请的材料品种、规格、质量、数量逐一核对无误后，办理入库手续并在收料单上签字，同时报经各项目部材料负责人签字确认。

收料单一式三联，一联留材料保管员处，作为登记仓库材料保管账的依据；一联交供应商作为结账凭据；一联送公司财务部入账。

### 5．领用

各项目部严格按照相应施工进度的材料需用量到保管员处领用所需材料，不得集中领用或领用与当前施工进度不相符的材料。

领用时，根据报经项目部负责人签字批准的领料单，交由仓库保管员发料，由领取人签字后，仓库保管员按领料单上的品名、规格、数量发料。

### 6．库存管理

材料仓库应按照库存材料的品种、属性，分别采取有效的保管措施，以保证库存物资的完好无损（比如，水泥要防潮，漆料要防火）。除此之外，材料仓库应建立库存材料台账，严格按收料单、领料单登记，月末及时计算出各种材料的账面结存数。每月月末或定期，各项目部对库存的各种材料（如钢筋、水泥等）进行盘点，编制材料盘点表，填写结存材料的数量，经盘点人员和仓管人员签字后于当月报送至公司财务部。如有差额，应及时查找原因，并按实际盘点数调整账面数，做到账实相符。

## 1.4.2 建筑施工企业的产值申报流程

除了先要了解材料业务流程外，建筑行业最主要、需要计算的、财务核算业务就是产值的核算。产值的申报流程如下。

（1）首先确认形象进度。每月月末由各项目部或经营部根据各在建工程的形象进度，计算出完工百分比。

（2）然后计算确认当月产值。经营部按各在建工程的总造价乘以完工百分比，计算出当月完工产值。

（3）进行产值申报。经营部将计算出来的各项目的当月产值，填写产值确认单并由经营部经理签字后报财务部入账。

（4）产值账务处理。财务部根据经营部经理签字的产值确认单，作为当月收入入账；同时确认各在建工程相应建设单位的应收账款。

### 1.4.3　建筑施工企业的费用报销流程

在建筑行业的日常业务核算中，费用报销也占有很大比例，而且多涉及现金的支出，所以简单介绍一下费用报销流程。

#### 1．填制费用报销单

费用经手人员将原始单据按费用类别分类粘贴到费用报销单后面，把分类汇总金额按费用报销单内容分项填列，经手人并在报销单上签名。

#### 2．财务部经理审核

经手人把填好的费用报销单送到财务部审核人员手中，审核人员审核拟报销费用票据是否真实、合理合法、正确，审核费用报销单填写是否正确，并在费用报销单上进行签字确认。

#### 3．部门负责人审核

经手人再到本部门负责人处进行费用审核签字，部门负责人对本部门所属人员经手的费用同意报销的，经审核无误后签署意见并签名及日期。

#### 4．公司总经理审批

经手人再到公司总经理处，总经理审查费用报销凭证是否真实、是否符合公司费用列支规定，并签署意见、签名、签署日期。

#### 5．出纳予以报销

最后经手人到出纳处，出纳根据审批手续齐全、原始票据和费用报销单记载一致、金额无误的费用报销凭证，审核确认后付款。

#### 6．制作出纳凭证

出纳根据已报销的原始凭证及时制作现金收、付款凭证和银行存款收、付款凭证。

# 1.5　建筑施工企业的常用会计科目

根据企业会计准则的规定，建筑施工企业会计核算中常用的会计科目列示如表 1.1 所示。

表 1.1 建筑施工企业会计核算中常用的会计科目

| 序号 | 科目编号 | 一级会计科目名称 | 序号 | 科目编号 | 一级会计科目名称 |
|------|----------|------------------|------|----------|------------------|
| 一、资产1类 | | | 33 | 1532 | 未实现融资收益 |
| 1 | 1001 | 库存现金 | 34 | 1601 | 固定资产 |
| 2 | 1002 | 银行存款 | 35 | 1602 | 累计折旧 |
| 3 | 1012 | 其他货币资金 | 36 | 1603 | 固定资产减值准备 |
| 4 | 1101 | 交易性金融资产 | 37 | 1604 | 在建工程 |
| 5 | 1121 | 应收票据 | 38 | 1605 | 工程物资 |
| 6 | 1122 | 应收账款 | 39 | 1606 | 固定资产清理 |
| 7 | 1123 | 预付账款 | 40 | 1607 | 在建工程减值准备 |
| 8 | 1131 | 应收股利 | 41 | 1608 | 工程物资减值准备 |
| 9 | 1132 | 应收利息 | 42 | 1616 | 临时设施 |
| 10 | 1221 | 其他应收款 | 43 | 1617 | 临时设施摊销 |
| 11 | 1225 | 内部往来 | 44 | 1618 | 临时设施清理 |
| 12 | 1226 | 备用金 | 45 | 1619 | 临时设施减值准备 |
| 13 | 1231 | 坏账准备 | 46 | 1701 | 无形资产 |
| 14 | 1321 | 代理业务资产 | 47 | 1702 | 累计摊销 |
| 15 | 1401 | 材料采购 | 48 | 1703 | 无形资产减值准备 |
| 16 | 1402 | 在途物资 | 49 | 1711 | 商誉 |
| 17 | 1403 | 原材料 | 50 | 1712 | 商誉减值准备 |
| 18 | 1404 | 材料成本差异 | 51 | 1801 | 长期待摊费用 |
| 19 | 1405 | 库存商品 | 52 | 1811 | 递延所得税资产 |
| 20 | 1408 | 委托加工物资 | 53 | 1901 | 待处理财产损溢 |
| 21 | 1411 | 周转材料 | 二、负债类 | | |
| 22 | 1471 | 存货跌价准备 | 54 | 2001 | 短期借款 |
| 23 | 1501 | 持有至到期投资 | 55 | 2101 | 交易性金融负债 |
| 24 | 1502 | 持有至到期投资减值准备 | 56 | 2201 | 应付票据 |
| 25 | 1503 | 可供出售金融资产 | 57 | 2202 | 应付账款 |
| 26 | 1511 | 长期股权投资 | 58 | 2203 | 预收账款 |
| 27 | 1512 | 长期股权投资减值准备 | 59 | 2211 | 应付职工薪酬 |
| 28 | 1521 | 投资性房地产 | 60 | 2221 | 应交税费 |
| 29 | 1522 | 投资性房地产累计折旧 | 61 | 2231 | 应付利息 |
| 30 | 1523 | 投资性房地产累计摊销 | 62 | 2232 | 应付股利 |
| 31 | 1524 | 投资性房地产减值准备 | 63 | 2241 | 其他应付款 |
| 32 | 1531 | 长期应收款 | 64 | 2314 | 代理业务负债 |

左侧竖排文字：建筑施工企业会计核算与纳税实务：零基础 全流程 重实践

| 序号 | 科目编号 | 一级会计科目名称 | 序号 | 科目编号 | 一级会计科目名称 |
|---|---|---|---|---|---|
| 65 | 2801 | 预计负债 | 84 | 5301 | 研发支出 |
| 66 | 2401 | 递延收益 | 85 | 5401 | 工程施工 |
| 67 | 2501 | 长期借款 | 86 | 5402 | 工程结算 |
| 68 | 2502 | 应付债券 | 87 | 5403 | 机械作业 |
| 69 | 2701 | 长期应付款 | 88 | 5404 | 辅助生产 |
| 70 | 2702 | 未确认融资费用 | | 六、损益类 | |
| 71 | 2711 | 专项应付款 | 89 | 6001 | 主营业务收入 |
| 72 | 2901 | 递延所得税负债 | 90 | 6051 | 其他业务收入 |
| | 三、共同类 | | 91 | 6101 | 公允价值变动损益 |
| 73 | 3101 | 衍生工具 | 92 | 6111 | 投资收益 |
| 74 | 3201 | 套期工具 | 93 | 6301 | 营业外收入 |
| 75 | 3202 | 被套期项目 | 94 | 6401 | 主营业务成本 |
| | 四、所有者权益类 | | 95 | 6402 | 其他业务成本 |
| 76 | 4001 | 实收资本 | 96 | 6403 | 营业税金及附加 |
| 77 | 4002 | 资本公积 | 97 | 6601 | 销售费用 |
| 78 | 4101 | 盈余公积 | 98 | 6602 | 管理费用 |
| 79 | 4103 | 本年利润 | 99 | 6603 | 财务费用 |
| 80 | 4104 | 利润分配 | 100 | 6701 | 资产减值损失 |
| 81 | 4201 | 库存股 | 101 | 6711 | 营业外支出 |
| | 五、成本类 | | 102 | 6801 | 所得税费用 |
| 82 | 5101 | 施工间接费用 | 103 | 6901 | 以前年度损益调整 |
| 83 | 5201 | 劳务成本 | | | |

# 第2章 建筑施工企业货币资金的管理与核算

货币资金，是指在企业生产经营过程中处于货币形态的那部分资金，是企业最活跃的资产，其流动性最强，是企业的重要支付手段和流通手段，因而是流动资产的审查重点。

对于建筑业来说，货币资金既是资金运动的起点，又是资金运动的终点。建筑业的货币资金流量和拥有量，标志着其经营能力、偿债能力与支付能力，也是投资者分析判断建筑业财务状况的重要指标；同时货币资金又是建筑业中流动性最强的资产，最容易出现贪污、挪用等情况，因此建筑业需要严格按照《现金管理暂行条例》和《人民币银行结算账户管理办法》，进行货币资金的核算。

货币资金，按其形态和用途不同可分为如下会计科目进行核算：

❑ 库存现金；

❑ 银行存款；

❑ 其他货币资金。

## 2.1 建筑施工企业库存现金的管理

库存现金是指存放于建筑业财务部门并满足日常开支的现金。建筑业现金使用比较频繁，而且可由建筑业任意支配使用的特殊性，往往最容易造成现金的挪用、公款私存、贪污等情况发生，所以建筑业也必须遵守《现金管理暂行条例》规定。

### 2.1.1 建筑施工企业公司现金使用范围

按照国家现金管理条例，建筑施工企业在下列范围可以使用现金：

（1）职工工资、津贴；

（2）个人劳务报酬；

（3）根据国家规定颁发给个人的科学技术、文化艺术、体育等各种奖金；

（4）各种劳保、福利费用以及国家规定的对个人的其他支出；

（5）向个人收购农副产品和其他物资的价款；

（6）出差人员必须随身携带的差旅费；

（7）转账结算起点（1 000 元）以下的零星支出；

（8）中国人民银行确定需要支付现金的其他支出。

建筑业与其他企业之间的经济往来，除按规定的范围可以使用现金外，应当通过开户银行进行转账结算；建筑业和个人在经济活动中，也应多采取转账方式进行结算，减少使用现金。

## 2.1.2 建筑施工企业库存现金限额

库存现金限额是指建筑业保留库存现金的最高数额。根据我国《现金管理暂行条例》及其实施细则规定，建筑施工企业日常零星开支所需库存现金数额，由开户银行根据公司的规模大小、日常现金开支的多少、公司距离银行的远近以及交通是否便利等实际情况来核定。库存现金限额一般为 3～5 天的日常零星开支，边远地区和交通不便地区，限额可以多于 5 天，但最多不得超过 15 天的日常零星开支。库存现金不足限额应及时补足，超过限额规定的现金应及时存入银行。

## 2.1.3 建筑施工企业公司现金收支规定

除了上面两方面的规定外，现金收支还得符合以下规定。

（1）公司现金收入应当于当日送存开户银行。

公司需要支付现金的，可以从本单位库存现金限额中支付或者从开户银行提取，不得从本单位的现金收入中直接支付（即坐支）。因特殊情况需要坐支现金的，应当事先报经开户银行审查批准，由开户银行核定坐支范围和限额；

（2）公司从开户银行提取现金，应当写明用途，由本单位财务部门负责人签字盖章，经开户银行审核后，予以支付现金。

（3）因采购地点不固定，交通不便，生产或者市场急需，抢险救灾以及其他特殊情况必须使用现金的，公司应当向开户银行提出申请，由本单位财会部门负责人签字盖章，经开户银行审核后，予以支付现金。

（4）建筑业还要加强库存现金管理的内部控制，采取钱账分管制度。即公司必须配备专职出纳人员，非出纳人员不能经管现金；出纳人员除负责现金和银行存款日记账的记账工作外，不能兼管稽核、会计档案保管以及收入、费用、债权、债务等账目的登记工作；现金和银行存款总账由会计负责。通过钱账分管制度，可以使出纳人员和会计人员相互牵制，互相监督，从而有效地加强现金收、付、存的管理，防止出现现金收支差错以及偷盗、贪污、挪用等行为发生。

# 2.2 库存现金的核算

库存现金的总分类核算通过设置"库存现金"总账核算。该账户的借方登记库存现金的增加数，贷方登记库存现金的减少数，期末余额在借方，反映建筑业期末库存现金的实有数。各项目部及其他内部各部门周转使用的备用金不在"库存现金"账户中核算，而是计入"其他应收款"。

出纳人员应根据当日审核无误的原始凭证办理收付手续，并按照会计准则的要求编制会计分录，完成记账凭证，据此登记现金日记账。

## 2.2.1 发放工资

例 2-1 公司 2016 年 5 月 4 日的"库存现金"账户余额是 6 600 元，库存限额是 10 000 元，当天发生现金收支业务如下。

（1）根据领导已审批的工资表 6 月份工资为 42 000 元，开出现金支票向银行提现。

① 提现时，应保留相应的现金支票存根作为原始凭证。原始凭证如图 2.1 所示。

图 2.1 原始凭证提现支票存根

② 根据业务内容，编制会计分录：

借：库存现金　　　　　　　　　　　　42 000

　　贷：银行存款　　　　　　　　　　　　42 000

③ 根据会计分录，填制记账凭证，如图 2.2 所示。

**记　账　凭　证**
VOUCHER

2016 年 5 月 4 日　　　　记 字第 05002 号 NO.

| 摘要 DESCRIPTION | 总账科目 GEN.LED.A/C | 明细科目 SUB.LED.A/C | 借方金额 DEBIT ANT.（亿千百十万千百十元角分） | 贷方金额 CREDIT ANT.（亿千百十万千百十元角分） | 记账 √ |
| --- | --- | --- | --- | --- | --- |
| 提现准备发工资 | 库存现金 | | 4200000 | | |
| | 银行存款 | 农行 | | 4200000 | |
| | | | | | |
| | | | | | |
| | | | | | |
| | | | | | |
| | | | | | |
| 附件 / 张 ATTACHMENTS | 合计 TOTAL | | ¥4200000 | ¥4200000 | |

核准：APPROVED　　复核：CHECKED　　记账：ENTERED　　出纳：CASHIER　　制单：张明 PREPARED　　签收：RECEIVER

图 2.2　提现发工资——记账凭证

**注意：**根据企业自身的情况不同，会计记账凭证也可设收付转凭证，会计业务进行收、付及转账的分类处理，这种形式的会计凭证，主要多用于较大型的建筑施工企业中，财务部门人员配置比较齐全，分类好的凭证可以更有利于部门的人员分工协作。

④ 填制好的记账凭证，根据相应的财务制度，进行层层审核，最后记入库存现金日记账中，如图 2.3 所示。

**库存现金日记账**

北京市财政局 监制

| 2016年 月 | 日 | 记账凭证 字 | 号 | 对方科目 | 摘要 | 现金支票号码 | 收（借方）入（亿千百十万千百十元角分） | 支（贷方）出（亿千百十万千百十元角分） | √ | 余额（亿千百十万千百十元角分） |
| --- | --- | --- | --- | --- | --- | --- | --- | --- | --- | --- |
| 5 | 1 | | | | 上月余额 | | | | | ¥6600000 |
| 5 | 4 | 记 | 2 | 银行存款 | 提现准备发工资 | | 4200000 | | | ¥10800000 |
| | | | | | | | | | | |
| | | | | | | | | | | |
| | | | | | | | | | | |

图 2.3　提现发工资——现金日记账

**注意：**一般现金及银行存款相关的凭证，会优先由出纳人员即时记入相应的日记账中，以便进行出纳人员的“日清月结”。

（2）当日，现金发放4月份工资42 000元。

① 出纳人员需要根据工资表进行工资的发放，其原始凭证为有相关当事人签名的工资签收表（略）。

② 根据业务情况编制会计分录如下：

借：应付职工薪酬——工资　　　　　　　　42 000

　　贷：库存现金　　　　　　　　　　　　　　42 000

③ 根据会计分录，填制记账凭证，如图2.4所示。

图2.4　发放工资——记账凭证

④ 填制好的记账凭证，根据相应的财务制度，进行层层审核，最后记入库存现金日记账中，如图2.5所示。

图2.5　发放工资——现金日记账

## 2.2.2　备用金

备用金，顾名思义就是备用现金，是指企业将一部分现金存放在财务部门内，交由专人保管，用于支付企业平时的零星支出。建筑施工企业，由于其行业的特殊性，现金使用是比较频繁的，所以大部分的建筑施工企业中，都会设有备用金，并有相应的备用金管理制度。

由于库存现金限额的存在，一般情况下备用金的多少，取决于开户银行根据企业的具体情况制定的库存现金限额。库存现金限额一般为 3～5 天的日常零星开支，边远地区和交通不便地区，限额可以多于 5 天，但最多不得超过 15 天的日常零星开支。

**例 2-2** 公司 2016 年 5 月 5 日设立日常备用金，开户行规定的库存限额是 10 000 元。相关的备用金业务如下。

（1）提取备用金

提出现金 10 000 元设立日常备用金，由出纳张明保管。

① 开具现金支票，由张明提取现金，并存于保险柜内，其原始凭证为现金支票存根及张明本人的借款条。

设立备用金的现金支票存根，如图 2.6 所示。

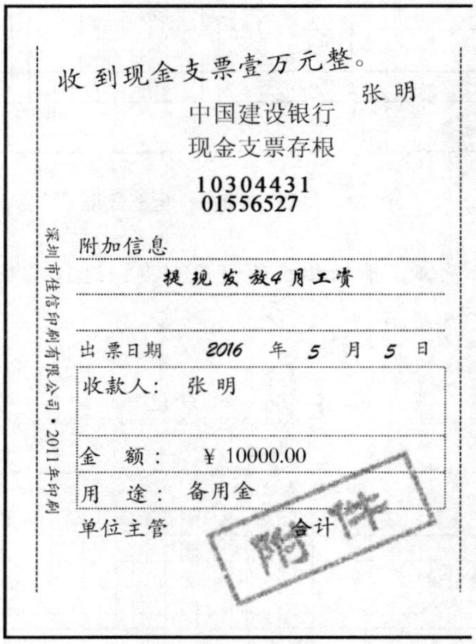

收到现金支票壹万元整。
张明
中国建设银行
现金支票存根
10304431
01556527
附加信息
提现发放4月工资
出票日期 2016 年 5 月 5 日
收款人：张明
金 额：¥ 10000.00
用 途：备用金
单位主管 会计
附件
深圳市佳信印刷有限公司・2011年印制

图 2.6 设立备用金的现金支票存根

张明填写的借款单，如图 2.7 所示。

② 根据业务情况编制会计分录如下：

借：其他应收款——张明 10 000

　　贷：银行存款——农行 10 000

## 借　款　单

*2016* 年 *5* 月 *5* 日

| 部门 | 财务部 | 借款人 | 张明 | 借款事由 | 借备用金 |
|---|---|---|---|---|---|
| 借款金额 | 金额（大写）壹万元整 | | | ￥ 10000.00 | |
| 部门领导批示 | 张嘉文 | | 上级领导批示 | 周祥 | |

借款申请人：　张明

图 2.7　张明手写的借款单

③ 根据会计分录，填制相应的记账凭证，如图 2.8 所示。

## 记　账　凭　证
### VOUCHER

*2016* 年 *5* 月 *5* 日　　　记 字第 *05004* 号 NO.

| 摘　要 DESCRIPTION | 总账科目 GEN.LED.A/C | 明细科目 SUB.LED.A/C | 借方金额 DEBIT AMT | | | | | | | | | | | 贷方金额 CREDIT AMT | | | | | | | | | | | 记账 √ |
|---|---|---|---|---|---|---|---|---|---|---|---|---|---|---|---|---|---|---|---|---|---|---|---|---|---|
| | | | 亿 | 千 | 百 | 十 | 万 | 千 | 百 | 十 | 元 | 角 | 分 | 亿 | 千 | 百 | 十 | 万 | 千 | 百 | 十 | 元 | 角 | 分 | |
| 提现设立备用金 | 其他应收款 | 张明 | | | 1 | 0 | 0 | 0 | 0 | 0 | 0 | 0 | | | | | | | | | | | | | |
| | 银行存款 | 农行 | | | | | | | | | | | | | | 1 | 0 | 0 | 0 | 0 | 0 | 0 | 0 | |
| 附单 *2* 张 ATTACHMENTS | | 合　计 TOTAL | ￥ | | 1 | 0 | 0 | 0 | 0 | 0 | 0 | 0 | | ￥ | | 1 | 0 | 0 | 0 | 0 | 0 | 0 | 0 | | |

| 核　准：APPROVED | 复　核：CHECKED | 记　账：ENTERED | 出　纳：CASHIER | 制　单：张明 PREPARED | 签　收：RECEIVER |
|---|---|---|---|---|---|

图 2.8　发放工资——记账凭证

④ 填制好的记账凭证，根据相应的财务制度，进行层层审核，最后记入相应账簿中。本笔业务应记入"其他应收款——张明"明细账簿中。

**注意**：备用金保管人员应该就备用金的使用情况，设立专用的现金日记账进行记录和管理。需要特别注意的是，在没有其他形式库存现金的情况下，专用于记录备用金使用情况的现金日记账，实际上就是企业的现金日记账，但是在进行报表填列时，其报表日的账表余额应仍记在其他应收款账户中，并不能填列在库存现金相关的项目中。

（2）用备用金支付相关费用

用备用金支付了以下费用：

❏　支付管理部餐费 850 元；

❑ 支付办公用品费用 2 000 元；

❑ 支付办公室纯净水费用 1 200 元；

❑ 支付招待费 3 500 元；

❑ 支付电费 1 500 元。

5 月 10 日，报销上述费用。

① 提取现金 9 050 补足备用金。

② 根据上述业务，编制会计分录如下：

借：管理费用　　　　　　　　　　　　　　　　　　　9 050

　　贷：银行存款　　　　　　　　　　　　　　　　　　　9 050

③ 根据会计分录，填制相应的记账凭证，如图 2.9 所示。

图 2.9　报销备用金支出——记账凭证

④ 填制好的记账凭证，根据相应的财务制度，进行层层审核，最后记入相应账簿中。

（3）收回备用金

由于种种情况，备用金在必要的时候可以收回。

① 收回备用金时，需要将现金存回或转回企业账户，以直接将现金存入企业账户为例，其原始凭证如图 2.10 所示。

② 将现金存入公司账户后，根据原始凭证，编制会计分录如下：

借：银行存款——农行　　　　　　　　　　　　　　　10 000

　　贷：其他应收款——张明　　　　　　　　　　　　　10 000

③ 根据会计分录，填制记账凭证，如图 2.11 所示。

中国农业银行　　现 金 缴 款 单

2015 年 5 月 10 日　　　　序号：

| | | | | | |
|---|---|---|---|---|---|
| 客户填写部分 | 收款人户名 | 北京安成建筑工程有限公司 | | | |
| | 收款人账号 | 20026055778655543 | | 收款人开户行 | 朝阳支行 |
| | 缴款人 | 张明 | | 款项来源 | 备用金退回 |
| | 币种（√） 人民币☑ 外币： | 大写：⊗壹万元整 | | 亿千百十万千百十元角分 | ¥1000000 |
| | 券别 | 100元 | 50元 | 20元 10元 5元 2元 1元 辅币（金额） | 封包（金额） |
| | 张数 | 3 | 4 | | |
| 银行填写部分 | 日期： | 日志号： | 交易码： | 币种： | |
| | 金额： | 终端号： | 主管： | 柜员： | |

第二联：客户回单

307-25×2-JD

中国农业银行北京市分行 朝阳支行 038 2016.05.10 现金(1)收讫

附件

复核：　　记账：

图 2.10　现金缴款单

记　账　凭　证

VOUCHER

2016 年 5 月 10 日　　　记 字第 05008 号

| 摘要 DESCRIPTION | 总账科目 GEN.LED A/C | 明细科目 SUB.LED A/C | 借方金额 DEBIT ANT | 贷方金额 CREDIT ANT | 记账 ✓ |
|---|---|---|---|---|---|
| 张明退回备用金 | 银行存款 | 张明 | 1000000 | | |
| | 其他应收款 | 农行 | | 1000000 | |
| | | | | | |
| | | | | | |
| | | | | | |
| | | | | | |
| | | | | | |
| | | | | | |
| 附件 / 张 ATTACHMENTS | 合计 TOTAL | | ¥1000000 | ¥1000000 | |

核准：APPROVED　复核：CHECKED　记账：ENTERED　出纳：CASHIER　制单：张明 PREPARED　签收：RECEIVER

图 2.11　退回备用金——记账凭证

④ 根据填制好的记账凭证，登记相应账簿。

## 2.2.3　差旅费

差旅费是指企业员工因公出差时，应由企业承担的相关费用，主要包括因公出差期间所产生的交通费、住宿费、伙食费和公杂费等各项费用。

差旅费一般在员工出差前，向企业预借现金用于支付相关费用，出差回来之后，再根据出差期间发生费用时所取得的原始凭证进行费用报销，之前预借的费用则多退少补。

**例2-3** 小张接公司通知到北京出差。临行前，小张向公司财务借差旅费2 000元，回来后报销相应费用1 800元，将剩余款200元交回财务。这笔业务的账务处理如下。

（1）借到差旅费

借到差旅费时，应将借款计入其他应收款账户下，同时支出库存现金，其会计分录如下：

借：其他应收款——小张　　　　　　　　　　2 000

　　贷：库存现金　　　　　　　　　　　　　　　　2 000

（2）报销费用，交回余款

差旅费一般是计入管理费用中，如果是与销售有关的费用，可以计入销售费用，本例以管理费用为例，其会计分录如下：

借：管理费用——差旅费　　　　　　　　　　1 800

　　库存现金　　　　　　　　　　　　　　　　200

　　贷：其他应收款——小张　　　　　　　　　　2 000

## 2.2.4　收回工程尾款

**例 2-4** 财务部收回工程尾款 5 000 元，该工程上月已完工并交付使用。

完工的工程，委托方一般不会直接付清全部工程款，都会有一定的工程尾款。工程尾款可暂时计入应收账款中，收回时编制会计分录如下：

借：库存现金　　　　　　　　　　　　　　　5 000

　　贷：应收账款　　　　　　　　　　　　　　　5 000

## 2.2.5　支付办公室水电费

**例 2-5** 张明支付办公室6月份水电费680元。

借：管理费用　　　　　　　　　　　　　　　680

　　贷：库存现金　　　　　　　　　　　　　　　680

## 2.2.6  退回包装费押金

例 2-6  退回上个月预收某单位的包装物押金 1 000 元。

借：其他应付款　　　　　　　　　　　　　　 1 000
　　贷：库存现金　　　　　　　　　　　　　　 1 000

## 2.2.7  出售废报纸

例 2-7  出售办公室废旧报刊，收到现金 100 元。

借：库存现金　　　　　　　　　　　　　　　　 100
　　贷：管理费用　　　　　　　　　　　　　　　 100

# 2.3  建筑施工企业库存现金清查的核算

库存现金作为一种最接近一般等价物的资产，其流动性非常强，也带来了非常大的不安全因素，可能造成各种各样的流失。所以对库存现金的管理是最严格的，管理库存现金的人员也责任重大，日常工作中一项非常重要的内容，就是对库存现金的核对。

## 2.3.1  现金清查的方法

库存现金的核对，也就是库存现金的清查，其最主要的办法就是实地盘点法。由于库存现金的特殊性，凡是有库存现金的单位，甚至银行这种具有大量库存现金的单位，对库存现金的清查方法也都采用实地盘点法来进行。

盘点是指建筑施工企业对库存资产的清盘和清点，实地盘点就是实际到存放库存资产的地方，如仓库、保险柜等地方，核对库存资产的情况，主要操作即将库存资产的品名、规格、数量及保管情况进行实际的点算。

建筑施工企业的现金清查，与其他企业的现金清查一样，也需要定期或不定期地进行各种清查。定期的清查，要做到"日清月结"，不定期的清查，则需要根据建筑施工企业的实际情况来安排进行。

## 2.3.2  现金清查结果

虽然建筑施工企业的出纳人员每天都对现金进行查对，但是有时还是会出现实际库存现金与日记账面余额不符的情况，这就是现金的长短款。

说明：库存现金的实有数是指保险柜内实有的现金数额，借条、收据等单据都不能抵充现金数。

现金长短款是指在盘点和核对库存现金时，发现账实不符的情况。排除正常可造成账实不符的情况后，仍存在的账实差额，就称为长短款。长短款其实是指两种现象，即：

- 现金长款，就是现金的数额比账面金额多；
- 现金短款，就是现金少于账面金额。

### 2.3.3　现金长短款的原因及处理

发现现金的短缺和多余后，应及时查明原因进行处理，不得以今日的长款还抵充以前的短款，对于超过库存限额的现金，应该及时存入银行。

当现金出现长短款后，原因未查明时，可先将长短款金额挂入总账科目"待处理财产损溢"中，可在该科目下设立现金短款或现金长款的明细科目，待查明原因后再进行相应的处理。

#### 1．现金长短款的原因

现金长短款的原因很多，一般有以下几个方面：

- 出纳人员收付现金中出现差错；
- 丢失现金；
- 现金收付的会计分录金额有错；
- 收付现金而未作收付款凭证；
- 登记现金日记账有误；
- 现金被盗、被挪用等。

#### 2．现金长短款的处理

对于现金长短款的处理，财务部门在进行处理时，都先将长短款记入过渡账户"待处理财产损溢"中，然后根据不同的情况，有针对性地进行处理：

- 收付现金而未作收付款凭证，可以使用补记法和红字冲销法进行更正；
- 记账差错造成的长短款，使用补记法和红字冲销法对错账漏账进行更正；
- 正常可知原因造成的长款，可将相应款项转入"营业处收入"科目；
- 不明原因的长款，可将相应款项转入"营业处收入"科目；
- 由于出纳人员保管不利造成的短款，由出纳人员赔偿，可将相应款项转入"其他应收款"进行记录；

❏　不明原因的短款，由出纳人员赔偿，可将相应款项转入"其他应收款"进行记录；

❏　由于某些特殊情况造成的、并不涉及人为因素的短款，可将其转入"营业外支出"科目。

## 2.3.4　现金长款的账务处理

在建筑工业企业的财务工作实务中，有时会发生不明原因的长款，这种情况形成的原因可能很多，但是很难明确其真正原因，因而企业也只能作为意外之财来处理，记入"营业外收入"科目。

💡**例2-8**　某建筑工程公司2016年5月15日，出纳发现现金账目中长款800

（1）发现长款时

应当将其记入过渡账户"待处理财产损溢"中，其会计分录如下：

借：库存现金　　　　　　　　　　　　　　　800

　　贷：待处理财产损溢　　　　　　　　　　　800

（2）记账错误造成的长款

经查明，长款的800元中，有记账错误的200元，是由于其登记账簿时将应记贷方的100元，记入了借方，因而造成200元的现金长款，应直接在账簿中使用"红字更正法"，将错误的记录冲销，再重新登记正常的记录。（具体账簿记录略）

（3）查明原因的长款

经查明，由于给工人发放现金工资时的零票原因，如0.25 0.35等零钱，工人觉得不好花用，所以都放弃不收，人数众多，就造成了现金长款300元，这300元的账务处理如下：

借：待处理财务损溢　　　　　　　　　　　　300

　　贷：营业外收入　　　　　　　　　　　　300

（4）不明原因的长款

多方查证下，还有200元，并没有找到长款的原因，因而经上级领导批准，这200元长款，记入营业外收入，其会计分录如下：

借：待处理财务损溢　　　　　　　　　　　　200

　　贷：营业外收入　　　　　　　　　　　　200

## 2.3.5　现金短款的账务处理

查明原因的现金短款，其处理方法有两种，即：

❑ 由责任人进行赔偿，将待处理财产损溢中的金额，转至其他应收款；

❑ 对错漏凭证或账簿信息进行补充和修正。

而无法查明原因的短款，一般情况下应由负责现金保管和监督的相关责任人进行赔偿，无责任人的短款，列入营业外支出等科目中。

**例 2-9**　2016 年 4 月 3 日，某建筑工程公司出纳，发现库存现金账目中发生 1 500 元短款。

（1）发生短款时，先记入过渡账户

借：待处理财产损溢　　　　　　　　　　　　　1 500

　　贷：库存现金　　　　　　　　　　　　　　　　　1 500

（2）会计处理方面的错漏处理

经查明，本次短款的 1 500 中，有 500 元是由于会计处理造成的假性短款，账目调平后，短款即消失。因此这种情况下的短款，只需要根据情况采用特定的方法进行更正和补充即可。

**说明：** 对会计处理错漏的更正和补充的方法，一为补充法，即将漏记的金额以新的分录入账；二是红字更正法，即使用红字将原错误分录冲销，然后再以新制的正确分录入账。

（3）出纳人员失误造成的短款

经调查，本次短款中有 300 元是由于出纳张明在购买材料途中，由于个人原因丢失了，因而由出纳人员个人赔偿。会计分录如下：

借：其他应收款——张明　　　　　　　　　　　300

　　贷：待处理财产损溢　　　　　　　　　　　　　　300

（4）无法查明原因的短款

本次短款中有 700 元无法查明原因，列入营业外支出，会计分录如下：

借：营业外支出　　　　　　　　　　　　　　　700

　　贷：待处理财产损溢　　　　　　　　　　　　　　700

现金短款的处理方法实例，如表 2.1 所示。

表 2.1　　　　　　　　　　现金短款的处理方法实例

| 现金短款类型 | 凭证种类 | 会计分录 |
|---|---|---|
| 有责任人短款 | 现金收入凭证 | 借：其他应收款——责任人<br>　　贷：待处理财产损溢 |
| 会计处理的错漏 | 现金收入凭证 | 使用特定方法进行更正和补充 |
| 无责任人短款 | 银行付款凭证 | 借：营业外支出<br>　　贷：待处理财产损溢 |

# 2.4 建筑施工企业银行存款的管理

银行存款是指存放于银行或其他金融机构的货币资金，建筑业应该对银行存款这个流动性较强的账户加强管理。

## 2.4.1 建筑施工企业银行存款开户规定

建筑业也应该严格执行会计法的规定开立和使用基本存款账户、一般存款账户、专用存款账户和临时存款账户。

（1）基本存款账户是存款人因办理日常转账结算和现金收付需要开立的银行结算账户，每个企业必须开设，而且只能有一个，可以存入现金、支取现金、办理转账。建筑业发放工资、奖金等需用的现金的支取，只能通过基本存款账户办理。

（2）一般存款账户是存款人因向银行贷款或其他结算需要，在基本存款账户开户银行以外的银行营业机构开立的银行结算账户。一个建筑公司可以开多个一般存款户，但其一般存款户不能和基本账户在同一个银行，而且一般存款户只能存入现金不能支取现金、资金的使用只能通过转账方式。

（3）临时存款账户是存款人因临时需要并在规定期限内使用而开立的银行结算账户，比如建筑业公司因验资、增资、临时采购等原因而临时开设的账户。临时存款户特点是临时存、立即转，有效期最长不得超过2年。

（4）专用存款账户是存款人按照法律、行政法规和规章，对其特定用途资金进行专项管理和使用而开立的银行结算账户，也就是要求专款专用，如希望工程基金、抗震救灾捐款基金、住房基金、更新改造资金等。

## 2.4.2 建筑施工企业银行结算应遵循的原则

企业事业单位的各项经济事项往来，除了按照国家现金管理规定的范围使用现金外，其余均应通过银行办理转账结算。但是单位、个人和银行办理支付结算必须遵守下列原则：

（1）恪守信用，履约付款；

（2）谁的钱进谁的账，由谁支配；

（3）银行不垫款。

# 2.5　银行支付结算方式

　　建筑业结算方式主要有现金结算方式和转账结算方式，转账结算方式主要指的是银行支付结算方式。银行支付结算是指单位、个人在社会经济活动中使用票据、信用卡和汇兑、托收承付、委托收款等结算方式进行货币给付及其资金清算的行为。银行支付结算方式包括以下几种。

## 2.5.1　同城转账结算方式

　　同城转账结算，又叫本地转账结算，是指货币的收付双方都在同一城市或同一票据交换地区而进行的转账结算。我国现行的银行结算办法规定，专用于同城转账结算的方式有支票和银行本票两种。

### 1. 支票

　　支票是指由出票人签发的，委托其开户银行在见票时无条件的支付确定的金额给收款人或者持票人的票据。支票结算方式是同城转账结算中应用比较广泛的一种结算方式，单位间或单位和个人间的各种款项结算只要在同一票据交换区域，均可以使用支票。

　　按照支付票款的方式不同，支票分为现金支票、转账支票和普通支票。

　　（1）支票上印有"现金"字样的为现金支票，现金支票只能用于支取现金，而且现金支票只能在允许使用现金的限制内签发。

　　（2）支票上印有"转账"字样的为转账支票，转账支票只能用于转账，不能提取现金。

　　（3）支票上未印有"现金"或"转账"字样的为普通支票，普通支票可以用于支取现金，也可以用于转账，在普通支票左上角画两条平行线的，为画线支票，画线支票只能用于转账，不得支取现金。

　　按照规定，签发支票应使用碳素墨水笔或墨汁填写；支票金额起点为 100 元，但结清账户时，可不受其起点限制；支票的提示付款期限为自出票日起 10 日（到期日遇节假日顺延），过提示付款期限提示付款的，持票人开户银行不予受理，付款人不予付款；禁止签发空头支票；出票人不得签发与其预留银行签章不符的支票；票据和结算凭证的金额、出票或签发日期、收款人名称不得更改，更改的票据无效；支票一律记名，经中国人民银行总行批准的地区可以在转账支票上背书转让。

　　支票应由单位财会部门指定的专人负责保管，而且要求票、章分管，支票结算的主要优点是手续简单、方便、灵活。

支票样式，如图 2.12 所示。

图 2.12　支票样式

支票结算程序，如图 2.13 所示。

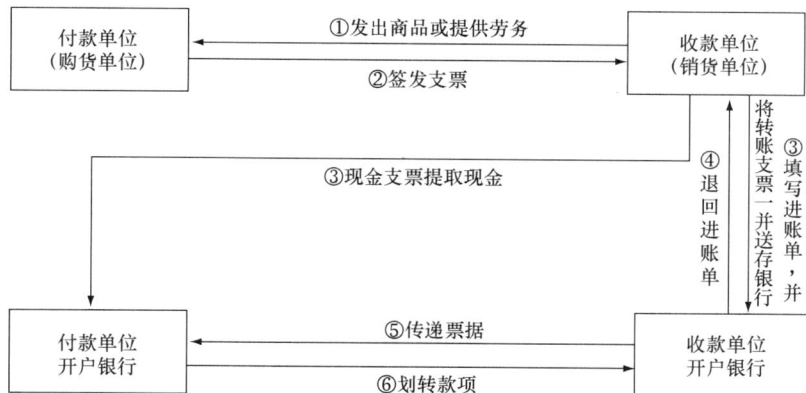

图 2.13　支票结算程序

## 2．银行本票

银行本票是银行签发的，承诺自己在见票时无条件支付确定的金额给收款人或者持票人的票据。银行本票由银行签发并保证兑付，而且是见票即付，具有信誉高、支付功能强等特点。

银行本票按其票面金额不同，分为定额本票和不定额本票。定额本票的面值有 1 000 元、5 000 元、10 000 元和 50 000 元。

按照规定，银行本票的付款期限为自出票日起最长不超过 2 个月；银行本票见票即付，不予挂失；银行本票可以根据需要在票据交换区域内背书转让；单位和个人在同一票据交换区域需要支付各种款项，均可以使用银行本票。

银行本票申请书样式，如图 2.14 所示。

图 2.14 银行本票申请书样式

建设银行的本票样式，如图 2.15 所示。

图 2.15 银行本票样式

银行本票结算程序，如图 2.16 所示。

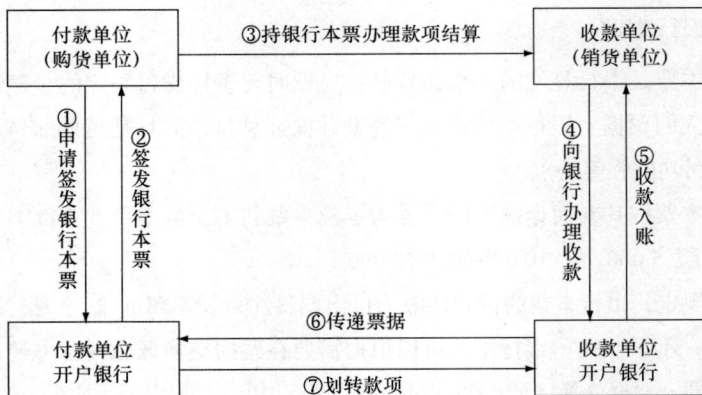

图 2.16 银行本票结算程序

## 2.5.2 异地支付结算方式

异地支付结算，又叫外地支付结算，是指货币收付双方（包括单位、个体经济户和个人）不在同一城市或不在同一票据交换地区而进行的转账支付结算。

我国现行的银行结算办法规定，专用于异地的支付结算方式有汇兑和托收承付。

### 1. 汇兑

汇兑结算，是指汇款人委托银行将其款项汇给外地收款人的结算方式。汇兑分信汇、电汇两种，由汇款人选择使用。汇兑结算由于是由汇款人向异地主动付款，所以既安全又方便，还没有金额起点限制，单位、个人之间的各种款项的结算均广泛采用。

汇兑支付结算程序，如图 2.17 所示。

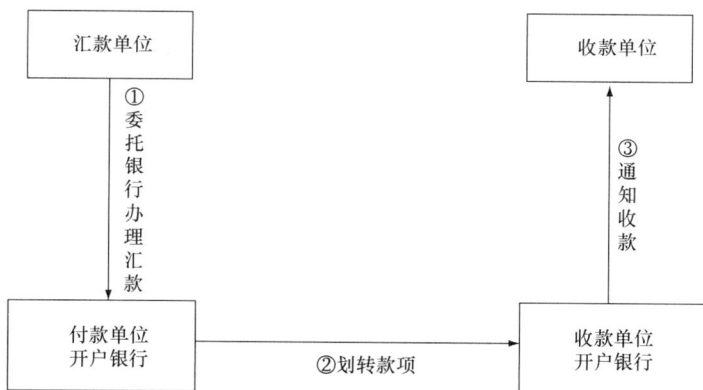

图 2.17 汇兑支付结算程序

### 2. 托收承付结算方式

托收承付是根据购销合同由收款人发货后委托银行向异地付款人收取款项，由付款人向银行承认付款的结算方式。使用异地托收承付结算方式的收款单位和付款单位，必须是国有企业以及经营管理较好并经开户银行审查同意的城乡集体所有制施工企业；办理异地托收承付结算的款项，必须是商品交易，以及因商品交易而产生的劳务供应的款项，代销、寄售、赊销商品的款项，不得办理异地托收承付结算；购销双方必须签有符合《经济合同法》的购销合同，并在合同上订明使用托收承付结算方式。所以建筑业很少采用这种结算方式。

托收承付结算程序，如图 2.18 所示。

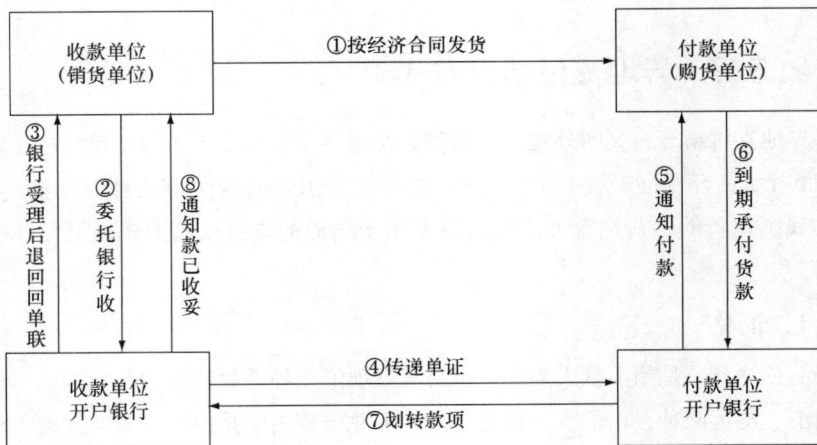

图 2.18 托收承付结算程序

## 2.5.3 同城异地均可使用的结算方式

同城异地均可使用的结算方式就是不受地域影响，同城异地均可采用这种结算方法。同城异地均可使用的结算方式有银行汇票、商业汇票、委托收款和信用卡四种。

### 1. 银行汇票结算方式

银行汇票是汇款人将款项交存当地出票银行，由出票银行签发的，由其在见票时，按照实际结算金额无条件支付给收款人或持票人的票据。它使用灵活、票随人到、兑现性强等特点，适用于先收款后发货或钱货两清的商品交易。

银行汇票有两种，可以用于转账，填明现金字样的银行汇票也可以用于支取现金。但是现金银行汇票只适用于申请人和收款人均为个人这一种情况，有一方为单位的就不能使用现金银行汇票，而且现金银行汇票只能在指定银行兑付。

收款人受理申请人交付的银行汇票时，应在出票金额以内，根据实际需要结算的款项办理结算，并将实际结算金额和多余金额准确、清晰地填入银行汇票和解讫通知的有关栏内。未填明实际结算金额和多余金额或实际结算金额超过出票金额的，银行不予受理；银行汇票的实际结算金额不得更改，更改实际结算金额的银行汇票无效；银行汇票的实际结算金额低于出票金额的，其多余金额由出票银行退交申请人；银行汇票一律记名，付款期限为 1 个月；收款人可以将银行汇票背书转让给被背书人，银行汇票的背书转让以不超过出票金额的实际结算金额为准，未填写实际结算金额或实际结算金额超过出票金额的银行汇票不得背书转让。

银行汇票适用范围广泛，单位、个体经济户和个人向同城、异地支付各种款项都可以使用，但在建筑业实际应用中多用于异地单位和个人之间各种款项的结算。

建设银行的银行汇票，如图2.19所示。

图 2.19　银行汇票样式

银行汇票结算程序，如图2.20所示。

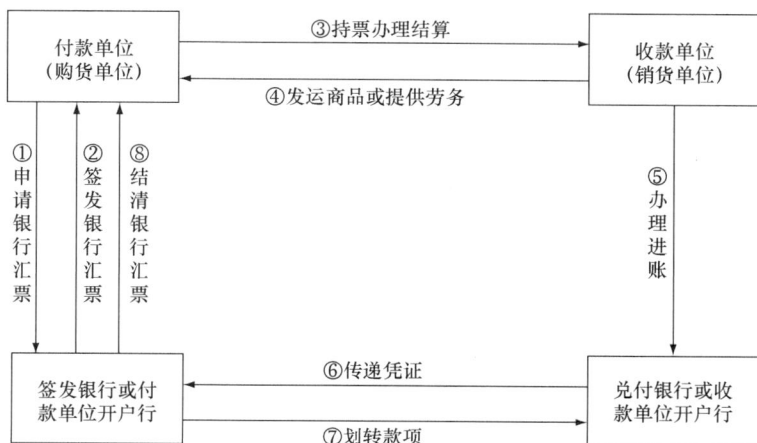

图 2.20　银行汇票结算程序

## 2．商业汇票结算方式

商业汇票是收款人或付款人（或承兑申请人）签发，由承兑人承兑，并于到期日向收款人或被背书人支付款项的票据。

按其承兑人的不同，商业汇票分为商业承兑汇票和银行承兑汇票。商业承兑汇票是由收款人签发，经付款人承兑，或由付款人签发自己承兑的票据，即商业承兑汇票由银行以外的付款人承兑。银行承兑汇票是指收款人或承兑申请人签发，并由承兑申请人向开户银行申请，经银行审查同意后承兑的票据，即银行承兑汇票由银行承兑。

商业汇票一律记名，可以背书转让，也可以贴现。商业汇票的付款期限，最长不得超过 6 个月。商业汇票的提示付款期限，自汇票到期日起 10 日。

建筑业材料采购与工程款结算中也会遇到使用商业汇票结算方式，但是大多都是银行承兑汇票，而且背书转让的情况较多，贴现的情况很少。

商业承兑汇票样式，如图 2.21 所示。

图 2.21 商业承兑汇票样式

商业承兑汇票结算程序，如图 2.22 所示。

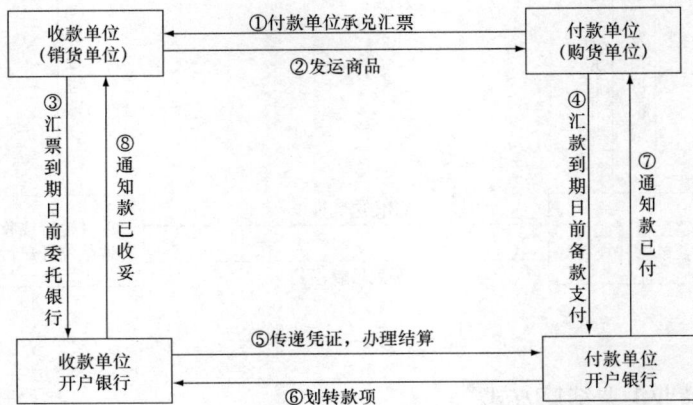

图 2.22 商业承兑汇票结算程序

银行承兑汇票样式，如图 2.23 所示。

图 2.23　银行承兑汇票样式

银行承兑汇票结算程序，如图 2.24 所示。

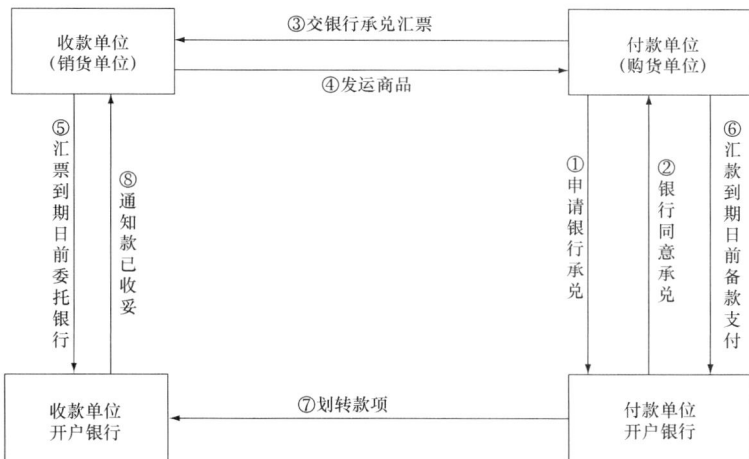

图 2.24　银行承兑汇票结算程序

### 3．委托收款结算方式

委托收款是收款人委托银行向付款人收取款项的结算方式，分为邮寄和电汇两种。

委托收款的结算方式由收款人先向开户银行填写委托收款凭证，提供收款依据，经银行审查属实后受理。收款人开户行将委托收款凭证寄给付款人开户行，付款人开户行核实无误后通知付款人。付款人应于接到通知的当日书面通知银行付款。按照有关办法规定，付款人未在接到通知日的次日起 3 日内通知银行付款的，视同付款人同意付款，银行应于付款人接到通知日的次日起第 4 日上午开始营业时，将款项划给收款人。

委托收款和异地托收承付都是由收款单位主动收款的结算方式，区别在于委托收款结算更加灵活、简便。它不仅适用于异地而且也适用于同城结算，不但能够用于商品交易和劳务供应，同时也能够用于一切在银行或金融部门开立账户的单位各种款项的结算，建筑业采用委托收款结算方式的业务很少。

委托收款和托收承付结算凭证样式，如图 2.25 所示。

图 2.25　委托收款和托收承付结算凭证样式

委托收款结算程序，如图 2.26 所示。

图 2.26　委托收款结算程序

## 4．银行信用卡结算

信用卡是指商业银行向个人和单位发行的，凭此向特约单位购物、消费和向银行存取现金，且具有消费信用的特制载体卡片。

信用卡按信誉等级分为金卡和普通卡；按使用对象分为单位卡和个人卡，其中单位卡账户的资金一律从其基本存款账户转账存入，不得交存现金，不得将结算收入的款项存入其账户，同时单位卡一律不得支取现金；个人卡账户的资金以其持有的现金存入或以其工资性款项及属于个人的劳务报酬收入转账存入，严禁将单位的款项存入个人卡账户。

持卡人可持信用卡在特约单位购物、消费，但单位卡不得用于 10 万元以上的商品交易、劳务供应款项的结算，不得提取现金。信用卡在规定的限额和期限内允许善意透支，金卡透支额大于普通卡，透支期限最长为 60 天。

信用卡结算方程序，如图 2.27 所示。

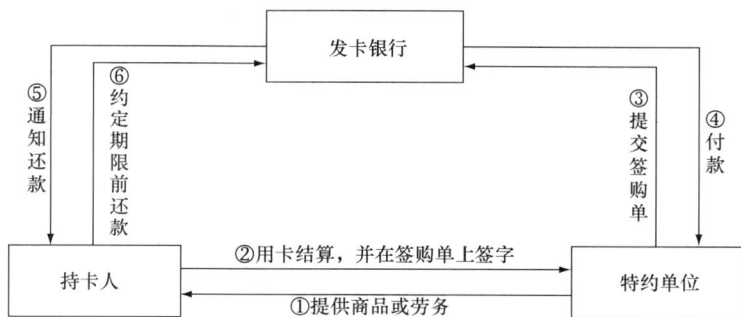

图 2.27　信用卡结算程序

## 2.5.4　银行存款的核对

建筑施工企业一般在月末要将本月银行存款发生额及余额与其开户银行对账单进行核对，以保障银行存款的账实相符。

在核对双方账目前，建筑公司应事先检查银行存款账户记录是否完整正确，逐一核对涉及银行存款的收款凭证和付款凭证是否全部入账，以保证账证相符；同时结出银行存款日记账余额，与银行存款总账核对，做到账账相符。

在收到银行送来的对账单后，出纳应将银行存款日记账上的每笔业务与银行送来的对账单逐笔勾对。未勾选上的为未达账项，对未达账项编制"银行存款余额调节表"，经调节后的双方余额一致，证明双方账簿记录无错误；如果不一致，则证明双方必定有一方记账发生错误，继续查找双方账簿记录发生的是错记还是漏记，及时查清更正。

例 2-10　诚信邦建筑安装有限公司 9 月 1 日对公司 5 月份的银行存款与对账单进行核对，银行存款日记账面余额 404 050.00 元，开户银行送来的对账单所列示的余额为 601 950.00 元，经逐笔核对，发现未达账项如下。

（1）9 月 31 日，预付丙公司水泥款 100 000 元，丁公司钢筋款 100 000 元，填制业务申请书两张，银行尚未记账。

（2）9 月 31 日，银行计算公司应付农行借款利息 2 100 元，银行已划账，公司因未收到付款通知而未入账。

编制"银行存款余额调节表"，如表 2.2 所示。

表 2.2 银行存款余额调节表

9 月 31 日 单位：元

| 项目 | 金额 | 项目 | 金额 |
|------|------|------|------|
| 银行存款日记账余额 | 404 050.00 | 银行对账单余额 | 601 950.00 |
| 加：银行已收企业未收 | | 加：企业已收银行未收 | |
| 减：银行已付企业未付 | 2 100.00 | 减：企业已付银行未付 | 200 000.00 |
| 调节后余额 | 401 950.00 | 调节后余额 | 401 950.00 |

根据编制完成的银行存款余额调节表，调节后的余额相等，则表明企业的账务没发生错漏。

**注意：**由于银行的账务系统出错概率较小，一般情况下，出现余额不同时，基本都是由于企业记账错误等原因造成的。

# 2.6 银行存款的核算

由于相关法律法规的严格界定，我国企业之间的大部分经济来往，都是基于银行账户来进行的。而在进行公司注册之前，每个公司都需要到特定银行设立企业的基本账户，以备日后经济活动的款项往来。

银行存款，就是指企业存放在银行基本账户中的货币资金。由于银行的介入，银行存款是以数字的形式存在，并不具有货币那样实体的具象。但是银行存款也可以通过一定的手段，如现金支票、汇票等，进行存在方式上的转换。

与银行存款有关的经济业务非常多，基本上企业涉及收付款项的业务，除少数是由库存现金支付外，其他都与银行存款相关。

## 2.6.1 将现金存入银行

例 2-11 出纳张明将本日的多出限额的现金 1 000 元，存入公司的对公银行账户中。应编制会计分录如下：

借：银行存款　　　　　　　　　　　　　　　　1 000

　　贷：库存现金　　　　　　　　　　　　　　　　1 000

说明：将库存现金存入银行，这是一个典型的实例，存款时，需要在银行柜台填写现金缴款单。现金缴款单如图 2.28 所示。

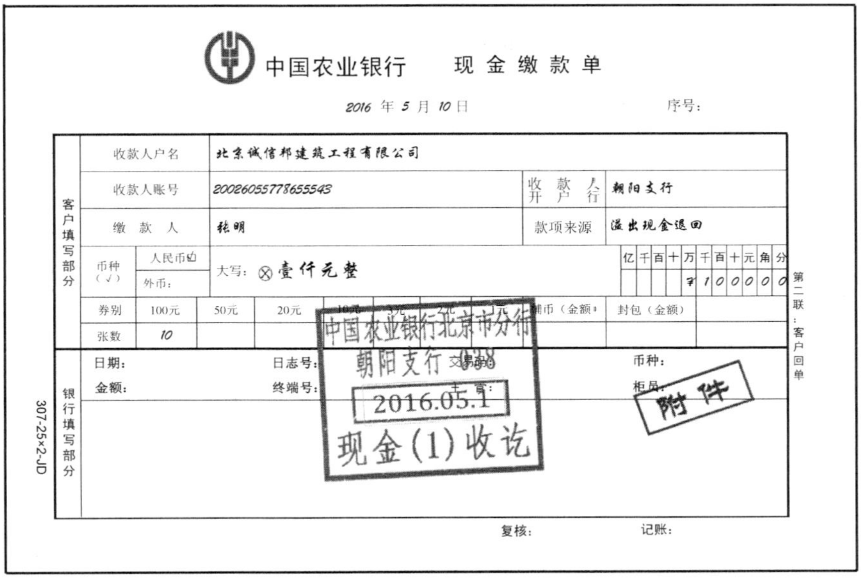

图 2.28　现金缴款单

## 2.6.2　从银行取出现金

例 2-12　出纳张明，从银行取出现金 2 000 元备用。应编制会计分录如下：

借：库存现金　　　　　　　　　　　　　　　　2 000

　　贷：银行存款　　　　　　　　　　　　　　　　2 000

说明：从银行中提取现金的情况很多，是非常常见的银行存款业务，需要使用现金支票进行提取。

## 2.6.3　收到股东投入的股款

例 2-13　公司最近新增加了一位股东，其投入 20 万元现金，占公司

15%的股份。在收到这笔款时，财务部门应编制会计分录如下：

借：银行存款                                    200 000

贷：实收资本                                    200 000

说明：大股东投入的股本，一般直接记入"实收资本"科目中。小股东购买股票所投入的资金，并不如此处理。

## 2.6.4　收到销售产品的货款

**例 2-14**　某商店销售了一批服装，公司银行账户中收到价款，共计 11 700 元，其中的 1 700 为增值税。此业务应编制会计分录如下：

借：银行存款                                 11 700

贷：主营业务收入                         10 000

应交税费——应交增值税（销项税额）  1 700

说明：正规的销售，都需要向对方出具增值税发票，相应的，对方也要将增值税额连同货款一并打入公司账户中。然后再由销售方将增值税上缴国家税务部门。

## 2.6.5　收回欠款

**例 2-15**　A 公司 2017 年 3 月购买了本公司的一批货物，货款总额 3 000 元。由于是老客户，所以允许其 3 个月后付货款。现在到期已收回全部货款。此业务应编制会计分录如下：

借：银行存款                                 3 000

贷：应收账款——A 公司                   3 000

说明：产品销售完成后，根据权责发生制的原则，销售收入应当计在当期的财务报表中，但是由于款未收到，所以需将该款项挂入应收科目。当销售完成，但款还未收入回，当期应做会计分录如下：

借：应收账款——A 公司                   3 000

贷：主营业务收入                         3 000

## 2.6.6　支付原材料货款

**例 2-16**　小张到外地采购了一批原材料，货款共计 25 000 元。材料运到时，对方要求财务将款打入对方的公司账户中，目前材料款已付，运费 500 元由买方承担。

此业务应编制会计分录如下：

借：原材料　　　　　　　　　　　　　　　25 000

　　管理费用　　　　　　　　　　　　　　　500

　　贷：银行存款　　　　　　　　　　　　25 500

**说明**：运费处理比较复杂，后面还有详细的范例。此处的运费并不考虑抵扣增值税的问题，也不考虑计入材料成本的问题，只为说明使用银行存款科目支付货款的情况。

### 2.6.7　支付银行利息

**例 2-17**　财务部接到银行对账单，发现上个月的贷款利息 5 000 元，已由银行自动扣款成功，财务部根据银行提供的相应票据，将这笔业务记录在账目中。会计分录如下：

借：应付利息——应付贷款利息　　　　　5 000

　　贷：银行存款　　　　　　　　　　　　5 000

# 2.7　其他货币资金的核算

其他货币资金是指建筑施工企业除库存现金、银行存款以外的其他各种货币资金，即存放地点和用途均与库存现金和银行存款不同的货币资金。主要包括：

- ❑ 外埠存款；
- ❑ 银行汇票存款；
- ❑ 银行本票存款；
- ❑ 信用卡存款；
- ❑ 信用证保证金存款；
- ❑ 待转让支票等。

其他货币资金一般都有专门的用途和特定的存放地点，而且这部分存款也不能存放在企业的基本存款账户中，因此在建筑业会计上必须进行单独的核算与管理。为了单独反映这部分货币资金的收入、付出和结存情况，建筑业设置"其他货币资金"账户进行核算。该账户为资产类账户，借方登记其他货币资金的增加数；贷方登记其他货币资金的减少数；期末余额在借方，反映其他货币资金的结存数。该账户按其他货币资金的具体内容设置明细账，进行明细核算，明细账账页格式可以采用三栏式。

## 2.7.1　外埠存款的核算

外埠存款也称临时性采购专户存款，是指建筑施工企业到外地进行临时或零星采购时，汇往采购地银行开立采购专户的款项。

建筑施工企业如果想将采购款项汇往采购地银行，需要先填写"汇款委托书"并加盖"采购资金"字样；汇入银行对汇入的采购款项，以汇款单位名义开立采购账户；采购专户存款不计利息，除采购员差旅费可以支取少量现金外，一律办理转账；采购专户只对外转账支付而不收取存款，采购结束后，专户存款余额汇还汇出单位，结清采购专户。

　　例 2-18　诚信邦建筑工程有限公司 5 月 10 日欲到 A 城采购钢材，电汇100 000 元到 A 城工商银行开立采购专户。5 月 15 日采购员交来供货单位发票账单等报销凭证，报销采购钢材的货款及运杂费 94 200 元，钢材已经验收入库，采购专户的剩余款项已退回公司存款户。

（1）汇出资金到 A 城开立采购专户时，

借：其他货币资金——外埠存款　　　　　　　100 000

　　贷：银行存款　　　　　　　　　　　　　　100 000

（2）采购员回来报销付货款及运费和入库单单据时，

借：原材料——主要材料（钢材）　　　　　　94 200

　　贷：其他货币资金——外埠存款　　　　　　94 200

（3）采购专户余款转回时，

借：银行存款　　　　　　　　　　　　　　　5 800

　　贷：其他货币资金——外埠存款　　　　　　5 800

## 2.7.2　银行汇票存款的核算

银行汇票存款是指建筑施工企业为了取得银行汇票，按规定存入银行的款项。

　　例 2-19　诚信邦建筑工程有限公司预备向张台山木材厂购买木料，采用银行汇票结算方式，公司出纳填写"结算业务申请书"金额 50 000 元去开户银行办理银行汇票。办妥后，采购员持银行汇票向张台山木材厂采购木材49 618 元，木材已运回验收入库，另支付运费 5 000 元，余款已经转回公司存款户。

（1）取得汇票时，根据银行盖章退回的申请书回单联编制会计分录如下：

借：其他货币资金——银行汇票存款　　　　50 000

　　贷：银行存款　　　　　　　　　　　　　　50 000

（2）报销时，根据发票、运费账单和入库单等单据编制会计分录如下：

借：原材料——主要材料（木材）　　　　54 618

　　贷：其他货币资金——银行汇票存款　　　49 618

　　　　银行存款　　　　　　　　　　　　　5 000

（3）余款转回时，根据银行转来的多余款收账通知编制会计分录如下：

借：银行存款　　　　　　　　　　　　　382

　　贷：其他货币资金——银行汇票存款　　　382

银行本票存款会计核算方法同银行汇票存款，不同点就是银行本票只适用于同城结算。

## 2.7.3　信用卡存款的核算

信用卡存款是指建筑施工企业为了取得信用卡而存入银行信用卡专户的款项。

例 2-20　诚信邦建筑工程有限公司预办理单位信用卡，公司向开户银行提交"信用卡申请书"10 000 元办理信用卡，办妥后，用信用卡在办公用品超市购买一批办公用品 6 000 元。

（1）办妥信用卡时，根据银行退回的申请书回单联编制会计分录如下：

借：其他货币资金——信用卡存款　　　　10 000

　　贷：银行存款　　　　　　　　　　　　　10 000

（2）报销时，根据发票账单及开户银行转来的凭证等编制会计分录如下：

借：管理费用——办公费　　　　　　　　6 000

　　贷：其他货币资金——信用卡存款　　　　6 000

## 2.7.4　待转让支票的核算

待转让支票是指建筑施工企业收到的准备背书转让给其他待付款企业的转账支票。

例 2-21　诚信邦建筑工程有限公司收到开发商转账支票一张 200 000

元，系上月工程结算款，公司准备直接背书给华安水泥有限公司结算水泥款。

（1）收到转账支票时，根据收转账支票收据编制会计分录如下：

借：其他货币资金——待转让支票　　　　　　200 000

　　贷：应收账款——××开发公司　　　　　　　200 000

（2）支票背书时，根据华安水泥公司开具的收据编制会计分录如下：

借：应付账款——华安水泥有限公司　　　　　200 000

　　贷：其他货币资金——待转让支票　　　　　　200 000

建筑施工企业对于其他货币资金，也要定期进行清查核对，以保证账实相符。

## 实战训练

【训练一】　　　　　　　　　　复习思考题

1. 简述备用金的日常核算。

2. 简述现金清查的方法。

3. 现金长短款的账务处理方法有哪些？

4. 简述建筑施工企业银行存款的管理。

【训练二】　　　　　　　　　　账务处理题

某企业 3 月份银行存款期初余额 2 470 元。发生业务如下：

1. 3 月 12 日，企业开出现金支票一张，从银行提取现金 3 600 元。企业用现金支付企业水电费 400 元。张明去北京采购材料，不方便携带现款，故委托当地银行汇款 5 850 元到北京开立采购专户，并从财务预借差旅费 2 000 元，财务以现金支付。

2. 3 月 18 日，张明返回企业，交回采购有关的供应单位发票账单，共支付材料款项 5 850 元，其中，材料价款 5 000 元，增值税 850 元。张明报销差旅费 2 200 元，财务以现金补付余款。

3. 3 月 21 日，企业收到上海公司上月所欠货款 47 000 元的银行转账支票一张。企业将支票和填制的进账单送交开户银行。

4. 3 月 25 日，采购员持银行汇票一张前往深圳采购材料，汇票价款 8 000 元，购买材料时，实际支付材料价款 6 000 元，增值税 1 020 元。

5. 3 月 26 日，张明返回企业时，银行已将多余款项退回企业开户银行。

6. 3 月 30 日，企业对现金进行清查，发现现金短缺 600 元。原因正在调查。

7. 3 月 30 日，发现短缺的现金是由于出纳员小华的工作失职造成的，应由其负责赔偿，金额为 300 元，另外 300 元没办法查清楚，经批准转做管理费用。

8. 月底，企业开始与银行进行对账，银行对账单上的存款余额为 31 170 元，经核对，发现有以下未达账项：

（1）3 月 29 日，企业委托银行代收款项 2 000 元，银行已收入账，企业尚未收到入账通知。

（2）3 月 30 日，银行代企业支付租金 630 元，尚未通知企业

（3）3 月 30 日，企业收到深圳公司代收手续费 1 200 元。

**要求**：编制相关分录，并编制"银行余额调节表"核对双方记账有无错误。

# 第3章 建筑施工企业应收及预付款项的核算

应收及预付款项，是指企业在日常生产经营过程中发生的各项债权，包括应收账款和预付账款等。应收款项，顾名思义，就是企业应当收回的款项，包括以下几项：

- ❑ 应收账款；
- ❑ 应收票据；
- ❑ 其他应收款。

## 3.1 应收账款的核算

应收账款，是建筑施工企业因完工产品结算，出售材料、产品，提供劳务和出租企业资产使用权等业务时，应向建设单位（出包单位）、购买单位、接受劳务和租用资产的单位或个人收取的款项。

在社会经济活动中，应收账款对于各行各业都是非常重要的资产，有应收账款的存在，就意味着企业的经营活动中存在赊销，虽然赊销具有风险，但是仍然有很多企业愿意采用这种销售方式。

这是因为，一方面赊销既可以扩大产品销售量、服务量，提高企业产品在市场竞争中的占有率；也可以减少企业存货的积压，加速存货周转，提高资金利用率；另一方面，随着企业的销售量、服务量的扩大，企业在市场中的影响也随之提高，这也为企业的生存和发展营造了十分重要的条件。

但是，企业的应收账款比例太高，也可能大量占用企业的生存资金，会影响企业正常的资金使用，可能会使企业失去投资机会；为了管理和回收应收账款，企业还需要付出相应的管理成本，还要承担收不回资金的风险和损失。

在建筑工业企业中，赊销的情况更加普遍，应收账款在企业的经营活动中的影响力更大，因此，建筑施工企业的会计工作中，有许多篇幅是在对应收账款的核对、管理、收回之中。

因此，企业，尤其是建筑施工企业对待应收账款应当采取谨慎原则，不但需要制定相应的信用政策，对客户建立信用档案，还需要财务部门制定合理有效的收款策略，并加强内部的责任制度和奖罚制度。而这些对应收账款的管控，都需要建立在对应收账款的相关核算基础上。

## 3.1.1 应收账款核算的内容

施工企业应收账款的内容主要包括：

- ❏ 承建工程应向发包单位收取的工程价款和列入营业收入的其他款项；
- ❏ 销售产品、材料应向购货单位收取的款项；
- ❏ 提供劳务、作业应向接受劳务、作业单位收取的款项；
- ❏ 出租使用权，应向租用单位收取的款项。

另外，应收账款核算时，包括附有现金折扣的核算内容。

**注意：** 企业的应收账款不包括各种非主要经营业务发生的应收款。如应收的各种赔款和罚款、投标保证金、保函押金、应向职工收取的各种垫付款项、预付款项等。

## 3.1.2 应收账款的账户设置及核算

为了核算施工企业应收账款的发生及收回情况，应设置"应收账款"账户。该账户属于资产类账户，应设置"应收工程款"和"应收销货款"两个明细账户，并分别按发包单位和购货单位或接受劳务、作业的单位设查明细账，进行明细分类核算。不单独设置"预收账款"的企业预收的工程款、备料款、购货款等也在本账户核算。此时，"应收账款"账户的期末如为贷方余额，则反映企业预收账款。

**例 3-1** 2016 年 5 月底，诚信邦公司向发包单位 A 单位发出"工程价款结算账单"，并开出增值税专用发票，其中结算工程价款 800 000 元，增值税率为 11%。按合同规定，应扣还预支工程款 200 000 元、预收备料款 100 000 元。

6 月 5 日，A 单位向企业账户转账 500 000 元，用于支付工程价款余款。

（1）向发包单位办理工程价款结算时，需要进行的财务处理如下：

借：应收账款——应收工程款（A 单位）　　888 000

　　贷：工程结算　　　　　　　　　　　　　　800 000

　　　　应交税费——应交增值税（销项税额）　88 000

（2）按合同规定从结算工程价款中扣还预支工程款、备料款时，需要进行的财务处理如下：

借：预收账款——预收工程款　　　　　200 000

　　　　　　——预收备料款　　　　　100 000

　贷：应收账款——应收工程款（A 单位）　300 000

（3）收到 A 单位转账支票，填制进账单入账时，需要进行的财务处理如下：

借：银行存款　　　　　　　　　　　　588 000

　贷：应收账款——应收工程款（A 单位）　588 000

**例 3-2**　企业 2016 年 6 月初向 B 单位销售预制构件一批，货款 30 000 元，增值税率为 11%，并以银行存款代垫运杂费 1 200 元，货已运达购货单位，委托银行收款手续已办妥。作会计分录如下：

（1）开出销售发票，确认销售收入时，需要进行的财务处理如下：

借：应收账款——应收销货款（B 单位）　34 500

　贷：其他业务收入　　　　　　　　　　30 000

　　应交税费——应交增值税（销项税额）　3 300

　　银行存款　　　　　　　　　　　　　1 200

（2）收到货款时，需要进行的财务处理如下：

借：银行存款　　　　　　　　　　　　34 500

　贷：应收账款——应收销货款（B 单位）　34 500

## 3.1.3　销售折扣的核算

销售折扣，是企业为了扩大销售量和尽快收回资金，在销售新产品时往往给客户附有一定的优惠条件，即称为折扣。销售折扣分为商业折扣和现金折扣两种。

### 1．商业折扣

商业折扣指企业出于推销商品，增加销售量的目的，会根据时令或销售数量的不同，在商品价目表上做文章，按价目表的价进行打折，这就是商业折扣。

商业折扣是企业最常用的促销方式之一。比如建筑工业企业去进货时，供货价格全线 9.5 折，这个 9.5 折就是商业折扣，并且商业折扣往往会根据销售数量的增加而幅度更大，比如水泥买 100 袋以下是原价的 9.5 折，如果达到 100 袋以上就会有更大的折扣，这个折扣也是商业折扣。

企业会计制度规定，企业采用商业折扣方式销售货物的，应按最终成交价格进行商品收入的计量。

例 3-3  企业向 A 单位销售商品售价为 100 万元，增值税率17%，商业折扣 10%。

销售时，直接扣除商业折扣后入账：

（1）应收账款科目余额=100×（1+17%）×（1-10%）=105.3（万元）

（2）主营业务收入=100×（1-10%）=90（万元）

需要编制如下会计分录：

借：应收账款　　　　　　　　　　　　　　105.3

　　贷：主营业务收入　　　　　　　　　　　　　　90

　　　　应交税费——应交增值税（销项税额）　　　15.3

## 2．现金折扣

现金折扣又称销售折扣，为敦促顾客尽早付清货款而提供的一种价格优惠。现金折扣的表示方式为：2/10、1/20、n/30，即 10 天内付款，货款折扣 2%；20 天内付款，货款折扣 1%；30 天内全额付款。

现金折扣发生在销货之后，是一种融资性质的理财费用，因此销售折扣不得从销售额中减除。例如，A 公司向 B 公司出售商品 30 000 元，付款条件为 2/10、N/60，即如果 B 公司在 10 日内付款，只需支付 29 400 元；如果在 60 天内付款，则须支付 30 000 元。

例 3-4  某企业销售产品一批，售价（不含税）10 000 元，规定的现金折扣条件为 2/10、n/30，增值税率为 17%，产品已发出并办妥托收手续。按总价法核算，其会计分录为：

借：应收账款　　　　　　　　　　　　　　11 700

　　贷：主营业务收入　　　　　　　　　　　　　10 000

　　　　应交税费——应交增值税（销项税额）　　1 700

如果上述货款在 10 天内收到，其会计分录为：

借：银行存款　　　　　　　　　　　　　　11 500（11 700-200）

　　财务费用　　　　　　　　　　　　　　 200（10 000×2%）

　　贷：应收账款　　　　　　　　　　　　　　11 700

如果超过了现金折扣的最后期限，其会计分录为：

借：银行存款　　　　　　　　　　　　　　11 700

　　贷：应收账款　　　　　　　　　　　　　　11 700

## 3.1.4　销售折让的核算

销售折让是指由于商品的质量、规格等不符合要求，销售单位同意在商品价格上给予的减让。在核算时，由于销售折让不具备费用的属性，因此，应当将其作为收入的抵减数处理。因此，销售折让是会影响企业收入的。

例 3-5　公司 2016 年 7 月 18 日销售一螺纹钢筋，增值税发票注明的售价为 40 000 元，增值税为 6 800 元，该批产品的成本为 35 000 元。货到后买方发现 1T 的螺纹钢筋与合同要求不一致，要求给予价款 5% 的折让，公司同意折让。为此公司需要做如下会计处理。

（1）7 月 18 日销售实现时，收入入账，应做会计分录如下：

借：应收账款　　　　　　　　　　　　　　46 800
　　贷：主营业务收入　　　　　　　　　　　　40 000
　　　　应交税费——应交增值税（销项税额）　6 800

（2）收入入账时，同时结转本笔业务的成本，应做会计分录如下：

借：主营业务成本　　　　　　　　　　　　35 000
　　贷：库存商品　　　　　　　　　　　　　　35 000

（3）发生销售折让时，应做会计分录如下：

借：主营业务收入　　　　　　　　　　　　2 000
　　应交税费——应交增值税（销项税额）　　340
　　贷：应收账款　　　　　　　　　　　　　　2 340

（4）实际收款时，应做会计分录如下：

借：银行存款　　　　　　　　　　　　　　44 460
　　贷：应收账款　　　　　　　　　　　　　　44 460

## 3.1.5　销售退回的核算

销售退回是指企业售出的商品，由于质量、品种不符合要求等原因而发生的退货。

如果销售退回发生在企业已经确认收入之后，那么一般情况下，可以直接冲减当月的销售收入，并退回当月的销售成本，同时调整尚未收取的应收账款金额。

例 3-6　公司 2016 年 7 月 18 日销售一螺纹钢筋，增值税发票注明的售价为 40 000 元，增值税为 6 800 元，该批产品的成本为 35 000 元。货到后买方发现 1T 的螺纹钢筋与合同要求不一致，要求进行退货处理。为此公司需要做如下账务处理。

（1）7 月 18 日销售实现时，收入入账，应做会计分录如下：

借：应收账款　　　　　　　　　　　46 800

　　贷：主营业务收入　　　　　　　　　　40 000

　　　　应交税费——应交增值税（销项税额）　6 800

（2）收入入账时，同时结转本笔业务的成本，应做会计分录如下：

借：主营业务成本　　　　　　　　　35 000

　　贷：库存商品　　　　　　　　　　　　35 000

（3）客户要求退货时，需要冲减销售收入，应做会计分录如下：

借：主营业务收入　　　　　　　　　40 000

　　应交税费——应交增值税（销项税额）　6 800

　　贷：应收账款　　　　　　　　　　　　46 800

（4）冲减收入时，同时需要退回销售成本，应做会计分录如下：

借：库存商品　　　　　　　　　　　35 000

　　贷：主营业务成本　　　　　　　　　　35 000

**注意**：在销售退回发生时，只需做与确认收入时相反的会计分录，将收入冲减掉，同时也不能忘记将成本也退回。

# 3.2　应收票据的核算

应收票据，是一种载有一定付款日期、付款地点、付款金额和付款人的无条件支付的流通证券，也是一种可以由持票人自由转让给他人的债权凭证。

在我国，应收票据是指企业持有的未到期或未兑现的商业票据，通常是指"商业汇票"。根据我国现行法律的规定，商业汇票的付款期限不得超过 6 个月，因此，在我国，应收票据就是指应收的短期票据。应收票据包括银行承兑汇票和商业承兑汇票，内容详见 2.5.2 节商业汇票结算方式。

## 3.2.1　应收票据的入账价值确定

应收票据入账价值的确定，目前存在两种方法：

❑　按其票面价值入账；

❑　按票面价值的现值入账。

如果考虑到货币的时间价值等因素对票据面值的影响，应收票据按其面值和现值入账是比较合理和科学的。但是，由于商业汇票的期限较短，利息金额相对来说不大，用现值记账计算烦琐，为了简化核算，企业会计制度规定，应收票据一律按照面值入账。

企业会计制度规定，企业收到开出、承兑的商业汇票，按应收票据的面值，借记"应收票据"科目，按实现的营业收入，贷记"主营业务收入"等科目，按专用发票上注明的增值税，贷记"应交税费——应交增值税（销项税额）"科目。

企业收到应收票据以抵偿应收账款时，借记"应收票据"科目，贷记"应收账款"科目。如果是带息应收票据，应于期末，按应收票据的票面价值和确定的利率计提利息，计提的利息增加应收票据的账面价值，借记"应收票据"科目，贷记"财务费用"科目。

企业应设置"应收票据备查簿"，逐笔登记每一应收票据的种类、号码和出票日期、票面金额、票面利率、交易合同号和付款人、承兑人、背书人的姓名或单位名称、到期日、背书转让日、贴现日期、贴现率和贴现净额、未计提利息，以及收款日期和收回金额、退票情况等资料，应收票据到期结清票款或退票后，应当在备查簿内逐笔注销。

### 3.2.2 票据到期日与到期值

#### 1. 到期日的确定

应收票据的到期日应按不同的约定方式来确定。如约定按日计算，则应以足日为准，在其计算时按算尾不算头的方式确定。

例如，4 月 20 日开出的 60 天商业汇票的到期日为 6 月 19 日。如约定按月计算，则足月为标准，在计算时按到期月份的对日确定，若到期月份无此对日，应按到期月份的最后日确定。

例 3-7　8 月 31 日开出的 6 个月商业汇票，到期日应为下年 2 月 28 日（若有 29 日为 29 日）；若此汇票为 8 个月时，到期日应为下年的 4 月 30 日。

#### 2. 到期价值的确定

应收票据的到期价值即商业汇票到期时的全部应支付款项，要根据票据是否带息来确定。若是不带息票据，到期价值就是票面价值即本金。若是带息票据，到期价值为票据面值加上应计利息，计算公式为：

$$票据到期价值 = 票据面值 \times (1 + 票面利率 \times 票据期限)$$

上式中，利率一般以年利率表示；票据期限则用月或日表示，在实际业务中，为了计算方便，常把一年定为 360 天。

例 3-8　一张面值为 1 000 元，期限为 90 天，票面利率为 10% 的商业汇票，到期价值为：

$$1\,000\times（1+10\%\times90/360）=1\,025（元）$$

## 3.2.3　不带息票据核算

例 3-9　2015 年 12 月 1 日，公司向广东建工出售了一批钢筋，价值 10 万元，增值税率为 17%；10 天后，即 2015 年 12 月 11 日，公司收到广东建工开具的商业汇票，汇票面值为 117 000 元，支付期为 3 个月；2016 年 3 月 11 日，3 个月后，广东建工开具的商业汇票兑付，款项打入公司账户。

其账务处理过程及步骤如下。

（1）2015 年 12 月 1 日，交易成立时收入确认，由于款未收到，故先记入应收账款账户中。会计分录如下：

借：应收账款——广东建工　　　　　117 000
　　贷：主营业务收入　　　　　　　　　　100 000
　　　　应交税费——应交增值税（销项税额）　　17 000

（2）结转上述收入的成本（略）

（3）2015 年 12 月 11 日，收到商业汇票，将应收账款转为应收票据，会计分录如下：

借：应收票据——广东建工　　　　　117 000
　　贷：应收账款——恒远公司　　　　　　117 000

（4）2016 年 3 月 11 日，将商业汇票存入银行账户后，会计分录如下：

借：银行存款　　　　　　　　　　　117 000
　　贷：应收票据——广东建工　　　　　　117 000

## 3.2.4　带息票据核算

例 3-10　企业 2015 年 9 月 1 日销售 5 台挖掘机给中铁建工，货发出的同时，附有增值税发票，票面的销售收入为 1 000 000 元，增值税率为 17%。A 商场以商业承兑汇票支付货款，付款期限为 6 个月，票面利率 10%。

（1）用来支付货款的票据收到时，编制会计分录如下：

借：应收票据——中铁建工      1 170 000

  贷：主营业务收入       1 000 000

    应交税费——应交增值税（销项税额）170 000

（2）年底时，可以计提票据利息，编制会计分录如下：

利息的计算过程如下：

借：应收票据——中铁建工      39 000

  贷：财务费用         39 000

**说明：** 年利息＝11 700 000×10×4/12＝39 000（元），10% 是年利率，所以需要先除以 12 再乘以 4 个月。对于票据的利息计入财务费用的贷方，以抵扣企业付出的利息等财务方面的费用。

（3）票据到期时，企业收回货款，编制会计分录如下：

借：银行存款         1 228 500

  贷：应收票据——中铁建工    1 209 000

    财务费用        19 500

**说明：** 计算过程是第二年收货款时，除去上年底计提过的利息外，还有两个月的利息要提，即 1 170 000×10%×2/12＝19 500（元）。而应收票据账户的余额为 1 170 000＋39 000＋19 500＝1 228 500（元）。

## 3.2.5　不带息应收票据贴现的核算

建筑业是对资金需求较高的行业，当资金紧张或是经营需要及时回笼资金时，只要符合一定的条件，就可以持未到期的商业汇票和贴现凭证向银行申请贴现。

贴现是持票人以未到期的应收票据，通过背书手续，请银行按贴现率从票据价值中扣取贴现日起到票据到期日止的贴息后，以余额兑付给持票人。

用应收票据向银行申请贴现时，持票人必须在票据上"背书"。票据到期值与贴现收到金额之间的差额，叫贴息或贴现息，通常记作财务费用。贴息的数额根据票据的到期值按贴现率及贴现期计算。其计算公式为：

贴息＝票据到期值×贴现率×贴现期

贴现票据实收金额＝票据到期值－贴息

**例 3-11**　某企业在 2015 年 9 月 11 日，收到 A 客户当日签发的、票面金额 750 000 元、30 天到期的不带息汇票。企业财务持该汇票到银行进行贴现，贴现率为12%。

这笔业务的账务处理过程如下。

（1）以票据入账，抵消 A 客户之前的应收账款，编制会计分录如下：

借：应收票据                                    750 000

　　贷：应收账款                                    750 000

说明：票据入账时，应以票面金额入账。

（2）票据进行贴现后，编制会计分录如下：

借：银行存款                                    742 500

　　财务费用                                      7 500

　　贷：应收票据                                    750 000

说明：票据于 9 月 11 日签发，当天就贴现，贴现天数为 30 天，所以根据公式"贴现息＝票据到期值×贴现天数×贴现率"计算，贴现息＝750 000×30×12%/12/30＝7 500；贴现收到的金额则为票据到期值—贴现息，计算得数值 750 000－7 500＝742 500（元）。

## 3.2.6　带息应收票据贴现的核算

例3-12　B 客户于 2006 年 4 月 15 日签发了一张汇票，该汇票 60 天到期、票面金额为 6 000 元、带息10%。企业于 2016 年 4 月 30 日向银行贴现，贴现率为16%。

这笔业务的账务处理过程如下。

（1）2016 年 4 月 15 日时，以票据入账，抵消 B 客户之前的应收账款，编制会计分录如下：

借：应收票据                                    6 000

　　贷：应收账款                                    6 000

说明：以带息票据入账时，仍以票面金额入账。

（2）2016 年 4 月 30 日，票据进行贴现后，编制会计分录如下：

借：银行存款                                    5 978

　　财务费用——利息支出                            22

　　贷：应收票据                                    6 000

说明：本例中的计算过程如下：

（1）票据于 4 月 15 日签发，60 天到期。票面金额 6 000 元，票息10%，其到期值为：

$$6\ 000+6\ 000×60/360×10\%=6\ 100$$

（2）4 月 30 日去银行贴现，贴现天数为 45 天，所以根据公式"贴现息=票据到期值×贴现天数×贴现率"计算，贴现息为：

$$6\,100×45/360×16\%=122$$

（3）贴现收到的金额的计算公式为"票据到期值—贴现息"，所以贴现时企业取得款项金额为：

$$6\,100-122=5\,978$$

# 3.3  其他应收款的核算

其他应收款，是企业在非经济活动中产生的债权，是企业应收款项的另一重要组成部分。其他应收款科目核算企业除买入返售金融资产、应收票据、应收账款、预付账款、应收股利、应收利息、应收代位追偿款、应收分保账款、应收分保合同准备金、长期应收款等以外的其他各种应收及暂付款项。

其他应收款主要包括：

❑ 应收的各种赔款、罚款。如因企业财产等遭受意外损失而应向有关保险公司收取的赔款等；

❑ 应收出租包装物租金；

❑ 应向职工收取的各种垫付款项，如为职工垫付的水电费、应由职工负担的医药费、房租费等；

❑ 对没有设置"备用金"的企业拨出的备用金；

❑ 存出保证金，如租入包装物支付的押金；

❑ 预付账款转入，已不符合预付账款性质而按规定转入的；

❑ 其他各种应收、暂付款项。

## 3.3.1  押金的核算

例 3-13  企业购买水泥时，需要使用水泥厂的水泥纸袋，现金支付押金 800 元。

本笔业务应做的财务处理如下：

借：其他应收款——存出保证金——水泥厂　　　800

　　贷：库存现金　　　　　　　　　　　　　　　　800

### 3.3.2　预借差旅费

例 3-14　工程部张明需要去外地出差，向财务部预借差旅费 3 000 元。

本笔业务在预借差旅费时，应做的财务处理如下：

借：其他应收款——张明　　　　　　　　　　3 000

　　贷：库存现金　　　　　　　　　　　　　　3 000

### 3.3.3　员工赔偿丢失的工具

例 3-15　企业财务清查时，发现丢失了几件工具，经查属保管人员刘润失职所致，故应由其赔偿企业损失。

本笔业务在处理决定下达后，将已归入过渡账户，应做的财务处理如下：

借：其他应收款——刘润　　　　　　　　　　200

　　贷：待处理财产损溢　　　　　　　　　　　200

# 3.4　预付账款的核算

预付账款是指企业按照购货合同的规定，预先以货币资金或货币等价物支付供应单位的款项。在日常核算中，预付账款按实际付出的金额入账，如预付的材料、商品采购货款、必须预先发放的在以后收回的农副产品预购定金等。

对建筑工业企业来说，预付账款主要包括预付工程款、预付备料款等内容。

### 3.4.1　预付账款核算的内容

施工企业预付账款是指企业按照工程合同规定预付给分包单位的款项。施工企业预付账款的内容主要包括：

（1）按照合同规定预付给分包单位的备料款和工程款；

（2）按照合同规定预付给供应单位的购货款。

施工企业之所以要向分包单位和供应单位预付款项，其主要目的是，促使分包单位按合同规定的工期、质量完成分包的工程项目，及时取得供应单位提供的材料物资等，以保证施工生产经营活动的顺利进行。

在分包单位尚未完成分包的工程和供应单位尚未移交材料物资之前，施工企业预先付出的款项就成为企业的一项债权，即企业的经营资金暂时被分包单位和供应单位占用，企业有权要求分包单位按期完成分包工程，有权要求供应单位按期发货，以保证施工生产经营活动的顺利进行。

施工企业必须加强对预付账款的管理与核算，严格遵守国家的有关规定，控制预付账款的范围、比例和期限，及时进行清算，并定期与对方单位对账核实，以减少资金占用，加速资金周转，提高资金的利用效果。

### 3.4.2　预付账款的账户设置及核算

为了核算施工企业按照合同规定预付给分包单位的款项，以及按照购货合同规定预付给供应单位的购货款，应设置"预付账款"账户。该账户属于资产类账户，其基本结构和登记内容如下。

预付账款账户的借方应该记录：

❏　预付分包单位的工程款、备料款；

❏　拨付分包单位抵作备料款的材料；

❏　预付给供货单位的购货款。

预付账款账户的贷方应该记录：

❏　企业与分包单位结算已完工程价款时，扣回的预付工程款和备料款；

❏　收到所购材料物资时结转的预付购货。

预付账款账户的余额代表：

❏　已预付尚未结转的预付款项。

"预付账款"账户应分别按"预付分包单位款"和"预付货款"两个明细账户，并分别按分包单位和供应单位名称设置明细账，进行明细核算。预付账款不多的企业，也可以将预付账款直接记入"应付账款"账户的借方，不设置该账户。

企业按合同预付分包单位工程款和备料款时，通过"预付账款——预付分包单位款"账户核算。若企业以拨付材料抵付预付备料款的结算价格与双方协商的结算价格不一致，其差额应通过"工程施工——合同成本（分包成本）"账户进行调整。企业预付给分包单位的工程款或备料款，在结算已完工程价款时应当抵扣。

**例 3-16**　某施工企业按工程合同规定，以主要材料一批拨付给分包单位抵作备料款，其计划成本为 60 000 元，材料成本差异率为 2%，双方协商作价为 58 000 元；同时，以银行存款预付分包单位工程款 200 000 元。月末，企业与分包单位办理工程价款结算，根据分包单位提出的"工程价款结算账单"，应结算工程价款 350 000 元，扣除已预付的工程款 200 000 元、备料款 58 000 元，余款以银行存款支付。

（1）企业向分包单位拨付抵作备料款的材料时，应做会计分录如下：

借：预付账款——预付分包单位款（备料款） 58 000

　　工程施工——合同成本（分包成本） 3 200

　　贷：原材料——主要材料 60 000

　　　　材料成本差异——主要材料 1 200

（2）企业预付分包单位工程款时，应做会计分录如下：

借：预付账款——预付分包单位款（工程款）200 000

　　贷：银行存款 200 000

（3）收到分包单位"工程价款结算账单"，结算工程价款时，应做会计分录如下：

借：工程施工——合同成本 350 000

　　贷：预付账款——预付分包单位款（工程款）200 000

　　　　　　　　——预付分包单位款（备料款）58 000

　　　　应付账款——应付工程款（分包单位） 92 000

（4）开出转账支票支付分包单位工程价款时，应做会计分录如下：

借：应付账款——应付工程款（分包单位） 92 000

　　贷：银行存款 92 000

例 3-17　某施工企业根据购货合同规定，预付建材公司钢材款 40 000 元。供应单位发货后，开来发票账单，列明钢材价款 46 800 元，代垫运杂费 1 300 元。

（1）按合同规定预付购货款时，应做会计分录如下：

借：预付账款——预付购货款（建材公司） 40 000

　　贷：银行存款 40 000

（2）根据供应单位发票账单所列金额，应做会计分录如下：

借：材料采购——主要材料（钢材） 48 100

　　贷：预付账款——预付购货款（建材公司） 48 100

（3）补付建材公司货款时，应做会计分录如下：

借：预付账款——预付购货款（建材公司） 8 100

　　贷：银行存款 8 100

在实际工作中，往往会遇到已预付款项的货物，由于某些原因而无法收到所购货物。对此情况，新《企业会计制度》做了明确的规定：企业的预付账款如有确凿的证据表明其不符合预付账款性质，或者因供货单位破产、撤销等原因无望再收到所购货物的，应将原计入预付账款的金额转入其他应收款。

企业应按预计不能收到所购货物的预付账款的账面余额，借记"其他应收款——预付账款转入"账户，贷记"预付账款"账户。除转入"其他应收款"账户的预付账款外，其他预付账款不得计提坏账准备。

# 3.5 坏账准备的计提与核算

应收款项确认无法收回时，就称其为坏账。由于企业在应收款项产生时就已经将收入入账，所以一旦应收款项成为坏账，对企业的影响是较大的，尤其是对企业的资金链的破坏性影响。所以虽然很多时候坏账的产生根本无法预见，但是出于经营风险的考虑，财务部门通过各种方式，对坏账进行处理，以尽量减少坏账带来的影响和损失。

对于应收账款较多的企业，一般会采用备抵法进行坏账的账务处理。备抵法是指坏账发生时，其损失从预提的坏账准备中冲抵的财务处理方法。这种方法的优点是显而易见的，其可以很好地将坏账的风险提前准备起来，一旦发生坏账，也不至于对企业的经营造成很大影响。

当然，对那些应收账款很少、数额又小的企业，备抵法却显得处理方法太麻烦。下面就以实例来说明坏账损失的备抵法的账务处理过程和方法。

例 3-18 某企业 2014 年年末的应收账款余额为 1 000 000 元，坏账准备的计提比例为 3‰。

2015 年，发生的坏账损失 6 000 元，其中 A 公司 1 000 元，B 公司 5 000 元，年末应收账款余额为 1 200 000 元；

2016 年，已冲销的 B 公司应收账款 5 000 元又收回了，年末，应收账款余额为 1 300 000 元。

其账务处理过程及步骤如下。

（1）2014 年计提坏账准备时，会计分录如下：

借：管理费用           3 000

  贷：坏账准备         3 000

（2）第二年的坏账损失入账时，会计分录如下：

借：坏账准备    6 000

    贷：应收账款——A 公司    1 000

        应收账款——B 公司    5 000

说明：此时坏账准备余额为借方 3 000 元。在第二年再计提坏账准备时，应将此借方余额进行相应处理。具体方法见下面一步。

（3）2015 年末计提坏账准备时，先将坏账准备的借方余额 3 000 元抵平，会计分录如下：

借：管理费用    3 000

    贷：坏账准备    3 000

（4）计提本年的坏账准备，会计分录如下：

借：管理费用    3 600

    贷：坏账准备    3 600

说明：本年坏账准备的金额，其计算公式为 1 200 000×3‰=3 600（元）。

（5）2016 年，已做坏账处理的 B 公司 5 000 元应收账款又收回了，会计分录如下：

借：应收账款——B 公司    5 000

    贷：坏账准备    5 000

同时做下面这个分录：

借：银行存款    5 000

    贷：应收账款——B 公司    5 000

说明：此步是将已冲销的应收账款重新补回来，然后再以正常应收账款的处理方式，将客户的应收账款冲销掉。

（6）2016 年末，计提坏账准备的会计分录如下：

说明：本年坏账准备账户的余额应为当年应收账款余额的 3‰，即 1 300 000×3‰=3 900（元）。但此时坏账准备账户的余额为 3 600+5 000=8 600（元）。此时仍然应当想办法使坏账准备账户的余额保持为当年应收账款余额的 3‰。

借：坏账准备    4 700

    贷：管理费用    4 700

说明：4 700 这个数字的计算过程是，8 600-3 900=4 700（元）。

## 实战训练

【训练一】    复习思考题

1. 销售折扣、销售折让、销售退回如何核算？

2. 带息、不带息票据如何核算？

3. 票据贴现如何核算？

4. 押金如何核算？

5. 预付账款如何核算？

【训练二】　　　　　　　　　应收票据的核算

资料：A 企业发生以下经济业务：

1. 向 B 单位销售产品，货款 2 万元，增值税额 0.34 万元，共计 2.34 万元。取得不带息商业承兑汇票一张，面值 2.34 万元。

2，向 C 公司销售产品，货款 6 万元，增值税额 1.02 万元，共计 7.02 万元。取得期限为 3 个月的带息银行承兑汇票一张，出票日期为 2015 年 11 月 1 日，票面利息为10%。

3. 单位承兑的商业汇票到期，企业收回款项 2.34 万元，存入银行。

4. 向 D 公司销售产品，货款 4 万元，增值税额 0.68 万元。共计 4.68 万元，取得期限为 2 个月的带息商业承兑汇票一张，出票日期为 2015 年 12 月 1 日，票面利息为9%。

5. 2016 年 1 月 31 日，计提 C 公司和 D 公司商业汇票利息。

6. 向 C 公司销售产品所收的银行承兑汇票到期，企业收回款项，面值 4.02 万元，利息 1 755 元，共计 7.195 5 万元。

7. 向 D 公司销售产品的银行承兑汇票到期，D 公司无力偿还票款。（参看业务4）

8. 向 E 单位销售产品，货款 4.5 万元，增值税额 7.765 万元，共计 5.265 万元。收取期限为 4 个月的商业承兑汇票，一张面值为 5.265 万元，出票日期为 2016 年 3 月 1 日。

9. 向 F 企业销售产品，货款 8 万元，增值税额 1.36 万元，共计 9.36 万元收取期限为 3 个月的商业承兑汇票一张，面值为 9.36 万元，票面利率为10%，出票为 2016 年 4 月 1 日。

10. 2016 年 6 月 10 日，将持有的 E 单位不带息的商业承兑汇票一张到银行贴现，面值为 9.36 万元，票面利率为10%，期限为 3 个月，出票日为 2016 年 4 月 1 日。银行年贴现率为12%。

11. 企业将持有的账面价值为 1.17 万元的商业汇票背书转让，以取得货款为 1 万元，增值税额为 0.17 万元的材料。

要求：根据以上业务编制会计分录。

**【训练三】** 坏账损失的核算

**资料：** A 公司采用"应收款项余额百分比法"核算坏账损失，坏账准备的提取比例为 2%。有关资料如下：

1. 2016 年 12 月应收账款期初余额为 100 万元，坏账准备贷方余额为 2 万元；

2. 12 月 7 日，向 B 公司销售产品 210 件，单价 1 万元，增值税率 17%，单位销售成本 0.6 万元，销售货款未收到；

3. 12 月 20 日，因产品质量问题，B 公司退回 10 件商品，A 公司同意退货，并办理了退货手续和开具红字专用发票；

4. 12 月 24 日发生坏账损失 3 万元；

5. 12 月 29 日收回前期已确认的坏账 2 万元，并存入银行；

6. 2016 年 12 月 31 日年计提坏账准备。

**要求：** 根据以上业务编制会计分录。

# 第4章 建筑施工企业 存货核算

存货核算在企业会计核算中举足轻重，尤其是在建筑施工企业，材料的种类繁多，而且是构成工程实体的主要资源，在整个工程中占据着相当大的比例，所以建筑业存货核算的正确与否直接影响到整个企业的经济效益。建筑业的存货主要包括：库存材料、在建施工产品、周转材料等。

## 4.1 建筑施工企业材料的核算

由于建筑业使用的材料繁多，为了正确核算建筑业企业的材料购进、使用和库存情况，我们要先把建筑业材料进行大的分类。

### 4.1.1 建筑施工企业材料的分类

建筑施工企业材料按照材料在建筑施工生产过程中的用途，一般分成以下几类。

#### 1．主要材料

主材料是指用于工程或产品并构成工程或产品实体的各种材料，包括：

❑ 金属材料，如钢材、铝材等；

❑ 木材，如原条、原木、方材、板材等；

❑ 硅酸盐材料，如水泥、砖、瓦、石灰、砂、石等；

❑ 小五金材料，如合叶、圆钉、螺丝钉、镀锌铅丝等；

❑ 陶瓷材料，如瓷砖、瓷洗手盆、坐便器等；

❑ 电器材料，如电灯、电线、电缆；

❑ 化工材料，如油漆材料等。

#### 2．结构件

结构件是指经过吊装、拼砌和安装就能构成房屋建筑物实体的各种金属的、钢筋混凝土和木制的结构物、构件、砌块等。如：

- ❑ 钢窗；
- ❑ 木门；
- ❑ 铝合金门窗；
- ❑ 塑钢门窗；
- ❑ 钢木屋架；
- ❑ 钢筋混凝土预制板；
- ❑ 预制梁等。

### 3．机械配件

机械配件是指施工机械、生产设备、运输设备等各种机械设备替换、维修用的各种零件和配件，以及机械设备备品、备件。

### 4．其他材料

其他材料是指不构成工程或产品实体，但有助于工程或产品的形成或便于施工生产进行的各种材料。

## 4.1.2　建筑施工企业材料购进的核算

建筑业材料取得的主要方式是外购，外购材料由于各种原因，致使货物及账单到达企业时间会不一致，在会计处理上也就有所不同，以一个实例来说明几种不同的情况。

### 1．先发货后付款

例4-1　2016年5月5日，北京诚信邦建筑工程有限公司向常州市物资局购进一批钢材。常州市物资局开出增值税发票。李强采购回来，到财务报账，其中有发票一张，购入的是钢筋10吨，金额10 000元，入库单一张（后附过磅单）入库数量9.98吨。会计和领导均进行了审核签字，安排出纳进行了转账。

（本例暂以实际成本法，核算存货价格）

应收到的原始凭证，分别为：

（1）购货增值税发票，如图4.1所示；

（2）材料入库单，如图4.2所示；

（3）付款的转账支票存根，如图4.3所示。

**1100103620　　常州增值税专用发票　　№07414441**　　1100103620 07414441

发票联　　开票日期：2016年5月5日

校验码 54972 42559 6298

| 购货单位 | | 密码区 |
|---|---|---|
| 名　　称： | 北京诚信邦建筑工程有限公司 | 24->8*8341>-3<8+50>6162 |
| 纳税人识别号： | 110115554889171 | *2<7777491814-06-*3>-6804 |
| 地址、电话： | 北京市朝阳区周中工业开发区域安路18号60213995 | --51/75/96346>9992142*+50 |
| 开户行及账号： | 建行北京市分行朝阳支行20026055778655543 | 6162*2<777749181/6365/3--04 |

| 货物及应税劳务名称 | 规格型号 | 单位 | 数量 | 单价 | 金额 | 税率 | 税额 |
|---|---|---|---|---|---|---|---|
| 钢筋 | φ10 | 吨 | 10 | 1000.00 | 10 000.00 | 17% | 1700.00 |
| 合　计 | | | | | ¥ | | ¥ 1700.00 |
| 价税合计（大写） | ⊗壹佰壹拾柒万元整 | | | | （小写） | ¥ 11700.00 | |

| 销货单位 | | 备注 |
|---|---|---|
| 名　　称： | 常州市物资公司 | |
| 纳税人识别号： | 430115554200354 | |
| 地址、电话： | 江苏省常州市大兴区黄村路18号 87965566 | |
| 开户行及账号： | 建行常州市分行黄村路分理处 340206888855543 | ¥170 000.00 |

收款人：张一河　　复核：刘 清　　开票人：张一河　　销货单位（章）

国税局（2010）334号 北京印刷厂

第三联：发票联　购货方记账凭证

常州市物资局 430115554200354 发票专用章

附件

图 4.1　购货增值税发票

**材料入库单**

仓　库：仓库1

货　位：102034

供货单位：常州物资局

发票号码：1100103620

NO. 015

| 材料编号 | 材料名称 | 规格 | 计量单位 | 数量 | | 实际价格 | | | | 实际价格 | |
|---|---|---|---|---|---|---|---|---|---|---|---|
| | | | | 交库 | 实收 | 实际金额 | 运杂费 | 合计 | | 单位 | 金额 |
| 0102 | 钢筋 | φ10 | 吨 | 10 | 9.98 | 10000.00 | 0.00 | 10000.00 | | 1002.00 | 10000.00 |
| | | | | | | | | | | | |
| | | | | | | | | | | | |
| | | | | | | | | | | | |
| 总计金额 | | | （大写）壹万元整 | | | | | | | ¥ 10000.00 | |

记账：　　经手人：吴浩

第二联　记账

附件

图 4.2　材料入库单

**中国建设银行**

**转账支票存根**

10304431

01556527

附加信息

购买φ10钢筋10吨

出票日期　2016 年 5 月 15 日

收款人：常州市物资局

金　额：¥ 11700.00

用　途：钢筋款

单位主管　　会计

深圳市佳信印刷有限公司·2011年印制

附件

图 4.3　转账支票存根

应根据以上原始凭证，进行如下的会计处理。

（1）收到货，已验收入库，应将暂时未支付的货款记入应付账款科目的客户名下，编制会计分录如下：

借：原材料——钢筋                      10 000

    应交税费——应交增值税（进项税额）    1 700

      贷：应付账款——常州市物资局          117 000

（2）向对方付清货款后，应及时将应付账款下账，并记录相应的银行存款的变化，编制会计分录如下：

借：应付账款——常州市物资局          117 000

      贷：银行存款                      11 700

## 2．材料未到而账单先到

**例 4-2**   2016 年 6 月 5 日，李强到财务报账，发票为在武威钢铁厂购入钢筋 100 吨，价款 100 000 元，材料尚未运回，此货物已于 1 日预付货款 20 000 元。

（1）6 月 1 日，预付货款 20 000 元，编制会计分录如下：

借：预付账款                         20 000

      贷：银行存款                      20 000

（2）6 月 5 日，李强到财务报账时，收到货物发票，但货还未收到，应暂记在途物资，单据如图 4.4 所示。

图 4.4   增值税发票

编制会计分录如下：

借：在途物资——钢筋　　100 000

　　贷：预付账款——武威钢铁厂　　20 000

　　　　应付账款——武威钢铁厂　　80 000

（3）收到货物时，验收入库，单据如图 4.5 所示。

**材料入库单**

供货单位：钢筋
发票号码：1100103620

仓　库：仓库1
货　位：10235
2016年6月15日
NO. 017

| 编号 | 名称及规格 | 单位 | 数量 交库 | 数量 实收 | 单价 | 金额 | 备注 |
|---|---|---|---|---|---|---|---|
| 0102 | 钢筋φ10 | 吨 | 100 | 100.02 | 0.00 | 0.00 | |
| | | | | | | | |
| | | | | | | | |
| | | | | | | | |
| | | | | | | | |
| 总计 | | | 100 | 100.02 | | | |

记账：　　　经手人：

第二联 记账

图 4.5　材料入库单

根据图 4.5 的材料入库单，编制分录如下：

借：原材料——钢筋　　100 000

　　贷：在途物资——钢筋　　100 000

（4）补付货款时，使用电汇将款项汇至客户账户，单据如图 4.6 所示。

中国建设银行 China Conshtruchon Bank

**信 汇 凭 证**（回单）

□普通　□加急　　委托日期贰零壹陆 年 零陆 月 壹拾陆 日

| | | | | |
|---|---|---|---|---|
| 汇款人 全称 | 北京寰宇科技有限公司 | 收款人 全称 | 武威钢铁厂 |
| 汇款人 账号 | 20026055778655543 | 收款人 账号 | 32026055778691065 |
| 汇出地点 | 省 北京 市/县 | 汇入地点 | 河北 省 邢台 市/县 |
| 汇出行名称 | 建行北京市大兴经济开发区支行 | 汇入行名称 | 工行邢台市学院路支行 |
| 金额（大写） | ⊗捌万元整 | 千百十万千百十元角分 | ¥80000000 |
| 汇出行签章 | 2016.06.1 付讫章 (4) | 支付密码 | |
| | | 附加信息及用途 | 钢筋款 |
| | | 复核： | 记账： |

此联汇出行给汇款人的回单

图 4.6　银行汇票

根据图 4.6 的信汇凭证，编制分录如下：

借：预付账款——武威钢铁厂　　　　　80 000

　　贷：银行存款　　　　　　　　　　　　　80 000

### 3．材料先到而尚未开发票

**例4-3**　5 月 3 日砂子入库单一张，数量 50 立方米。

这样的业务不用做账务处理，等到一起结账开发票的时候再入账，平时根据入库单在原材料明细账登记上数量，不记金额。

材料明细账，如图 4.7 所示。

| 2016年 | | 凭证号 | 摘要 | 收入 | | | 发出 | | | 结存 | | |
|---|---|---|---|---|---|---|---|---|---|---|---|---|
| 月 | 日 | | | 数量 | 单价 | 金额 | 数量 | 单价 | 金额 | 数量 | 单价 | 金额 |
| 1 | 1 | | 上年结转 | | | | | | | 50 | 150 | 750 |
| 4 | 30 | | 本年累计 | 200 | 150 | 30 000 | 200 | 150 | 30 0C0 | 50 | 150 | 750 |
| 5 | 3 | 略 | 购入 | 50 | | | | | | 100 | | |
| 5 | 5 | | 工地领用 | | | | 60 | | | 40 | | |
| 5 | 6 | | 购入 | 100 | | | | | | 140 | | |

图 4.7　材料明细账

## 4.1.3　建筑施工企业材料领用的核算

工程领用材料的时候，领用材料的单价按自己公司财务制度规定的方法进行确定，计算出领用材料成本，按不同部门和用途进行账务处理。

### 1．先进先出法

先进先出法是指假定最先购入的存货最先领用或发出为前提，对发出存货和期末存货进行计价的一种方法。采用这种方法，先购入的存货成本在后购入的存货成本之前转出，据此确定发出存货和期末存货的成本，这样计算的期末存货额，比较接近市价。

**例4-4**　5 月 1 日，电灯期初余额为 50 个，单价 2.50 元；5 月 1 日，购入电灯 100 个单价 2 元；5 月 3 日，购入电灯 50 个单价 2.40 元；5 月 5 日，工地领用电灯 80 个（××工程厕所用灯）。单据如图 4.8 所示。

根据图 4.8 原材料明细账中的数据，月末时需计算两项数据：本月发出的 80 个电灯的成本和期末的电灯成本。

原材料明细账

材料名称：电灯　规格型号：100W　　　　　　　　　　　　计量单位：个

| 2016年 | | 凭证号 | 摘要 | 收入 | | | 发出 | | | 结存 | | |
|---|---|---|---|---|---|---|---|---|---|---|---|---|
| 月 | 日 | | | 数量 | 单价 | 金额 | 数量 | 单价 | 金额 | 数量 | 单价 | 金额 |
| 5 | 1 | | 上月结存 | | | | | | | 50 | 2.5 | 125 |
| 5 | 1 | 略 | 购入 | 100 | 2 | 200 | | | | 150 | | |
| 5 | 3 | | 购入 | 50 | 2.4 | 120 | | | | 200 | | |
| 5 | 5 | | 工地领用 | | | | 80 | | | 120 | | |
| 5 | 31 | | 结转成本 | | | | | | 185 | 120 | 2.2 | 264 |
| 5 | 31 | | 本月合计 | | | 150 | | | 80 | | | 120 |

图 4.8　先进行出法

（1）计算本月发出电灯的成本

本月发出的电灯，一共 100 个，根据先进先出的原则，要先使用最早购入或库存的电灯，5 月 1 日时，上月结存有 50 个电灯，其单价为 2.5 元，还需要从 5 月 1 日新购进的那一批电灯中再发出 30 个，每个单价为 2 元，因此计算公式及结果如下：

$$本期发出电灯成本=50×2.50+30×2.00=185.00（元）$$

应做会计分录如下：

借：工程施工——××工程　　　　　　　　185.00

贷：原材料——电灯　　　　　　　　　　　　185.00

**注意**：发出的材料只需要计算总金额即可，并不需要计算材料的单价。

（2）计算期末电灯库存的成本

期末电灯的成本，需要将仓库内所有这一型号电灯，按不同价格分别与其数量相乘，得到库内电灯的结存金额，再用金额除以库存数据，得到电灯的单价。

$$期末电灯成本=（50-50）×2.50+（100-30）×2.00+50×2.40=260.00（元）$$

$$期末电灯单价=260/120=2.20（元）$$

**注意**：月末结算库存的成本时，需要结出材料的单价，这个单价很多时候并不能除尽，就会产生计算误差，而如果四舍五入得到的单价，乘以数量后得出的金额，与直接减出的金额不相同，所以在计算结存单价时，需要由金额倒推算出单价来。

## 2. 月末一次加权平均法

加权平均法，亦称全月一次加权平均法，是指以当月全部进货数量加上月初存货数量作为权数，去除当月全部进货成本加上月初存货成本，计算出存货的加权平均单位成本，以此为基础计算当月发出存货成本和期末存货成本的一种方法。

$$\frac{\text{加权平均}}{\text{单位成本}} = \frac{\text{月初结存}}{\text{存货成本}} + \frac{\text{本月购入}}{\text{存货成本}} \Big/ \frac{\text{月初结存}}{\text{存货数量}} + \frac{\text{本月购入}}{\text{存货数量}}$$

月末库存存货成本＝月末库存存货数量×存货加权平均单位成本

本期发出存货的成本＝本期发出存货的数量×存货加权平均单位成本

或　　　　　　　　＝期初存货成本＋本期收入存货成本－期末存货成本

**例4-5**　月末一次加权平均法下，记录的原材料明细账，如图4.9所示。

### 原材料明细账

材料名称：电灯　　　　　　　　规格型号：100W　　　　　　　　计量单位：个

| 2012年 | | 凭证号 | 摘要 | 收　入 | | | 发　出 | | | 结　存 | | |
|---|---|---|---|---|---|---|---|---|---|---|---|---|
| 月 | 日 | | | 数量 | 单价 | 金额 | 数量 | 单价 | 金额 | 数量 | 单价 | 金额 |
| 4 | 30 | | 本月合计 | 150 | | 375 | 100 | 2.5 | 250 | 50 | 2.5 | 125 |
| 5 | 1 | 略 | 购入 | 100 | 2 | 200 | | | | 150 | | |
| 5 | 3 | | 购入 | 50 | 2.3 | 115 | | | | 200 | | |
| 5 | 5 | | 工地领用 | | | | 80 | | | 120 | | |
| 5 | 31 | | 结转成本 | | | | | | 176 | 120 | 2.2 | 264 |
| 5 | 31 | | 本月合计 | 150 | | 315 | 80 | 2.2 | 176 | 120 | 2.2 | 264 |

图 4.9　月末一次加权平均法

本月加权平均单价＝（125.00+200.00+115.00）/（50+100+50）=2.20（元）

本月发出电灯成本＝80×2.20=176.00（元）

月末电灯的实际成本＝120×2.20=264.00（元）

或　　月末电灯的实际成本＝125.00+200.00+115.00-176.00=264.00（元）

应做会计分录如下：

借：工程施工——××工程　　　　　　　　　　176

　　贷：原材料——电灯　　　　　　　　　　　　176

### 3．移动加权平均法

移动加权平均法是指每次收货后，立即根据库存存货数量和总成本，计算出新的平均单价或成本的一种方法。计算公式如下：

$$\text{本次加权单价} = \frac{\text{库存原有存货的实际成本}+\text{本次进货的实际成本}}{\text{原库存存货数量}+\text{本次进货数量}}$$

本次发出存货的成本＝本次发出存货的数量×本次发货前存货的单位成本

本月月末库存存货成本=月末库存存货的数量×本月月末存货单位成本

采用移动平均法能够使企业管理当局及时了解存货的结存情况，计算的平均单位成本以及发出和结存的存货成本比较客观。但由于每次收货都要计算一次平均单价，计算工作量较大，对收发货较频繁的企业不适用。

**例4-6** 在月末一次加权平均法下，原材料明细账，如图4.10所示。

**原材料明细账**

材料名称：电灯 规格型号：100W 计量单位：个

| 2016年 | | 凭证号 | 摘要 | 收入 | | | 发出 | | | 结存 | | |
|---|---|---|---|---|---|---|---|---|---|---|---|---|
| 月 | 日 | | | 数量 | 单价 | 金额 | 数量 | 单价 | 金额 | 数量 | 单价 | 金额 |
| 5 | 1 | | 上月结存 | | | | | | | 50 | 2.5 | 125 |
| 5 | 1 | 略 | 购入 | 100 | 2 | 200 | | | | 150 | 2.17 | 325.5 |
| 5 | 3 | | 购入 | 50 | 2.4 | 120 | | | | 200 | 2.23 | 446 |
| 5 | 5 | | 工地领用 | | | | 80 | 2.23 | 178.4 | 120 | 2.23 | 267.6 |
| 5 | 31 | | 结转成本 | | | | | | | 120 | 2.23 | 267.6 |
| 5 | 31 | | 本月合计 | 150 | | | 80 | | 178.4 | 120 | 2.23 | 267.6 |

图 4.10 移动加权平均计价法

（1）5月1日，购入100个电灯，入库即时加权结转单价，计算公式如下：

购入后加权单价=（50×2.5+100×2）÷（50+100）=2.166 667≈2.17（元）

结存的库存金额=2.17×150=325.5（元）

（2）5月3日，又购入50个电灯，入库即时加权结转单价，计算公式如下：

购入后加权单价=（150×2.17+50×2.4）÷（150+50）=2.227 5≈2.23（元）

结存的库存金额=2.23×200=446（元）

（3）5月5日，工地领用80个电灯，直接使用当期的加权单价2.23进行成本结算，计算公式如下：

发出的80个电灯成本=80×2.23=178.4（元）

**注意**：发出材料后，由于并未发生单价的变化，所以不需要进行单价的移动加权，只需要将上次加权后的单价移过来即可。

（4）月底结转库存成本时，直接使用最后一次移动加权后的单价，乘以数量即可得到月底的结存金额，其计算公式如下：

月底的库存金额=2.23×120=267.6（元）

### 4．个别计价法

个别计价法是以每次（批）收入存货的实际成本作为计算各该次（批）发出存货成本的依据。即：每次（批）存货发出成本=该次（批）存货发出数量×该次

（批）存货实际收入的单位成本。

个别计价法亦称个别认定法、具体辨认法、分批实际法，采用这一方法是假设存货具体项目的实物流转与成本流转相一致，按照各种存货逐一辨认各批发出存货和期末存货所属的购进批别或生产批别，分别按其购入或生产时所确定的单位成本计算各批发出存货和期末存货成本的方法。在这种方法下，是把每一种存货的实际成本作为计算发出存货成本和期末存货成本的基础。

个别计价法的成本计算准确，符合实际情况，但在存货收发频繁情况下，其发出成本分辨的工作量较大。因此，这种方法适用于一般不能替代使用的存货、为特定项目专门购入或制造的存货以及提供的劳务，如珠宝、名画等贵重物品。

## 4.1.4 建筑施工企业材料退库的核算

材料在工地使用过程中，有的时候会有剩余或不适合工地使用，发生退库情况。

**例 4-7** 2016 年 6 月 20 日，××工程完工，剩余电灯 8 个，单据如图 4.11 所示。

### 材料入库单

供货单位：××工地
发票号码：_____

仓　库：　仓库4
货　位：　80126

2016年6月20日　　NO. 023

| 编号 | 材料名称 | 规格 | 计量单位 | 数量 | | 单价 | 金额 | 备 注 |
| --- | --- | --- | --- | --- | --- | --- | --- | --- |
| | | | | 交库 | 实收 | | | |
| | 电灯 | 100W | 个 | 8 | 8 | 0.00 | 0.00 | |
| | | | | | | | | |
| | | | | | | | | |
| | | | | | | | | |
| | 总　　计 | | | 8 | 8 | | | |

记账：　　　　　　　　　　　　　　　　　经手人：吴燕

第二联　记账

图 4.11 材料退库单据

**退库单价的确定**

（1）如果本单位发出存货采用的是先进先出法，退库存货的单价为退库日之前最后一次领用的存货的单价。先进先出法下的退库明细账，如图 4.12 所示。

<h2 style="text-align:center">原材料明细账</h2>

材料名称：电灯　　规格型号：100W　　　　　　　　　　　　　　　　　　计量单位：个

| 2016年 | | 凭证号 | 摘要 | 收入 | | | 发出 | | | 结存 | | |
|---|---|---|---|---|---|---|---|---|---|---|---|---|
| 月 | 日 | | | 数量 | 单价 | 金额 | 数量 | 单价 | 金额 | 数量 | 单价 | 金额 |
| 5 | 1 | | 上月结存 | 150 | | 375 | 100 | | 250 | 50 | 2.5 | 125 |
| 5 | 1 | 略 | 购入 | 100 | 2 | 200 | | | | 50 | 2.5 | 125 |
| | | | | | | | | | | 100 | 2 | 200 |
| 5 | 3 | | 购入 | 50 | 2.3 | 115 | | | | 50 | 2.5 | 125 |
| | | | | | | | | | | 100 | 2 | 200 |
| | | | | | | | | | | 50 | 2.3 | 115 |
| 5 | 5 | | 工地领用 | | | | 50 | 2.5 | 125 | 70 | 2 | 140 |
| | | | | | | | 30 | 2 | 60 | 50 | 2.3 | 115 |
| 5 | 20 | | 退库 | | | | −8 | 2 | −16 | 78 | 2 | 156 |
| | | | | | | | | | | 50 | 2.3 | 115 |

图 4.12　先进先出法下的退库明细账

**注意**：图 4.12 中，退库时仍然记在原材料明细账的发出栏，只是数量为负数，表示发出退回。

编制会计分录如下：

借：工程施工——××工程　　　　　　　　　　16

　　贷：原材料——电灯　　　　　　　　　　　　16

（2）如果本单位发出存货采用的是加权平均法，退库存货的单价为本月存货的加权平均单价。加权平均法下的材料明细账，如图 4.13 所示。

<h2 style="text-align:center">原材料明细账</h2>

材料名称：电灯　　规格型号：100W　　　　　　　　　　　　　　　　　　计量单位：个

| 2016年 | | 凭证号 | 摘要 | 收入 | | | 发出 | | | 结存 | | |
|---|---|---|---|---|---|---|---|---|---|---|---|---|
| 月 | 日 | | | 数量 | 单价 | 金额 | 数量 | 单价 | 金额 | 数量 | 单价 | 金额 |
| 4 | 30 | | 本月合计 | 150 | | 375 | 100 | 2.5 | 250 | 50 | 2.5 | 125 |
| 5 | 1 | 略 | 购入 | 100 | 2 | 200 | | | | 150 | | |
| 5 | 3 | | 购入 | 50 | 2.3 | 115 | | | | 200 | | |
| 5 | 5 | | 工地领用 | | | | 80 | | | 120 | | |
| 5 | 20 | | 退库 | | | | −8 | | | 128 | | |
| 5 | 31 | | 结转成本 | | | | 158.4 | | | 128 | 2.2 | 281.6 |
| 5 | 31 | | 本月合计 | | | 315 | 72 | 2.2 | 158.4 | 128 | 2.2 | 281.6 |

图 4.13　加权平均法下的材料明细账

因为采用月末一次加权平均法在月末的时候才做发出存货的转出成本账务处理，所以退库不用单独做账务处理，只是在计算发出存货成本时，在发出存货数量总额中减去退货数量，再用以计算实际发出存货成本。

# 4.2 周转材料的核算

周转材料是指企业在施工生产过程中能够多次使用，基本保持原有的实物形态并逐渐转移其价值的工具性材料，包括钢模板、木模板、脚手架、挡板、架料、安全网等。

## 4.2.1 周转材料购进的核算

周转材料购进的核算和原材料购进基本相同。

例 4-8 2016 年 6 月 5 日，建安建筑公司从兴华建筑装饰材料公司购进安全网 10 000 米，单价 3.50 元/米，已经验收入库，货款尚未支付，根据发票和入库单做账务处理。

应收到的原始凭证如下：

（1）周转材料购进发票，如图 4.14 所示；

（2）周转材料入库单，如图 4.15 所示。

| | | 北京市增值税专用发票 | | No.07414441 | | 1100103620 07414441 | | |
|---|---|---|---|---|---|---|---|---|
| 1620103620 | | 发 票 联 | | 开票日期：2016年6月5日 | | | | |
| 校验码 54972 42559 6298 | | | | | | | | |
| 购货单位 | 名 称：北京诚信邦建筑工程有限公司 纳税人识别号：110115554889171 地址、电话：北京市朝阳区周中工业开发区武安路18号60213995 开户行及账号：建行北京市分行朝阳支行20026055778655543 | | | | 密码区 | 24->8*8341>-3<8+50>6162 *2<7777491814-06-*3>-6804> --51/75/96346>9992142*+-50 6162*2<777749181/6365/3--04 | | |
| 货物及应税劳务名称 | 规格型号 | 单位 | 数量 | 单价 | 金额 | 税率 | 税额 | |
| 安全网 | 1.5 | 米 | 10000 | 2.991 453 | 29 914.53 | 17% | 5 085.47 | |
| 合 计 | | | | | ￥ | | ￥5 085.47 | |
| 价税合计（大写） | ⊗叁万伍仟元整 | | | | （小写） ￥35 000.00 | | | |
| 销货单位 | 名 称：兴华建筑装饰材料公司 纳税人识别号：110115554889171 地址、电话：北京市建国路62号 开户行及账号：工商银行北京市建国路支行 28765448 | | | | 备注 | | | |
| 收款人：张一河 | 复核：刘清 | | 开票人：王芳 | | 销货单位（章） | | | |

图 4.14 周转材料购进发票

图 4.15　周转材料入库单

编制会计分录如下：

借：周转材料——安全网　　　　　　　　　　　　　　35 000

　　贷：应付账款——兴华建筑装饰材料公司　　35 000

**例 4-9**　2016 年 5 月 2 日，建安建筑公司在兴华建筑装饰材料公司购入 1 220mm×2 440mm 清水模板 200 块，每块 100 元，货款已经汇出。应收到的原始凭证如下：

（1）增值税专用发票，如图 4.16 所示；

（2）材料入库单，如图 4.17 所示；

（3）信汇凭证，如图 4.18 所示。

图 4.16　清水模板发票

**材料入库单**

供货单位：兴华建筑装饰材料公司

发票号码：（略）

仓　库：仓库4

货　位：13306

2016年5月3日

NO. 006

| 编号 | 材料名称 | 规格 | 计量单位 | 数量 | | 单价 | 金额 | 备　注 |
|---|---|---|---|---|---|---|---|---|
| | | | | 交库 | 实收 | | | |
| 102 | 清水模板 | 1220*2440 | 块 | 200 | 200 | | | |
| | | | | | | | | |
| | | | | | | | | |
| | | | | | | | | |
| | | | | | | | | |
| 总　　计 | | | | 200 | 200 | | | |

第二联　记账

记账：　　　　经手人：吴浩

图 4.17　清水模板入库单

中国建设银行 China Conshtruchon Bank

**信 汇 凭 证**（回单）

□普通　□加急　　委托日期贰零壹陆 年 零伍 月 零贰 日

| | | | | | |
|---|---|---|---|---|---|
| 汇款人 | 全　称 | 北京诚信邦建筑工程有限公司 | 收款人 | 全　称 | 兴华建筑装饰材料公司 |
| | 账　号 | 20026055778655500 | | 账　号 | 6227012345628760000 |
| | 汇出地点 | 省 北京 市/县 | | 汇入地点 | 省 北京 市/县 |
| 汇出行名称 | | 建行北京市分行朝阳支行 | 汇入行名称 | | 工商银行北京市建国路支行 |

| 金额 | （大写） | ⊗贰万元整 | 千 | 百 | 十 | 万 | 千 | 百 | 十 | 元 | 角 | 分 |
|---|---|---|---|---|---|---|---|---|---|---|---|---|
| | | | | | ¥ | 2 | 0 | 0 | 0 | 0 | 0 | 0 |

中国建设银行股份有限公司北京分行朝阳区支行 2016.05.02 收讫章 (4)

汇出行签章

支付密码

附加信息及用途　清水模板款

复核：　　　　记账：

此联汇出行给汇款人的回单

图 4.18　信汇凭证——清水模板款

编制会计分录如下：

借：周转材料——在库周转材料（模具）　　20 000

　　贷：银行存款　　　　　　　　　　　　20 000

## 4.2.2　周转材料领用及摊销

建筑业周转材料领用时的核算同时也伴随着其由于使用而造成的价值减少，价值的减少是通过领用时摊销部分或全部价值的方法。

　　建筑施工企业应当根据具体情况对领用的周转材料采用一次转销法、分期摊销法、分次摊销法或者定额摊销法进行核算。

　　（1）一次转销法：一般应限于易腐、易糟、一个使用周期后回收没有太大价值的周转材料，于领用时一次计入成本、费用的方法。

　　（2）分期摊销法：根据周转材料的预计使用期限分期摊入成本、费用的方法。

　　（3）分次摊销法：根据周转材料的预计使用次数分次摊入成本、费用的方法。

　　（4）定额摊销法：根据实际完成的实物工作量和预算定额规定的周转材料消耗定额，计算确认本期摊入成本、费用的金额的方法。

## 4.2.3　一次转销法核算

　　采用一次转销法的进行周转材料领用核算的，领用时将其全部价值借记"工程施工"等科目，贷记本科目；周转材料报废时，将报废周转材料的残料价值作为当月周转材料转销额的减少，借记"原材料"或"库存现金"等科目，贷记"工程施工"等科目。

　　**例4-10**　6月12日，建安建筑公司粮库直属库工程领用安全网10 000米，先进先出法确定单价3.5元/米（单价确认方法同原材料）。单据如图4.19所示。

<br>

**领　料　单**

领料单位：粮库直属库工地　　　　2016年6月12日　　　　　　　　第25号
用　　途：安全设施用

| 材料编号 | 材料名称 | 规格 | 计时单位 | 数量 | | 单价 | 金额 | 备注 |
| --- | --- | --- | --- | --- | --- | --- | --- | --- |
| | | | | 请领 | 实发 | | | |
| | 安全网 | 1.5 | 米 | 10 000 | 10 000 | 3.5 | 35 000 | |
| | | | | | | | | |
| | | | | | | | | |
| | | | | | | | | |

负责人：李权　　　　　领取人：周正明　　　　　保管：马甲

图4.19　领料单

　　10月28日，工程完工，拆除的安全网卖废品收到现金500元。单据如图4.20所示。

图 4.20　收款收据

本例中的业务，应进行的账务处理如下。

（1）领用安全网 10 000 米，编制会计分录如下：

借：工程施工——粮库直属库　　　　　　　　35 000

　　贷：周转材料——安全网　　　　　　　　　　35 000

（2）拆除的安全网卖废品收到现金 500 元，编制会计分录如下：

借：库存现金　　　　　　　　　　　　　　　500

　　贷：工程施工——粮库直属库　　　　　　　　500

## 4.2.4　分期摊销法和分次摊销法

采用分期摊销法或分次摊销法进行周转材料领用核算的，周转材料在不同阶段进行的处理如下：

❑ 领用时，按其全部价值，借记本科目（在用周转材料），贷记本科目（在库周转材料）；

❑ 摊销时，按摊销额，借记"工程施工"等科目，贷记本科目（周转材料摊销）；

❑ 退库时，按其全部价值，借记本科目（在库周转材料），贷记本科目（在用周转材料）；

❑ 报废时，将尚未摊销的金额补提时，借记"工程施工"等科目，贷记本科目（周转材料摊销）；将报废周转材料的残料价值作为当月周转材料摊销额的减少，冲减有关成本、费用，借记"原材料"等科目，贷记"工程施工"等有关科目，同时，将全部已提摊销额，借记本科目（周转材料摊销），贷记本科目（在用周转材料）。

例 4-11　6 月 15 日，建安建筑公司粮库直属库工程领用模具 200 块，先进先出法确定单位成本 100 元/块（方法同原材料领用）。单据如图 4.21 所示。

<table>
<tr><td colspan="10" align="center">领　料　单</td></tr>
<tr><td colspan="4">领料单位：粮库直属库工地</td><td colspan="3">2016年6月15日</td><td colspan="3">第26号</td></tr>
<tr><td colspan="10">用　途：工程用</td></tr>
<tr><td rowspan="2">材料编号</td><td rowspan="2">材料名称</td><td rowspan="2">规格</td><td rowspan="2">计量单位</td><td colspan="2">数量</td><td rowspan="2">单价</td><td rowspan="2">金额</td><td rowspan="2">备注</td></tr>
<tr><td>请领</td><td>实发</td></tr>
<tr><td></td><td>模具</td><td></td><td>块</td><td>200</td><td>200</td><td>100</td><td>20 000</td><td rowspan="4">第一次领用</td></tr>
<tr><td></td><td></td><td></td><td></td><td></td><td></td><td></td><td></td></tr>
<tr><td></td><td></td><td></td><td></td><td></td><td></td><td></td><td></td></tr>
<tr><td></td><td></td><td></td><td></td><td></td><td></td><td></td><td></td></tr>
<tr><td colspan="3">负责人：李权</td><td colspan="4">领取人：周正明</td><td colspan="3">保管：马甲</td></tr>
</table>

图 4.21　领料单

## 1．领用及摊销

（1）领用材料时，应编制的会计分录如下：

借：周转材料——在用周转材料（模具）　　　20 000

贷：周转材料——在库周转材料（模具）　　　20 000

（2）假如本模具采用分次摊销法，模具预计能使用 5 次，领用的时候，同时编制会计分录：

借：工程施工——粮库直属库　　　　　　　　4 000

贷：周转材料——周转材料摊销（模具）　　　4 000

（3）本工程使用完模具，将模具交回库房，相关单据如图 4.22 所示。

<table>
<tr><td colspan="10" align="center">材料入库单</td><td colspan="2">供货单位：粮库直属库</td></tr>
<tr><td colspan="2">仓　库：仓库4</td><td colspan="6" rowspan="2">2016年7月2日</td><td colspan="4">发票号码：　（略）</td></tr>
<tr><td colspan="2">货　位：13306</td><td colspan="4">NO.　054</td></tr>
<tr><td rowspan="2">编号</td><td rowspan="2">材料名称</td><td rowspan="2">规格</td><td rowspan="2">计量单位</td><td colspan="2">数量</td><td rowspan="2">单价</td><td rowspan="2">金额</td><td colspan="4" rowspan="2">备　注</td></tr>
<tr><td>交库</td><td>实收</td></tr>
<tr><td>102</td><td>清水模板</td><td>1220*2440</td><td>块</td><td>200</td><td>200</td><td></td><td></td><td colspan="4">第一次使用后交回</td></tr>
<tr><td></td><td></td><td></td><td></td><td></td><td></td><td></td><td></td><td colspan="4" rowspan="4">第二联 记账</td></tr>
<tr><td></td><td></td><td></td><td></td><td></td><td></td><td></td><td></td></tr>
<tr><td></td><td></td><td></td><td></td><td></td><td></td><td></td><td></td></tr>
<tr><td></td><td></td><td></td><td></td><td></td><td></td><td></td><td></td></tr>
<tr><td colspan="4" align="center">总　　　计</td><td>200</td><td>200</td><td></td><td></td></tr>
<tr><td colspan="4">记账：</td><td colspan="6">经手人：吴涛</td></tr>
</table>

图 4.22　交回入库单

应编制的会计分录如下：

借：周转材料——在库周转材料（模具）　　　　20 000

　　贷：周转材料——在用周转材料（模具）　　　　20 000

（4）以后 4 次领用摊销时同上。

## 2．报废残料处理

假如上述模具在第四次使用时报废，这时周转材料摊销已经计入 4 次的摊销额 16 000 元，在用周转材料是 20 000 元，差 4 000 元尚未摊销，残料入材料库作为修理用备件（见材料入库单），价值 100 元。根据报废单做账务处理如下。

（1）补提摊销额

借：工程施工——××工程　　　　4 000

　　贷：周转材料——周转材料摊销（模具）　　　　4 000

同时：借：周转材料——周转材料摊销（模具）　　20 000

　　　　贷：周转材料——在用周转材料（模具）　　20 000

（2）残值外理

建筑施工企业的工具残料，都可以作为之后相关工具的修理备件来使用，所以，即使是报废的工具和机械，也需要进行精细的拆解，将仍然完好的相关零件进行完备的入库管理。

本例中的残值，入库时的相关单据，如图 4.23 所示。

**材料入库单**

供货单位：粮库直属库
发票号码：（略）

仓　库：仓库4
货　位：13306

2016年7月2日

NO. 054

| 编号 | 材料名称 | 规格 | 计量单位 | 数量 | | 单价 | 金额 | 备　注 |
|---|---|---|---|---|---|---|---|---|
| | | | | 交库 | 实收 | | | |
| | 模具残料 | | 批 | 1 | 1 | 100.00 | 100.00 | 修理用备件 |
| | | | | | | | | |
| | | | | | | | | |
| | | | | | | | | |
| | | | | | | | | |
| 总　计 | | | | 1 | 1 | | | |

第二联　记账

记账：　　　　经手人：吴浩

图 4.23　残料入库单

应编制的会计分录如下：

借：原材料——其他　　　　100

　　贷：工程施工——××工程　　　　100

说明：周转材料为了加强实物管理以及很好的了解在用周转材料、使用部门退回仓库的周转材料、已经使用次数或期限、摊销额等情况，应当设备查簿进行登记。

# 4.3　存货的清查盘点

建筑业企业存货资产数量较大，收发频繁，大部分在工地露天散放，这样就会因收发不准、记账人员记账错误、被偷被盗等情况造成账实不符，所以应定期对企业的存货进行清查。

## 4.3.1　存货的清查盘点方法

建筑企业的存货也要定期进行清查，由于存货的实物形态、体积重量、堆放方式、存放地点等不尽相同，不同品种不同数量的存货采取的清查方法也不尽相同，比较常用的方法有以下3种。

### 1．实地盘点法

这是通过逐个点数、过磅、量尺、计算等方法确定实存数的方法，比如钢筋、砖、模具等存货。

### 2．抽样评估法

对于大堆、笨重和价廉的存货，如露天堆放的砂子等，不便于点磅过数的，可以在抽样盘点的基础上进行评估。

### 3．技术测定法

对存货质量的检查，除能直观断定外，一般采用技术测定法。

存货的盘点，以当月最末一日举行为原则。

## 4.3.2　建筑业存货盘点的处理

建筑业企业的存货清查工作量较大，不同品种不同数量的存货采取的清查方法也不尽相同；清查结果的处理，也会因为造成账实不符的原因不同也不尽相同。盘点的盈亏处理包括：

- ❏　盘点时的账务处理；
- ❏　盘点后查明原因时的账务处理。

例 4-12　2016 年 6 月 30 日建安建筑公司对存货进行清查的盘点结果，相关单据如下：

（1）存货盘存单，如图 4.24 所示；

（2）盘盈盘亏报告表，如图 4.25 所示。

### 盘 存 单

单位名称：建安建筑公司　　　　　　　　盘点时间：2016年6月30日

| 编号 | 名　称 | 计量单位 | 数　量 | 备　注 |
|------|--------|----------|--------|--------|
| 1101 | 钢筋 | 公斤 | 1 119 | |
| 1104 | 模板 | 块 | 500 | |
| | 水泥 | 吨 | 19 | |

盘点人：王芳 李强　　　　保管人：马甲　　　　制单：李全

图 4.24　盘存表

### 存货盘盈盘亏报告表

2016年 6 月 30 日

| 存货编号 | 存货名称 | 计量单位 | 数量 | | 单位成本 | 盘盈 | | 盘亏 | | 原因 |
|----------|----------|----------|------|------|----------|------|------|------|------|------|
| | | | 实存 | 账存 | | 数量 | 金额 | 数量 | 金额 | |
| 1101 | 钢筋 | 公斤 | 1 119 | 1 200 | 1.17 | | | 1 | 1.17 | 待查 |
| 1104 | 模板 | 块 | 500 | 300 | 100 | 200 | 20 000 | | | 待查 |
| | 水泥 | 吨 | 19 | 22 | 1 000 | | | 3 | 3 000 | 待查 |
| 处理意见 | 会计部门 | | 清理小组 | | 审批部门 | | | | | |
| | 调整材料账面记录 | | 同意 | | | | | | | |

图 4.25　盘盈盘亏报告表

应进行的财务处理如下。

（1）盘亏材料时，

借：待处理财产损溢——待处理流动资产损溢　　　3 001.17

　　　贷：原材料——钢筋　　　　　　　　　　　　　　1.17

　　　　　　　　——水泥　　　　　　　　　　　　3 000

（2）盘盈周转材料时，

借：周转材料——在库周转材料（模具）　　　　　　　20 000

　　贷：待处理财产损溢——待处理流动资产损溢　　　　20 000

## 4.3.3　建筑工业盘点后查明原因的处理

盘点后，3 日至 5 日要查明原因，做出相应的处理。

（1）如因会计记账人员漏记、记错、算错而造成存货的盘盈盘亏，把盘点时做的账务处理冲回，再按正确的错账更正法进行更正。

（2）如因物料管理人员、保管人盗卖、掉换或化公为私等营私舞弊、未尽保管责任或由于过失致使财物遭受被窃、损失而盘亏，应由责任人负担部分计入"其他应收款"，其余部分记入"管理费用"。

（3）如因自然灾害造成的盘亏，计入"营业外支出"。

（4）如因计量不准造成盘盈，冲减"管理费用"。

例 4-13　2016 年 7 月 3 日建安建筑公司对存货盘点结果做出处理意见（详见图 4.26 存货盘盈盘亏报告表）。

### 存货盘盈盘亏报告表

2016年 6 月 30 日

| 存货编号 | 存货名称 | 计量单位 | 数量 | | 单位成本 | 盘盈 | | 盘亏 | | 原因 |
|---|---|---|---|---|---|---|---|---|---|---|
| | | | 实存 | 账存 | | 数量 | 金额 | 数量 | 金额 | |
| 1101 | 钢筋 | 公斤 | 1 119 | 1 200 | 1.17 | | | 1 | 1.17 | 计量不准 |
| 1104 | 模板 | 块 | 500 | 300 | 100 | 200 | 20 000 | | | 租赁来的 |
| | 水泥 | 吨 | 19 | 22 | 1 000 | | | 3 | 3 000 | 保管私自运走 |
| 处理意见 | 会计部门 | | 清理小组 | | | 审批部门 | | | | |
| | 计量不准的计入管理费用，保管私自运走的照价赔偿，租赁来的调回，在备查账中予以登记。 | | 同意 | | | | | | | |

图 4.26　盘盈盘亏结果处理表

编制会计分录如下：

借：其他应收款——马甲　　　　　　　　　　　　　　3 000

　　管理费用——其他　　　　　　　　　　　　　　　1.17

　　　贷：待处理财产损溢——待处理流动资产损溢　　3 001.17

借：待处理财产损溢——待处理流动资产损溢　　　　　20 000

　　　贷：周转材料——在库周转材料（模具）　　　　20 000

# 4.4　存货的期末计量

建筑业企业除了定期对存货进行盘点，保证账实数量相符外，还要注意账上所体现的金额也要符合实际。

## 4.4.1　存货的期末计量方法

《企业会计准则》规定：资产负债表日，当存货成本低于可变现净值时，存货按成本计量；当存货成本高于可变现净值时，存货按可变现净值计量，同时按照成本高于可变现净值的差额计提存货跌价准备，计入当期损益。建筑业也遵循这个规定，在期末的时候，按照存货成本与可变现净值孰低法进行存货的计量。

存货成本与可变现净值孰低法中的"成本"指的是账簿中记录的期末存货的实际成本；"可变现净值"，是指在日常活动中，存货的估计售价减去至完工时估计将要发生的成本、估计的销售费用以及相关税费后的金额，即存货的可变现净值由存货的估计售价、至完工时将要发生的成本、估计的销售费用和估计的相关税费等内容构成。

确定存货的可变现净值应考虑的因素：企业在确定存货的可变现净值时，应当以取得的确凿证据为基础，并且考虑持有存货的目的、资产负债表日后事项的影响等因素。

## 4.4.2　存货可变现净值的确定

对于企业持有的各类存货，在确定其可变现净值时，最关键的问题是确定估计售价。企业应当区别如下情况确定存货的估计售价。

（1）为执行销售合同或者劳务合同而持有的存货，且销售合同订购数量等于企业持有存货的数量的，通常应当以产成品或商品的合同价格作为其可变现净值的计算基础。

例 4-14　2012 年 10 月 1 日，建安建筑公司与乙建筑公司签订了一份不可撤销的销售合同，双方约定，2013 年 1 月 20 日，建安建筑公司应按每台 51 万元的价格向乙建筑公司提供挖掘机 2 台。

2012 年 12 月 31 日，建安建筑公司挖掘机的账面成本为 70 万元，数量为 2 台，单位成本为 35 万元／台。

2012 年 12 月 31 日，挖掘机的市场销售价格为 50 万元／台。假定不考虑相关税费和销售费用。

根据建安建筑公司与乙公司签订的销售合同规定，该批挖掘机的销售价格已由销售合同约定，并且其库存数量等于销售合同约定的数量，因此，在这种情况下，计算挖掘机的可变现净值应以销售合同约定的价格 102 万元（51×2）作为计算基础而不是市场价 100 万元（50×2）。

（2）如果企业持有存货的数量多于销售合同订购数量，超出部分的存货可变现净值应当以产成品或商品的一般销售价格作为计算基础。

**例 4-15** 【例 4-14】中假如 2012 年 12 月 31 日，建安建筑公司挖掘机账面数量为 5 台。

根据该销售合同规定，库存的挖掘机中的 2 台的销售价格已由销售合同约定，其余 3 台并没有由销售合同约定。因此，在这种情况下，对于销售合同约定的数量（2 台）的挖掘机的可变现净值应以销售合同约定的价格 51 万元/台作为计算基础，而对于超出部分（3 台）的挖掘机的可变现净值应以市场销售价格 50 万元/台作为计算基础。

12 月 31 日挖掘机的可变现净值=51×2+50×3=252（万元）

（3）如果企业持有存货的数量少于销售合同订购数量，实际持有与该销售合同相关的存货应以销售合同所规定的价格作为可变现净值的计算基础。

（4）没有销售合同约定的存货（不包括用于出售的材料），其可变现净值应当以产成品或商品的一般销售价格（即市场销售价格）作为计算基础。

（5）用于出售的材料等通常以市场价格作为其可变现净值的计算基础。这里的市场价格是指材料等的市场销售价格。如果用于出售的材料存在销售合同约定，应按合同价格作为其可变现净值的计算基础。

## 4.4.3　计提存货跌价准备的情况

只有存货可变现净值低于成本的时候，我们才考虑计提存货跌价准备。

**1．存货存在下列情形之一的，通常表明存货的可变现净值低于成本，应计提存货跌价准备**

（1）该存货的市场价格持续下跌，并且在可预见的未来无回升的希望。

（2）企业使用该项原材料生产的产品的成本大于产品的销售价格。

（3）企业因产品更新换代，原有库存原材料已不适应新产品的需要，而该原材料的市场价格又低于其账面成本。

（4）因企业所提供的商品或劳务过时或消费者偏好改变而使市场的需求发生变化，导致市场价格逐渐下跌。

（5）其他足以证明该项存货实质上已经发生减值的情形。

### 2．存货存在下列情形之一的，通常表明存货的可变现净值为 0

（1）已霉烂变质的存货。

（2）已过期且无转让价值的存货。

（3）生产中已不再需要，并且已无使用价值和转让价值的存货。

（4）其他足以证明已无使用价值和转让价值的存货。

## 4.4.4　计提存货跌价准备的方法

存货跌价准备计提的方法因存货的具体情况不同而不同。

（1）建筑业通常应当按照单个存货项目计提存货跌价准备。

建筑业通常应当按照单个存货项目计提存货跌价准备，即将每个存货项目的成本与其可变现净值逐一进行比较，按较低者计量存货，并且按成本高于可变现净值的差额计提存货跌价准备。

（2）对于数量繁多、单价较低的存货，可以按照存货类别计提存货跌价准备。

如果某一类存货的数量繁多并且单价较低，建筑业也可以按存货类别计量成本与可变现净值，即按存货类别的成本的总额与可变现净值的总额进行比较，每个存货类别均取较低者确定存货期末价值。

**例 4-16**　建安建筑公司的有关资料及存货期末计量，假设建安建筑公司在此之前没有对存货计提跌价准备。假定不考虑相关税费和销售费用，跌价准备计提表如图 4.27 所示。

按存货类别计提存货跌价准备

2015年12月31日　　　　　　　　　　　　　　单位：元

| 材料名称 | 数量 | 成本 | | 可变现净值 | | 按存货类别确定的账面价值 | 由此计提的存货跌价准备 |
|---|---|---|---|---|---|---|---|
| | | 单价 | 金额 | 单价 | 金额 | | |
| 第一组 | | | | | | | |
| Φ14螺纹钢 | 20 | 3 600 | 72 000 | 3 650 | 73 000 | | |
| 圆钢 | 50 | 3 000 | 150 000 | 2950 | 147 500 | | |
| 合计 | | | 222 000 | | 220 500 | 220 500 | 1 500 |
| 第二组 | | | | | | | |
| 42.5水泥 | 200 | 300 | 60 000 | 310 | 62 000 | | |
| 52.5水泥 | 100 | 380 | 38 000 | 365 | 36 500 | | |
| 合计 | | | 98 000 | | 98 500 | 98 000 | |
| 总计 | | | 320 000 | | 319 000 | 318 500 | 1 500 |

图 4.27　跌价准备计提表

（3）与在同一地区生产和销售的产品系列相关、具有相同或类似最终用途或目的，且难以与其他项目分开计量的存货，可以合并计提存货跌价准备。

## 4.4.5 存货跌价准备的核算

建筑业设置"存货跌价准备"账户，核算存货的跌价准备。贷方登记计提的存货跌价准备金额；借方登记实际发生的存货跌价损失金额和冲减的存货跌价准备金额，期末余额一般在贷方，反映企业已计提但尚未转销的存货跌价准备。企业可按存货项目或类别进行明细核算。

计提或转回的跌价准备可用下列公式计算：

存货跌价准备=存货成本-可变现净值-计提前"存货跌价准备"贷方余额

若计算结果为正，则为提取的存货跌价准备；若计算结果为负，则为转回的存货跌价准备（在原已计提的金额内）。但转回的金额以将存货跌价准备的余额冲减至零为限。

**例 4-17** 建安建筑公司 2016 年 3 月 31 日，钢筋的账面余额为 10 000元，由于市场价格下跌，预计该钢筋可变现净值为 8 000 元，原来没有计提过存货跌价准备。

公司应计提跌价准备=10 000-8 000-0=2 000（元）

借：资产减值损失——计提存货跌价准备　　　2 000
　　贷：存货跌价准备　　　　　　　　　　　　　　2 000

**例 4-18** 接【例 4-17】，2016 年 7 月 31 日，钢筋的账面余额仍为10 000 元，市场价格持续下跌，预计可变现净值为 7 000 元。

公司计提跌价准备=10 000-7 000-2 000=1 000（元）

借：资产减值损失——计提存货跌价准备　　　1 000
　　贷：存货跌价准备　　　　　　　　　　　　　　1 000

**例 4-19** 2016 年 8 月 31 日，公司已计提存货跌价准备的钢筋价值又得以恢复，已计提存货跌价准备的钢筋价值为 9 000 元。

公司计提跌价准备=10 000-9 000-3 000=-2 000（元）

借：存货跌价准备　　　　　　　　　　　　　2 000
　　贷：资产减值损失——存货跌价准备　　　　　　2 000

## 实战训练

### 【训练一】　　　　　　　　复习思考题

1. 如何理解存货的概念及存货的内容？
2. 存货成本包括的内容有哪些？
3. 简述存货计价方法。
4. 简述存货清查的要求与清查结果的处理方法。
5. 存货期末计价的方法是什么，存货跌价损失的核算方法有哪些？

### 【训练二】　　　　　　　材料采购的核算

诚信邦建筑工程有限公司 2016 年 12 月发生以下业务（诚信邦采用计划成本计价核算）：

购买水泥 60 吨，价税合计 11 700 元，用现金支付运费 2 600 元，并支付运达工地仓库的装卸费 800 元，水泥已验收入库，计划单位成本 285 元。

**要求：**根据上述业务进行相应的会计处理，编制会计分录：

### 【训练三】　　　　　　　存货的计价

2016 年 6 月，诚信邦公司仓库中的板材库存及当月进出的情况，如表 4.1 所示。

表 4.1　　　　　　　　　　板材库存明细表

| 2016 年 | | 编号 | 摘要 | 收入 | | | 发出 | | | 结存 | | |
|---|---|---|---|---|---|---|---|---|---|---|---|---|
| 月 | 日 | | | 数量 | 单价 | 金额 | 数量 | 单价 | 金额 | 数量 | 数量 | 单价 |
| 6 | 1 | | 期初结存 | | | | | | | 200 | 60 | 12 000 |
| 6 | 5 | | 购进 | 500 | 66 | 33 000 | | | | 700 | | |
| 6 | 7 | | 发出 | | | | 400 | | | 300 | | |
| 6 | 16 | | 购进 | 600 | 70 | 42 000 | | | | 900 | | |
| 6 | 18 | | 发出 | | | | 800 | | | 100 | | |
| 6 | 27 | | 购进 | 500 | 68 | 34 000 | | | | 600 | | |
| 6 | 29 | | 发出 | | | | 300 | | | 300 | | |
| 6 | 30 | | 期末结存 | 1 600 | | 10 900 | 1 500 | | | 300 | | |

**要求：**

1. 使用个别计价法，对库存进行相应的计价核算。
2. 使用先进先出法，对库存进行相应的计价核算。
3. 使用月末一次加权平均法，对库存进行相应的计价核算。
4. 使用移动加权平均法，对库存进行相应的计价核算。

# 第5章 建筑施工企业对外投资的核算

投资是当前一些企业需要考虑的问题，各种各样的投资机会也会经常遇到。建筑业企业在经营中，也会逐渐积累出多余闲置的资金，企业可以利用这部分资金进行一些投资，以赚取更大的利润。

## 5.1 对外投资概述

投资是指企业为通过分配来增加财富，或为谋求其他利益，而将资产让渡给其他单位所获得的另一项资产。如企业购买的股票、债券，以固定资产、无形资产换取其他单位的股权等。企业应当结合自身业务的特点和管理的要求，将投资进行分类核算。

### 5.1.1 按管理层投资的意图对投资分类

按照管理层的意图，可将投资分为交易性金融资产，持有至到期投资、可供出售金融资本，长期股权投资。

（1）交易性金融资产是指企业为了近期内出售而持有的股票、债券、基金等金融资产。

（2）持有至到期投资是指到期日固定，回收金额固定或可确定，且企业有明确意图和能力持有至到期的非衍生金融资产。通常，企业持有的在活跃市场上有公开报价的债券等可以划分为持有至到期投资。

（3）可供出售金融资产是指初始确认时即被指定为可供出售的非衍生金融资产，以及没有划分为持有至到期投资、贷款及应收款项、以公允价值计量且其变动计入当期损益的金融资产。

（4）长期股权投资是指持有的目的是对被投资企业的控制、共同控制或重大影响而准备长期拥有的权益性投资。

## 5.1.2 按投资期限或投资回收期长短分类

按投资期限或投资回收期长短，可将投资分为短期投资和长期投资。

（1）短期投资是指能够随时变现并且持有时间不准备超过 1 年的投资。

（2）长期投资是指投资期在一年以上的各类投资项目。

一般来说，短期投资资金周转快、流动性好、风险相对较小，但收益率也较低。长期投资回收期长、短期变现能力较差、风险较高，但长期的盈利能力强。

一般情况下，短期投资和长期投资之间是可以相互转化的，如购买股票是一种长期投资，无偿还期限，但股票持有者可以在二级市场进行短线操作，卖出股票，这又是短期投资。选择短期投资还是长期投资，主要由投资者的投资偏好所决定。

# 5.2 短期投资的核算

短期投资通常情况下，以赚取差价为目的，包含从二级市场购入的股票、债券和基金等投资，新会计准则规定，短期投资核算通过"交易性金融资产""可供出售金融资产"科目核算。本书重点介绍交易性金融资产。

## 5.2.1 交易性金融资产概述

"交易性金融资产"核算，首先要确定哪些资产在交易性金融资产核算。

### 1．符合下列 3 个条件之一的应划分为交易性金融资产

（1）持有金融资产或承担金融负债的目的，主要是为了近期内出售和回购；

（2）金融资产或金融负债是企业采用短期获利模式进行管理的金融工具投资组合中的一部分；

（3）属于衍生金融工具。

只有活跃市场中有报价、公允价值能可靠计量的权益工具投资，才能指定为交易性金融资产。

"可供出售金融资产"核算初始确认时即被指定为可供出售的非衍生金融资产。

本书就以交易性金融资产为例来说明短期投资的核算。交易性金融资产不论初始计量，还是后续计量，始终以公允价值入账。

### 2．交易性金融资产初始计量

企业取得交易性金融资产时，应当按照该金融资产取得时的公允价值作为其初始确认金额，若支付的价款中（即取得时的公允价值中），包含已宣告但尚未发放的现金股利或已到付息期但尚未领取的债券利息，应当从交易性金融资产中剔除计入应收款项，单独列示。取得交易性金融资产所发生的相关交易费用应当在发生时计入投资收益，交易费用是指可直接归属于购买、发行或处置金融工具新增的外部费用，包括支付给代理机构、咨询公司、券商的手续费和佣金及其他必要支出。

### 3．交易性金融资产核算涉及的会计科目

为了核算交易性金融资产的增减变动，企业应当设置"交易性金融资产""公允价值变动损益""投资收益"等账户。

"交易性金融资产"账户核算企业为交易目的所持有的债券投资、股票投资、基金投资等交易性金融资产的公允价值。借方登记交易性金融资产的取得成本、资产负债表日其公允价值高于账面余额的差额等；贷方登记资产负债表日其公允价值低于账面余额的差额，以及企业出售交易性金融资产时结转的成本和公允价值变动损益。企业应当按照交易性金融资产的类别和品种，分别设置"成本""公允价值变动"等明细账户进行核算。

"公允价值变动损益"账户核算企业交易性金融资产等公允价值变动而形成的应计入当期损益的利得或损失。借方登记资产负债表日企业持有的交易性金融资产等公允价值低于账面余额的差额，贷方登记资产负债表日企业持有的交易性金融资产等公允价值高于账面余额的差额。

"投资收益"账户核算企业持有交易性金融资产等期间内取得的投资收益以及处置交易性金融资产等实现的投资收益或投资损失。借方登记企业出售交易性金融资产等发生的投资损失，贷方登记企业出售交易性金融资产等实现的投资收益。

## 5.2.2　交易性金融资产取得的核算

建筑企业取得交易性金融资产时，按交易性金融资产的公允价值，借记"交易性金融资产——成本"科目，其中价款中包含已宣告但尚未发放的现金股利或已到付息期但尚未领取的债券利息，借记"应收股利或应收利息"科目，按发生的交易费用，借记"投资收益"科目，按实际支付的金额，贷记"银行存款"等科目。

🛸 **例 5-1** 2016 年 6 月 1 日，诚信邦公司委托胜利证券公司从证券交易所购入 A 上市公司股票 50 万股，每股公允价值 4.30 元（其中包括已宣告但尚未发放的现金股利 0.30 元），另发生相关的交易费用 10 000 元，并将该股票划分为交易性金融资产，单据如图 5.1 所示。

### 成交过户交割凭单

2015 年 6 月 1 日　　　　　　　　买

| | |
|---|---|
| 公司代码：51018 | 证券名称：A 公司股份　　代码：1234 |
| 股东账号：00123456 | 成交数量：500 000 |
| 资金账号：6548 | 成交价格：4.30 元 |
| 股东姓名：诚信邦建筑工程有限公司 | 成交金额：2 150 000.00 元 |
| 申请编号：016 | 标准佣金：10 000.00 元 |
| 申请时间：8:40:16 | 过户费用： |
| 成交时间：9:20:10 | 印花税： |
| 上次余额：0 股 | 附加费用： |
| 本次成交：500 000 股 | 其他费用： |
| 本次余额：500 000 股 | 实际收付金额：2 160 000.00 元 |
| 备注：股票买卖 | |

图 5.1　股票成交过户交割单

诚信邦公司购买股票时，编制会计分录如下：

借：交易性金融资产——成本　　　　　2 000 000
　　应收股利　　　　　　　　　　　　　150 000
　　投资收益　　　　　　　　　　　　　 10 000
　　贷：其他货币资金——存出投资款　　　　　2 160 000

🛸 **例 5-2** 2016 年 1 月 1 日，诚信邦公司购入甲公司发行的公司债券准备短期持有，支付价款 215 万元（其中包含已宣告发放的债券利息 6 万元），另支付交易费用 1.5 万元。该笔债券于 2016 年 1 月 1 日发行，面值 200 万元，票面利率 3%，上年债券利息于下年初支付。2016 年 2 月 10 日，诚信邦公司收到该笔债券利息 6 万元。单据如图 5.2 所示。

××中央登记清算公司

| 成交过户交割凭单 | | | |
|---|---|---|---|
| 股东编号 | A138643 | 成交证券 | 甲公司 |
| 电脑编号 | 842156 | 成交数量 | 1 000 000 |
| 公司编号 | 731 | 成交价格 | 2.15 |
| 申请编号 | 215 | 成交金额 | 2 150 000 |
| 申报时间 | 9:30 | 标准佣金 | 10 000 |
| 成交时间 | 10:25 | 过户费用 | |
| 上次余额 | | 印花税 | |
| 本次成交 | 1 000 000 | 应收金额 | |
| 本次余额 | | 附加费用 | 5 000 |
| 本次库存 | | 实付金额 | 2 165 000 |

经办单位 业务受理章 客户签章 财务专用章 日期：2016年01月01日

图 5.2 成交过户交割凭单

诚信邦公司购买甲公司债券时，编制分录如下：

借：交易性金融资产——成本　　2 090 000

　　应收利息　　60 000

　　投资收益　　15 000

　　贷：其他货币资金——存出投资款　　2 165 000

## 5.2.3 交易性金融资产持有期间的核算

交易性金融资产由于其持有时间较短，在核算方面也不是很复杂，具体包括以下 3 方面的核算。

### 1．交易性金融资产持有期间取得的现金股利和利息

在持有交易性金融资产期间，被投资单位宣告发放的现金股利或企业在资产负债表日按分期付息、一次还本债券投资的票面利率计算的利息收入，借记“应收股利”或“应收利息”科目，贷记“投资收益”科目。收到现金股利或利息时，借记“银行存款”，贷记“应收股利”或“应收利息”科目。

**例 5-3** 2015 年 6 月 1 日，诚信邦公司委托胜利证券公司从证券交易所购入 A 上市公司股票 50 万股，每股公允价值 4.30 元（其中包括已宣告但尚未发放的现金股利 0.30 元），另发生相关的交易费用 10 000 元，并将该股票划分为交易性金融资产。

2016 年 3 月 5 日，诚信邦公司收到购买价款中包含的已宣告发放的现金股利 15 万元。2016 年 3 月 20 日，A 上市公司宣告发放现金股利，每股 0.10 元，共 5

万元，诚信邦公司尚未收到。单据如图 5.3 所示。

中国工商银行资金汇划（贷方）补充凭证　　1965366

行　名：工行民族路支行　　　　　　　　收报日期：2016.03.05

业务种类：汇兑

收款人账号：21635

收款人户名：诚信邦建筑工程有限公司

付款人户名：兴业证券股份有限公司

大写余额：壹拾伍万元整

小写金额：￥150 000.00

发报流水号：00000044

发报行行号：21695004　　　　　　　　　　收报流水号：0010398

发报行行名：深圳深通办　　　　　　　　　收报行行号：216972

打印次数：01

用　　途：现金股利　　　　　　　　　　　工商银行民族路支行

注：本凭证为打印件

图 5.3　股利汇划凭证

（1）2016 年 3 月 5 日，收到购买价款中包含的已宣告发放的现金股利时，编制会计分录如下：

借：银行存款　　　　　　　　　　150 000

　　贷：应收股利　　　　　　　　　　　150 000

（2）2016 年 3 月 20 日，A 上市公司宣告发放现金股利时，编制会计分录如下：

借：应收股利　　　　　　　　　　5 000

　　贷：投资收益　　　　　　　　　　　5 000

**例 5-4**　2016 年 3 月 21 日，诚信邦公司收到购买价款中包含的已宣告发放的债券利息 6 万元。单据如图 5.4 所示。

图 5.4　股利到账通知

编制会计分录如下：

借：银行存款　　　　　　　　　　　　　　60 000

　　贷：应收利息　　　　　　　　　　　　　　　　60 000

## 2．交易性金融资产的持有期内的期末计量

资产负债表日，交易性金融资产的公允价值高于其账面余额的差额，借记"交易性金融资产——公允价值变动"科目，贷记"公允价值变动损益"科目；公允价值低于其账面余额的差额，做相反的会计分录。

例 5-5　2015 年 6 月 1 日，诚信邦公司委托胜利证券公司从证券交易所购入 A 上市公司股票 50 万股，每股公允价值 4.30 元（其中包括已宣告但尚未发放的现金股利 0.30 元），另发生相关的交易费用 10 000 元，并将该股票划分为交易性金融资产。

2016 年 3 月 31 日该股票在证券交易所的收盘价格为每股 6.10 元。

借：交易性金融资产——公允价值变动　　　1 050 000

　　贷：公允价值变动损益　　　　　　　　　　　1 050 000

例 5-6　2016 年 3 月 31 日，上例中购买的该笔债券的市价为 198 万元。

借：公允价值变动损益　　　　　　　　20 000

　　贷：交易性金融资产——公允价值变动　　　20 000

### 3．交易性金融资产处置的核算

出售交易性金融资产时，应按实际收到的金额，借记"银行存款"等科目，按该项交易性金融资产的成本，贷记"交易性金融资产——成本"科目，按该项交易性金融资产的公允价值变动，贷记或借记"交易性金融资产——公允价值变动"科目，按其差额，贷记或借记"投资收益"科目。同时，将原记入该交易性金融资产的公允价值变动损益转出，借记或贷记"公允价值变动损益"科目，贷记或借记"投资收益"科目。

**例 5-7**　2016 年 4 月 21 日，将所有的 A 上市公司的股票全部出售，所得价款 325 万元，单据如图 5.5 所示。

## 成交过户交割凭单

| 2016年4月21日 | 卖 |
|---|---|
| 公司代码：51018 | 证券名称：A公司股份　代码：1234 |
| 股东账号：00123456 | 成交数量：500 000 |
| 资金账号：6548 | 成交价格：6.50元 |
| 股东姓名：诚信邦公司 | 成交金额：3 250 000.00元 |
| 申请编号：126 | 标准佣金：16 250.30元 |
| 申请时间：9：18：20 | 过户费用： |
| 成交时间：10：01：56 | 印花税：3 250.00元 |
| 上次余额：500 000股 | 附加费用： |
| 本次成交：500 000股 | 其他费用： |
| 本次余额：0股 | 实际收付金额：3 230 500.00元 |
| 备注：股票买卖 | |

图 5.5　股票售出交割凭单

编制会计分录如下：

借：其他货币资金——存出投资款　　　　3 230 500

　　贷：交易性金融资产——成本　　　　　　2 000 000

　　　　　　　　　　——公允价值变动　　　1 050 000

　　　　投资收益　　　　　　　　　　　　　180 500

同时，

借：公允价值变动损益　　　　　　　　1 050 000

　　贷：投资收益　　　　　　　　　　　　　1 050 000

# 5.3　长期投资的核算

建筑业长期投资主要有持有至到期投资和长期股权投资，"持有至到期投资"核算有固定或可确定金额和固定期限，且明确打算持有至到期日的非衍生金融资产，以及企业委托银行或其他金融机构向其他单位贷出的款项。"长期股权投资"核算企业持有的采用成本法和权益法核算的长期股权投资。本书长期投资的主要介绍长期股权投资的核算。

## 5.3.1　长期股权投资概述

《企业会计准则第 2 号——长期股权投资》（以下简称长期股权投资准则）规范了符合条件的权益性投资的确认、计量结果和相关信息的披露。根据长期股权投资准则规定，长期股权投资包括以下几个方面。

一是投资企业能够对被投资单位实施控制的权益性投资，即对子公司投资。

二是投资企业与其他合营方一同对被投资单位实施共同控制的权益性投资，即对合营企业投资。

三是投资企业对被投资单位具有重大影响的权益性投资，即对联营企业投资。

四是投资企业持有的对被投资单位不具有控制、共同控制或重大影响，并且在活跃市场中没有报价、公允价值不能可靠计量的权益性投资。

## 5.3.2　长期股权投资核算范围

长期股权投资的核算方法有两种：一种是成本法，一种是权益法。

### 1．成本法的适用范围

按照长期股权投资准则核算的权益性投资中，应当采用成本法核算的是以下两类：一是企业持有的对子公司投资；二是对被投资单位不具有共同控制或重大影响，且在活跃市场中没有报价、公允价值不能可靠计量的长期股权投资。

### 2．权益法适用范围

长期股权投资准则规定，应当采用权益法核算的长期股权投资包括两类：一是对合营企业投资；二是对联营企业投资。

为了核算长期股权投资，建筑企业应当设置"长期股权投资""投资收益"等科目，核算采用权益法的，还应当对"长期股权投资"分别设"投资成本""损益调整""所有者权益其他变动"进行明细核算。

新准则中规定的"长期股权投资"初始投资成本的确定，一般按照企业合并形成的长期股权投资与非企业合并形成的长期股权投资进行分类，企业合并又分为同一控制下的企业合并和非同一控制下的企业合并，分别按照不同的方法确定初始投资成本。

## 5.3.3 企业合并形成的长期股权投资初始成本的核算

企业合并形成的长期股权投资，应区分企业合并的类型，分别同一控制下控股合并与非同一控制下控股合并确定其初始投资成本。

### 1. 同一控制下企业合并形成的长期股权投资

合并方以支付现金、转让非现金资产或承担债务方式作为合并对价的，应当在合并日按照取得被合并方所有者权益账面价值的份额作为长期股权投资的初始投资成本。长期股权投资的初始投资成本与支付的现金、转让的非现金资产及所承担债务账面价值之间的差额，应当调整资本公积（资本溢价或股本溢价）；资本公积（资本溢价或股本溢价）的余额不足冲减的，调整留存收益。合并方以发行权益性证券作为合并对价的，应按发行股份的面值总额作为股本，长期股权投资的初始投资成本与所发行股份面值总额之间的差额，应当调整资本公积（资本溢价或股本溢价）；资本公积（资本溢价或股本溢价）不足冲减的，调整留存收益。

**例5-8** 2015年6月30日，北京建信有限责任公司向同一集团内国光公司的原股东定向增发500万股普通股（每股面值为1元，市价为5.16元），取得国光公司100%的股权，并于当日起能够对国光公司实施控制，合并后国光公司仍维持其独立法人资格继续经营。两公司在企业合并前采用的会计政策相同。合并日，国光公司所有者权益的总额为3 102万元。

借：长期股权投资　　　　　　　　　　31 020 000

　　贷：股本　　　　　　　　　　　　　5 000 000

　　　　资本公积——股本溢价　　　　26 020 000

**例5-9** 2015年10月15日，北京建信有限责任公司以银行存款150万元取得天津安达有限责任公司70%的股权（北京建信有限责任公司和天津安达有限责任公司同受方原公司控制），投资时天津安达有限责任公司的账面价值为200万元，单据如图5.6和图5.7所示。

## 出资证明

　　根据方信会计事务所注册会计师马晓、李东阳2015年10月15日签署的【方信】字第31号验资报告，北京建信有限责任公司应依照合同一次缴付注册资本人民币壹佰伍拾万元整（￥1 500 000.00），取得天津安达有限责任公司70%股权（天津安达公司当时账面价值为200万元），截至2015年10月15日已全部缴足，出资方式为货币资金。

　　特此证明

　　投资方（盖章）　　　　　　　　　　　　　　　受资方（盖章）

（北京建信有限责任公司 财务专用章）　　　　（天津安达有限责任公司 财务专用章）

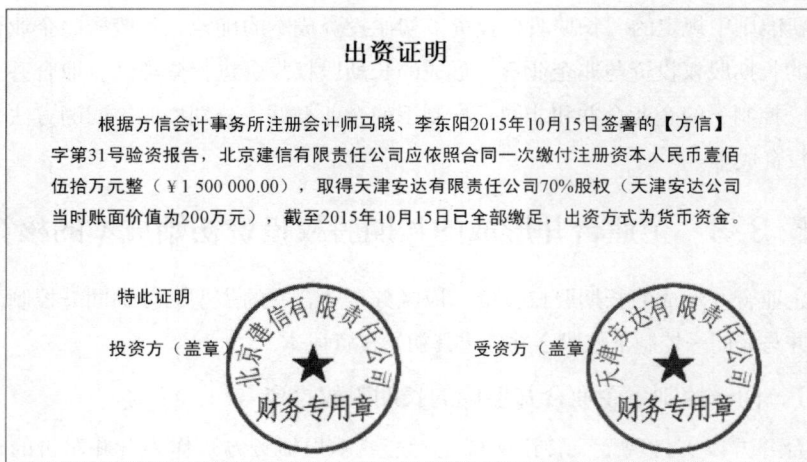

2015年10月15日

图 5.6　安达公司出资证明

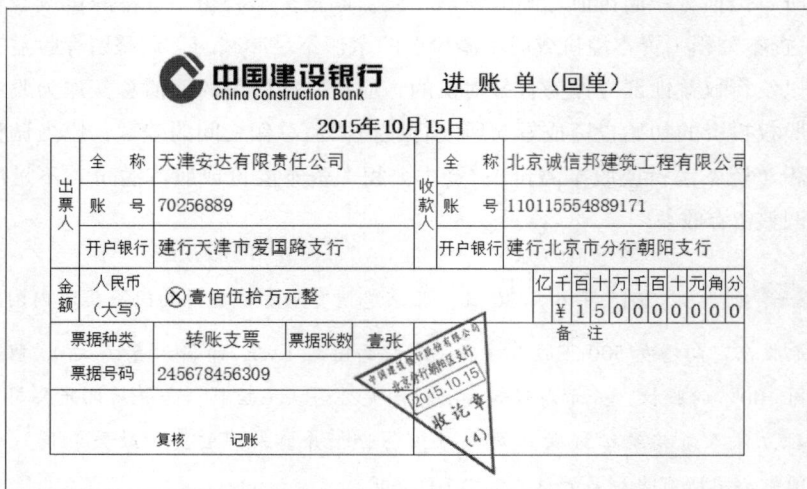

**中国建设银行** China Construction Bank　　**进 账 单（回单）**

2015年10月15日

| 出票人 | 全　称 | 天津安达有限责任公司 | 收款人 | 全　称 | 北京诚信邦建筑工程有限公司 |
| --- | --- | --- | --- | --- | --- |
| | 账　号 | 70256889 | | 账　号 | 110115554889171 |
| | 开户银行 | 建行天津市爱国路支行 | | 开户银行 | 建行北京市分行朝阳支行 |

| 金额 | 人民币（大写） | ⊗壹佰伍拾万元整 | 亿 千 百 十 万 千 百 十 元 角 分 |
| --- | --- | --- | --- |
| | | | ￥ 1 5 0 0 0 0 0 0 0 0 |

| 票据种类 | 转账支票 | 票据张数 | 壹张 | 备　注 |
| --- | --- | --- | --- | --- |
| 票据号码 | 245678456309 | | | |

复核　　记账

图 5.7　安达公司支票进账单

　　北京建信有限责任公司对天津安达有限责任公司的初始投资成本为 140 万元（200×70%），因为以 150 万元的代价取得了 140 万元的份额，差额 10 万元冲减资本公积。北京建信有限责任公司应做如下处理：

　　借：长期股权投资——天津安达有限责任公司（投资成本）　　　1 400 000

　　　　资本公积　　　　　　　　　　　　　　　　　　　　　　　　 100 000

　　　贷：银行存款　　　　　　　　　　　　　　　　　　　　　　　1 500 000

## 2．非同一控制下企业合并形成的长期股权投资

非同一控制下的控股合并中，购买方应当按照确定的企业合并成本作为长期股权投资的初始投资成本。企业合并成本包括购买方付出的资产、发生或承担的负债、发行的权益性证券的公允价值以及为进行企业合并发生的各项直接相关费用之和。

例5-10　2015年10月20日北京建信有限责任公司以一块地的土地使用权换取北京安成建筑工程公司 80% 的股权（大华和安成为非同一控制），该土地使用权的账面价值为 350 万元，公允价值为 450 万元。单据如图5.8所示。

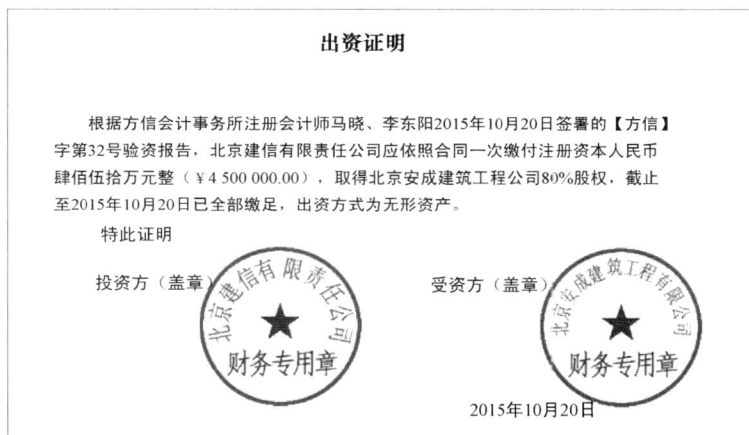

**出资证明**

根据方信会计事务所注册会计师马晓、李东阳2015年10月20日签署的【方信】字第32号验资报告，北京建信有限责任公司应依照合同一次缴付注册资本人民币肆佰伍拾万元整（￥4 500 000.00），取得北京安成建筑工程公司80%股权，截止至2015年10月20日已全部缴足，出资方式为无形资产。

特此证明

投资方（盖章）　　　　　　　　受资方（盖章）

2015年10月20日

图5.8　北京建信有限责任公司出资证明

北京建信有限责任公司对北京安成建筑工程公司的初始投资成本为 450 万元；其与土地账面价值之间的差额，计入当期损益（营业外收入）。

借：长期股权投资——北京安成建筑工程公司（投资成本）　　4 500 000

　　贷：无形资产　　　　　　　　　　　　　　　　　　　　　3 500 000

　　　　营业外收入　　　　　　　　　　　　　　　　　　　　1 000 000

## 5.3.4　企业合并以外其他方式取得的长期股权投资

长期股权投资除企业合并形成的长期股权投资外，其他方式取得的长期股权投资，应当按照以下要求确定初始投资成本。

（1）以支付现金取得的长期股权投资，应当按照实际支付的购买价款作为初始投资成本，包括购买过程中支付的手续费等必要支出，但所支付价款中包含的

被投资单位已宣告但尚未发放的现金股利或利润应作为应收项目核算，不构成取得长期股权投资的成本。

例 5-11 诚信邦公司于 2016 年 10 月 10 日自公开市场中买入北京建信有限责任公司 30% 的股份，支付价款 25 000 万元，支付手续费等相关费用 600 万元。

借：长期股权投资　　　　　　　　　　　256 000 000

　　贷：银行存款　　　　　　　　　　256 000 000

（2）以发行权益性证券方式取得的长期股权投资，其成本为所发行权益性证券的公允价值，但不包括应自被投资单位收取的已宣告但尚未发放的现金股利或利润。

（3）投资者投入的长期股权投资，应当按照投资合同或协议约定的价值作为初始投资成本，但合同或协议约定的价值不公允的除外。

（4）以债务重组、非货币性资产交换等方式取得的长期股权投资，其初投资成本应按照《企业会计准则第 12 号——债务重组》和《企业会计准则第 7 号——非货币性资产交换》的原则确定。

（5）企业进行公司制改造，对资产、负债的账面价值按照评估价值调整的，长期股权投资应以评估价值作为改制时的认定成本。

## 5.3.5　投资成本中包含的已宣告尚未发放规定股利或利润的处理

企业无论是以何种方式取得长期股权投资，取得投资时，对于支付的对价中包含的应享有被投资单位已经宣告但尚未发放的现金股利或利润应确认为应收项目，不构成取得长期股权投资的初始投资成本。

例 5-12 【例 5-11】中假定诚信邦公司取得该项投资时，北京建信有限责任公司已经宣告但尚未发放现金股利，诚信邦公司按其持股比例计算确定可分得 48 万元。则诚信邦公司在确认该长期股权投资时，应将包含的现金股利部分单独核算。

借：长期股权投资　　　　　　　　　　　255 520 000

　　应收股利　　　　　　　　　　　　　　480 000

　　贷：银行存款　　　　　　　　　　256 000 000

# 5.4 长期股权投资的后续计量

长期股权投资在持有期间，根据投资企业对被投资单位的影响程度及是否存在活跃市场、公允价值能否可靠取得等情况，分别采用成本法及权益法进行核算。

## 5.4.1 长期股权投资成本法的核算

投资企业能够对被投资单位实施控制的和投资企业对被投资单位不具有共同控制或重大影响的长期股权投资，应当采用本准则规定的成本法核算。对于控制子公司，在编制合并财务报表时，应当按照权益法进行调整。

在对非同一控制下取得的子公司采用成本法核算时，按规定确定初始成本后，投资方对初始投资成本大于合并中取得的被购买方可辨认净资产公允价值份额的差额，应当确认为商誉；投资方对初始投资成本小于合并中取得的被购买方可辨认净资产公允价值份额的差额，应当计入当期损益；被投资单位宣告分派的现金股利或利润中，投资企业按应享有的部分确认为当期投资收益；但投资企业确认的投资收益仅限于所获得的被投资单位在接受投资后产生的累积净利润的分配额。

**例 5-13** 接【例 5-10】，假如购买当日，北京安成建筑工程公司的可辨认资产公允价值为 600 万元。

由【例 5-10】可得北京建信有限责任公司长期股权投资初始成本为 450 元，而按照北京安成建筑工程公司可辨认资产公允价值与投资所占份额计算，所得投资成本为 480 万（600×80%），则其差额 30 万（480-450）计入当期损益。

借：长期股权投资——北京安成建筑工程公司（投资成本）　300 000

　　贷：营业外收入　　　　　　　　　　　　　　　　　　　　300 000

若购买当日，北京安成建筑工程公司的可辨认资产公允价值为 540 万。则差额 18 万（450-540×80%）确认为商誉。

借：商誉　　　　　　　　　　　　　　　　　　　　　　　180 000

　　贷：长期股权投资——北京安成建筑工程公司（投资成本）　180 000

## 5.4.2 长期股权投资权益法的核算

投资企业对被投资单位具有共同控制或重大影响的长期股权投资，应当采用权益法核算。

### 1．权益法下初始投资成本的调整

在权益法下，取得长期股权投资时，长期股权投资的初始投资成本大于投资时应享有被投资单位可辨认净资产公允价值份额的，不调整已确认的长期股权投资的初始投资成本，借记"长期股权投资——××公司（投资成本）"科目，贷记"银行存款"等科目；长期股权投资的初始投资成本小于投资时应享有被投资单位可辨认净资产公允价值份额的，其差额应当计入当期损益，同时调整长期股权投资的成本，借记"长期股权投资——××公司（投资成本）"，贷记"银行存款"等科目，按其差额贷记"营业外收入"。

**例5-14** 2015年10月30日，诚信邦公司以银行存款500万元取得全鑫公司发行的股票500万股，占全鑫公司20%的股权（取得后对全鑫公司具有重大影响）。购买当日，全鑫公司的可辨认资产公允价值为1 800万元。

此种情况采用权益法核算：

诚信邦公司投资时应享有被投资单位可辨认净资产公允价值份额=1 800×20%=360（万元）

500万元>360万元，差额140万元，该差额不调整长期股权投资的账面价值。

借：长期股权投资——全鑫公司（投资成本）5 000 000

  贷：银行存款　　　　　　　　　　　　　　　 5 000 000

若购买当日，全鑫公司的可辨认资产公允价值为2 800万元。

诚信邦公司应享有被投资单位可辨认净资产公允价值份额=2 800×20%=560（万元）

500万元<560万元，差额60万元应计入取得投资当期的营业外收入。

借：长期股权投资——全鑫公司（投资成本）5 600 000

　贷：银行存款　　　　　　　　　　　　　　　 5 000 000

　　营业外收入　　　　　　　　　　　　　　　　 600 000

### 2．投资损益的确认以及取得现金股利或利润的处理

采用权益法核算的长期股权投资，在确认应享有或应分担被投资单位的净利润或净亏损时，根据被投资单位账面净利润计算应享有的份额，借记"长期股权投资——损益调整"，贷记"投资收益"，净亏损则做相反会计分录，但以本科目的账面价值减至零为限。

按照权益法核算的长期股权投资，投资企业自被投资单位取得的现金股利或利润，应抵减长期股权投资的账面价值。在被投资单位宣告分派现金股利或利润

时，借记"应收股利"科目，贷记"长期股权投资——损益调整"科目；自被投资单位取得的现金股利或利润超过已确认损益调整的部分应视同投资成本的收回，冲减长期股权投资的成本。

**例5-15** 接【例5-14】，2015年全鑫公司实现净利润500万元，2016年5月1日，全鑫公司宣告发放现金股利，每股0.10元。2016年6月5日，诚信邦公司收到全鑫公司分派的现金股利。

2015年底，确认全鑫公司投资收益，编制会计分录如下：

借：长期股权投资——损益调整　　　　1 000 000（500万×20%）

　　贷：投资收益　　　　　　　　　　　　1 000 000

2016年5月1日，全鑫公司宣告发放股利，单据如图5.9所示。

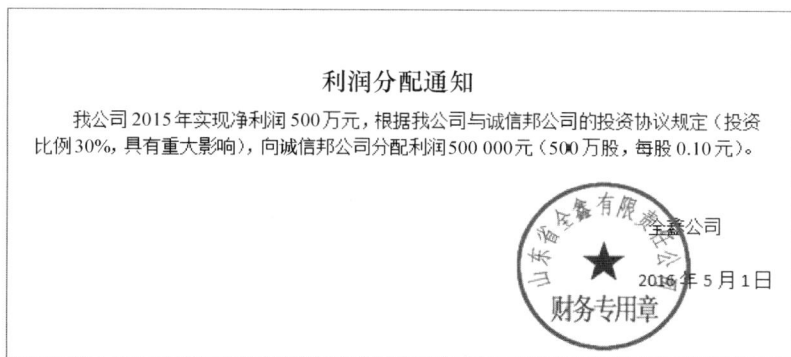

### 利润分配通知

　　我公司2015年实现净利润500万元，根据我公司与诚信邦公司的投资协议规定（投资比例30%，具有重大影响），向诚信邦公司分配利润500 000元（500万股，每股0.10元）。

全鑫公司

2016年5月1日

财务专用章

图5.9　利润分配通知

编制会计分录如下：

借：应收股利　　　　　　　　　　　　500 000（500万股×0.10）

　　贷：长期股权投资——损益调整　　　　500 000

2016年6月5日，收到发放的股利，单据如图5.10所示。

编制会计分录如下：

借：银行存款　　　　　　　　　　　　500 000

　　贷：应收股利　　　　　　　　　　　　500 000

## 3．被投资单位除净损益以外所有者权益的其他变动

采用权益法核算时，投资企业对于被投资单位除净损益以外所有者权益的其他变动，在持股比例不变的情况下，应按照持股比例与被投资单位除净损益以外所有者权益的其他变动中归属于本企业的部分，相应调整"长期股权投资——其

他权益变动”的账面价值，同时增加或减少“资本公积——其他资本公积”。

中国建设银行 China Construction Bank　　进账单（回单）

2016年6月5日

| | | | | | |
|---|---|---|---|---|---|
| 收款人 | 全　称 | 北京诚信邦建筑工程有限公司 | 付款人 | 全　称 | 山东省全鑫有限责任公司 |
| | 账　号 | 20026055778655543 | | 账　号 | 716565 |
| | 开户银行 | 建行北京市分行朝阳支行 | | 开户银行 | 建行北京市分行朝阳支行 |
| 金额 | 人民币（大写） | ⊗伍拾万元整 | | 亿千百十万千百十元角分 | ¥50000000 |
| 票据种类 | 转账支票 | 票据张数 | 壹张 | 备　注 | |
| 票据号码 | 245678456309 | | | | |
| | 复核　记账 | | | | |

中国建设银行股份有限公司 北京分行朝阳支行 2016.06.05 收讫章 (4)

图 5.10　股利进账回单

**例 5-16**　2016 年全鑫公司因持有的可供出售金融资产公允价值的变动计入资本公积的金额为 1 500 万元，假定诚信邦公司与全鑫公司适用的会计政策、会计期间相同，投资时全鑫公司有关资产、负债的公允价值与其账面价值亦相同。诚信邦公司在确认应享有被投资单位所有者权益的变动时，

借：长期股权投资——其他权益变动　　　3 000 000（1 500 万×20%）

　　贷：资本公积——其他资本公积　　　　3 000 000

被投资单位分派的股票股利，投资企业不做账务处理，但应于除权日注明所增加的股数，以反映股份的变化情况。

## 5.4.3　长期股权投资减值的核算

长期股权投资如果存在减值迹象的，应当按照相关准则的规定计提减值准备。其中对子公司、联营企业及合营企业的投资，应当按照《企业会计准则第 8 号——资产减值》的规定确定其应予计提的减值准备；企业持有的对被投资单位不具有共同控制或重大影响、在活跃市场中没有报价、公允价值不能可靠计量的长期股权投资，应当按照《企业会计准则第 22 号——金融工具确认和计量》的规定确定其应予计提的减值准备。计提长期股权投资减值准备时，借记“资产减值损失——计提的长期股权投资减值准备”，贷记“长期股权投资减值准备”。

长期股权投资减值损失一经确认，在以后会计期间不得转回。

## 5.4.4　长期股权投资处置的核算

企业持有长期股权投资的过程中，由于各方面的考虑，决定将所持有的对被投资单位的股权全部或部分对外出售时，应相应结转与所售股权相对应的长期权投资的账面价值，出售所得价款与处置长期股权投资账面价值之间的差额，应确认为处置损益。

采用权益法核算的长期股权投资，原记入资本公积中的金额，在处置时亦应进行结转，将与所出售股权相对应的部分在处置时自资本公积转入当期损益。

**例 5-17**　诚信邦公司持有北京安成建筑工程公司 30% 的股份，截至 2016 年 1 月，此项投资账面价值为 400 万元。2016 年 1 月 30 日，诚信邦公司与全鑫公司达成协议，全鑫公司以 240 万元收购诚信邦公司持有的北京安成建筑工程公司股份的 50%。单据如图 5.11 所示。

**中国工商银行** 资金汇划（贷方）补充凭证　　　1965366

行　　名：工行民族路支行　　　　　　收报日期：2016.03.05
业务种类：汇兑
收款人账号：21635
收款人户名：诚信邦建筑工程有限公司
付款人户名：兴业证券股份有限公司
大写余额：壹拾伍万元整
小写金额：￥150 000.00
发报流水号：00000044
发报行行号：21695004　　　　　　　　收报流水号：0010398
发报行行名：深圳深通办　　　　　　　收报行行号：216972
打印次数：01
用　　途：现金股利　　　　　　　　　工商银行民族路支行
注：本凭证为打印件

图 5.11　资金汇划凭单

诚信邦公司持股 30%，不属于控制，但有重大影响，根据准则，应采用权益法。

计算应计入损益的部分：240-400×50%=40（万元）

借：银行存款　　　　　　　　　　　　　　　　　　2 400 000

　　贷：长期股权投资——北京安成建筑工程公司　2 000 000（400 万×50%）

　　　　营业外收入　　　　　　　　　　　　　　　400 000

### 实战训练

【训练一】　　　　　　　　复习思考题

1. 交易性金融资产如何界定，如何确认其初始投资成本？
2. 如何区分交易性金融资产、持有至到期投资、可供出售金融资产？
3. 投资性房地产的范围是什么？
4. 长期股权投资成本法、权益法的适用范围及核算方法分别是什么？

【训练二】　　　　　　　　交易性金融资产的核算

2016 年 1 月 20 日，诚信邦公司委托某证券公司从上海证券交易所购买 A 上市公司股票 100 万股，并将其划分为交易性金融资产。该笔股票在购买时公允价值 1 000 万元。（A 公司未宣告发放现金股利），在购买股票时另支付相关交易费用 2.5 万元。

2016 年 6 月 30 日，上述股票每股的公允价值（2015 年 6 月 30 日收盘价）为每股 13 元。该批股票的市场价格为 1 300 万元，高于账面余额的差额为 300 万元。2015 年 12 月 31 日，该批股票的公允价值（市价）为每股 12 元，该批股票的市场价格为 1 200 万元，低于账面余额 100 万元。

要求：根据以上业务，进行相应的财务处理。

【训练三】　　　　　　　　长期股权投资的核算

诚信邦公司长期持有中兴水泥制品厂 60% 的股权，可对中兴水泥制品厂实施控制，使用成本法核算长期股权投资。2015 年 1 月 1 日，该项投资账面价值为 80 万元。

（1）2015 年度中兴水泥制品厂实现净利润 200 万元。

（2）2016 年 2 月 15 日，中兴水泥制品厂宣告分派现金股利 70 万元。

（3）2016 年 3 月 31 日，诚信邦公司收到中兴水泥制品厂分派的现金股利。

（4）2016 年 6 月 30 日，诚信邦公司持有的中兴水泥制品厂的股权发生减值。经减值测试，该项长期股权投资的可收回金额为 68 万元。

（5）2016 年 7 月 15 日，诚信邦公司将持有的中兴水泥制品厂的股权全部出售，出售价格为 72 万元，支付相关税费 2 000 元后取得价款 71.8 万元。

要求：根据上述业务，进行相应的会计处理，编制相应的会计分录。

# 第6章 建筑施工企业固定资产的核算

建筑企业为了施工、出租或经营管理需要，需要购建施工设施、先进技术、办公楼等资产，这些资产需要进行怎样的核算，本章有详细介绍。

# 6.1 固定资产概述

建筑企业购建的施工设施、办公设施等的核算，应区别具体情况，判定是否属于固定资产，属于固定资产的按照固定资产的核算方法进行核算。

## 6.1.1 固定资产概念及特征

固定资产是指同时具有下列特征的有形资产。

### 1．为生产商品提供劳务、出租或经营管理而持有的

这意味着，企业持有的固定资产是企业的劳动工具或手段，而不是直接用于出售的产品。其中"出租"的固定资产：指用以出租的机器设备类固定资产，不包括以经营租赁方式出租的建筑物，后者属于企业的投资性房地产，不属于固定资产。

### 2．使用寿命超过一个会计年度

固定资产的使用寿命，是指企业使用固定资产的预计期间，或者该固定资产所能生产产品或提供劳务的数量。通常情况下固定资产的使用寿命是指使用固定资产的预计期间，如自用房屋建筑物的使用寿命或使用年限。某些机器设备或运输设备等固定资产，其使用寿命往往以该固定资产所能生产产品或提供劳务的数量来表示，例如，发电设备按其预计发电量估计使用寿命，汽车按其预计行驶里程估计使用寿命。

但是也不是千篇一律的，只要符合上两项条件企业就必须作为固定资产核算，比如建筑施工企业所持有的模板、挡板、架料等，尽管该类资产具有固定资

产的特征，但由于数量多、单价低，考虑到成本效益原则，在实务中，通常确认为存货，在"周转材料"中进行核算。

## 6.1.2 固定资产的分类

建筑企业的固定资产种类繁多、规格不一，为了加强管理，便于组织会计核算，有必要对其进行科学、合理的分类。根据不同的管理需要和核算要求以及不同的分类标准，可以对固定资产进行不同的分类，一般来说有以下分类。

**1．按固定资产的经济用途分类**

（1）生产经营用固定资产。生产经营用固定资产是指直接服务于企业生产经营过程的各种固定资产，如生产经营用的的房屋、建筑物、机器、设备、器具、工具等。

（2）非生产经营用固定资产。非生产经营用固定资产是指不直接服务于生产经营过程的各种固定资产，如职工宿舍、食堂等使用的房屋、设备和其他固定资产等。

按照固定资产的经济用途分类，可以归类反映和监督固定资产的组成和变化情况，借以考核和分析企业固定资产的利用情况，促使企业合理地配备固定资产，充分发挥其效用。

**2．按固定资产的产权分类**

（1）自有固定资产，是指企业拥有的可供企业自由支配使用，产权归企业的固定资产；

（2）融资租入固定资产，是指企业按合同或者协议以融资租赁方式租入的固定资产。在租赁期内，应视同自有固定资产进行管理。

**3．对固定资产进行综合分类**

按照固定资产的经济用途和使用情况等综合分类，可以把企业的固定资产划分为七大类：

（1）生产经营用固定资产；

（2）非生产经营用固定资产；

（3）租出固定资产（指在经营租赁方式下出租给外单位使用的固定资产）；

（4）不需用固定资产；

（5）未使用固定资产；

（6）土地；

（7）融资租入固定资产。

### 4．税法规定固定资产按下列分类计提折旧

（1）房屋、建筑物，为 20 年。

（2）飞机、火车、轮船、机器、机械和其他生产设备，为 10 年。

（3）与生产经营活动有关的器具、工具、家具等，为 5 年。

（4）飞机、火车、轮船以外的运输工具，为 4 年。

（5）电子设备，为 3 年。

为了和税法同步，一般情况企业按照税法规定进行分类核算固定资产，按税法规定使用年限计提折旧。

# 6.2  外购固定资产的核算

建筑企业中，固定资产的取得方式多种多样，主要有外购、自行建造、投资者投入、接受捐赠、融资租入等，固定资产的取得方式不同，其成本的构成及确认方法也不尽相同。

## 6.2.1  外购固定资产成本确认

建筑企业外购固定资产成本构成和一般纳税人企业略有不同，主要包括购买价款（此为含增值税价款，一般纳税人为不含税价款）、相关税费（增值税以外的其他税费）、使固定资产达到预定可使用状态前所发生的可归属于该项资产的运输费、装卸费、安装费和专业人员服务费等。

可以作为固定资产入账判断标准，是看该固定资产是否达到预定可使用状态。如果购入不需安装的固定资产，购入后即可发挥作用，因此，购入后即可达到预定可使用状态。如果购入需安装的固定资产，只有安装调试后达到设计要求或合同规定的标准，该项固定资产才可发挥作用，达到预定可使用状态。

## 6.2.2  购入不需要安装固定资产的核算

企业购入的不需要安装、可以直接交付使用的固定资产，应按购入时的实际成本直接借记"固定资产"账户，贷记"银行存款""应付账款"等账户。

例 6-1  2016 年 3 月 8 日，北京诚信邦建筑工程有限公司购入一台装载机，直接就可投入使用。取得的增值税普通发票注明价款为 100 万元，增值税税

额 17 万元，发生运费 5 000 元，以银行转账方式支付了各款项。采购人员报销差旅费 2 000 元，以现金支付（假定不考虑其他相关税费）。

本例中，企业收到的原始凭证如下：

（1）北京市增值税专用发票，如图 6.1 所示。

（2）运输费统一发票，如图 6.2 所示。

（3）装载机款及运费的支付发票存根，如图 6.3 和图 6.4 所示。

（4）固定资产验收单，如图 6.5 所示。

（5）差旅费报销单，如图 6.6 所示。

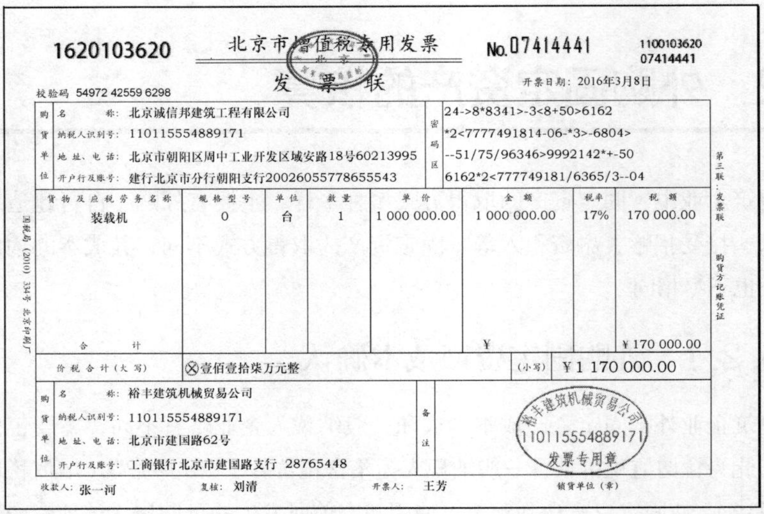

1620103620　北京市增值税专用发票　No.07414441　1100103620 07414441

发　票　联

校验码 54972 42559 6298　开票日期：2016年3月8日

| | | | |
|---|---|---|---|
| 购货单位 | 名称：北京诚信邦建筑工程有限公司<br>纳税人识别号：110115554889171<br>地址、电话：北京市朝阳区周中工业开发区域安路18号60213995<br>开户行及账号：建行北京市分行朝阳支行20026055778655543 | 密码区 | 24->8*8341>-3<8+50>6162<br>*2<7777491814-06-*3>-6804><br>--51/75/96346>9992142*+-50<br>6162*2<777749181/6365/3--04 |

| 货物及应税劳务名称 | 规格型号 | 单位 | 数量 | 单价 | 金额 | 税率 | 税额 |
|---|---|---|---|---|---|---|---|
| 装载机 | 0 | 台 | 1 | 1 000 000.00 | 1 000 000.00 | 17% | 170 000.00 |
| 合计 | | | | | ¥ | | ¥170 000.00 |
| 价税合计（大写） | ⊗壹佰壹拾柒万元整 | | | | （小写） | ¥1 170 000.00 | |

| | | | |
|---|---|---|---|
| 购货单位 | 名称：裕丰建筑机械贸易公司<br>纳税人识别号：110115554889171<br>地址、电话：北京市建国路62号<br>开户行及账号：工商银行北京市建国路支行 28765448 | 备注 | 裕丰建筑机械贸易公司 110115554889171 发票专用章 |

收款人：张一河　复核：刘清　开票人：王芳　销货单位（章）

国税函（2010）334号 北京印刷厂

第三联：发票联 购货方记账凭证

图 6.1　北京市增值税专用发票

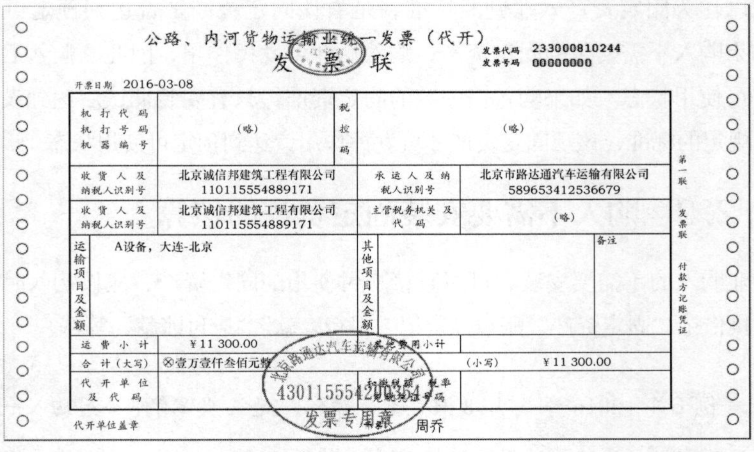

公路、内河货物运输业统一发票（代开）　发票代码 233000810244　发票号码 00000000

发　票　联

开票日期 2016-03-08

| | | | |
|---|---|---|---|
| 机打代码<br>机打号码<br>机器编号 | （略） | 税控码 | （略） |
| 收货人及纳税人识别号 | 北京诚信邦建筑工程有限公司<br>110115554889171 | 承运人及纳税人识别号 | 北京市路达通汽车运输有限公司<br>589653412536679 |
| 收货人及纳税人识别号 | 北京诚信邦建筑工程有限公司<br>110115554889171 | 主管税务机关及代码 | （略） |
| 运输项目及金额 | A设备，大连-北京 | 其他项目及金额 | 备注 |
| 运费小计 | ¥11 300.00 | 其他费用小计 | |
| 合计（大写） | ⊗壹万壹仟叁佰元整 | （小写） | ¥11 300.00 |
| 代开单位及代码 | | 扣缴税额、税率 完税凭证号码 | |

代开单位盖章　周乔

北京路达通汽车运输有限公司 430115554200354 发票专用章

第一联 发票联 付款方记账凭证

图 6.2　运输费统一发票

中国建设银行
转账支票存根
10304431
01556527

附加信息
装载机款

出票日期 2016 年 3 月 8 日
收款人: 裕丰建筑机械贸易公司

金 额: ￥1 170 000.00
用 途: 装载机款

单位主管 周清　　会计 吴江明

图6.3　支票存根—装载机款

中国建设银行
转账支票存根
10304431
01556527

附加信息
装载机运费

出票日期 2016 年 3 月 8 日
收款人: 北京路达通汽车运输有限公司

金 额: ￥5 000.00
用 途: 装载机运费

单位主管 周清　　会计 吴江明

图6.4　支票存根—装载机运费

固定资产验收单

2016年3月8日

| 固定资产名称 | 型号 | 计量单位 | 数量 | 供货单位 | |
|---|---|---|---|---|---|
| 装载机 | | 台 | 1 | 裕丰建筑机械贸易公司 | |
| 总价 | 买价 | 运杂费 | 包装费 | 安装费 | 合计 |
| | 1 170 000 | 5 000 | 1 000 | 2 340 | 108 790 |
| 验收意见 | 合格 | 验收人签章 | 张江 | 使用部门 | 机械部 | 使用人签章 | 王晓 |

图6.5　固定资产验收单

（1）装载机按入账价值，记入固定资产账户中，应做的会计分录如下：

装载机的入账价值=1 000 000+170 000+5 000=1 175 000（元）

借：固定资产　　　　　　　　　　　　　1 175 000

　　贷：银行存款　　　　　　　　　　　　　　　1 175 000

（2）采购人员差旅费，应入管理费用，应做的会计分录如下：

借：管理费用——差旅费　　　　　　　　　2 000

　　贷：库存现金　　　　　　　　　　　　　　　2 000

**旅 费 报 销 单**

2016 年 3 月 8 日

| 报销人姓名 | 李明 | 所在单位 | 北京诚信邦建筑工程有限公司 | | 出差地点 | 裕丰机械公司 | | |
|---|---|---|---|---|---|---|---|---|
| 出差事由 | 采购 | | 出差时间 | | 2015年3月1日至8日 | | | |
| 交 通 费 | | | | | 住宿费 | 补助费 | 其他费用 | 合计 |
| 费用项目 | 火车票 | 飞机票 | 船票 | 汽车票 | | | | |
| 凭证张数 | | | | 4 | 1 | | | |
| 金 额 | | | | 100 | 1 400 | 500 | | 2 000 |
| 原借款项 | | 报销数 | | 2 000 | 补退数 | | | |
| 报销金额 | 人民币（大写）：贰仟元整 | | | | | | | |

报销部门负责人：周红            报销人：李明

图 6.6  差旅费报销单

## 6.2.3  购入需要安装固定资产的核算

企业购入需要安装的固定资产，应在购入的固定资产取得成本的基础上加上安装调试成本等，作为购入固定资产的成本，先通过"在建工程"账户核算，待安装完毕达到预定可使用状态时，再由"在建工程"账户转入"固定资产"账户。

**例 6-2**  2016 年 3 月 10 日，北京诚信邦建筑工程有限公司从大洋公司购入一台需要安装的大型设备，取得增值税普通发票上注明设备价款为 20 万元，增值税为 3.4 万元，款项尚未支付，支付运输费 3 000 元、装卸费 1 000 元，安装过程领用原材料 500 元。3 月 12 日，安装调试后达到预计可使用状态，支付工程师安装费 1 000 元，支付货款 23.4 万元，均采用汇兑结算方式。

（1）购入设备时，（发票略）

借：在建工程——××设备            234 000

　　贷：应付账款——大洋公司            234 000

（2）支付运输费、装卸费时，（发票略）

借：在建工程——××设备            4 000

　　贷：银行存款            4 000

（3）领用材料时，领料单如图 6.7 所示。

借：在建工程——××设备            500

　　贷：原材料——甲材料            500

## 领 料 单

领料单位：机械部　　　　　　　2016年3月10日　　　　　　　第31号

用　途：安装××设备

| 材料编号 | 材料名称 | 规格 | 计量单位 | 数量 | | 单价 | 金额 | 备注 |
|---|---|---|---|---|---|---|---|---|
| | | | | 请领 | 实发 | | | |
| | 甲材料 | | 米 | 100 | 100 | 5 | 500 | |
| | | | | | | | | |
| | | | | | | | | |
| | | | | | | | | |

负债人：李权　　　　　　领取人：周清林　　　　　　保管：马甲

图 6.7　领料单

（4）支付安装费和货款，使用工行电汇至大洋公司账户，工行的电汇申请书回单如图 6.8 所示。

图 6.8　工行的电汇申请书回单

借：在建工程——××设备　　　　　　　1 000

　　应付账款——大洋公司　　　　　　234 000

　　贷：银行存款　　　　　　　　　　　　　235 000

（5）设备安装完毕达到预计可使用状态时，需要相关人员进行固定资产的验收，其固定资产验收单如图 6.9 所示。

设备总成本=234 000+4 000+500+1 000=239 500（元）

固定资产验收单

2016年3月12日

| 固定资产名称 | 型号 | 计量单位 | 数量 | 供货单位 | | |
|---|---|---|---|---|---|---|
| ××设备 | | 台 | 1 | 大洋公司 | | |
| 总价 | 买价 | 运杂费 | 安装费 | 其他费用 | 合计 | |
| | 234 000 | 3 000 | 1 000 | 1 500 | 239 500 | |
| 验收意见 | 合格 | 验收人签单 | 张江 | 使用部门 | 机械部 | 使用人签单 王晓 |

图 6.9　固定资产验收单

借：固定资产——××设备　　　　　　　　　239 500
　　贷：在建工程——××设备　　　　　　　　239 500

# 6.3　自行建造固定资产的核算

固定资产除了外购途径之外，有些固定资产比如不动产房屋建筑物，建筑业企业一般采用自行建造方式。

## 6.3.1　自行建造固定资产成本确认

建筑业自行建造固定资产，应按建造该项资产达到预定可使用状态前所发生的必要支出，作为固定资产的入账价值，"建造该项资产达到预定可使用状态前所发生的必要支出"包括工程用物资、人工成本、交纳的相关费用、应予资本化的借款费用及分摊的间接费用等。自建固定资产应先通过"在建工程"账户核算，工程达到预定可使用状态时，再从"在建工程"账户转入"固定资产"账户。

建筑业自建固定资产，主要有自营和出包两种方式，由于采用的建设方式不同，其会计处理也不同。

## 6.3.2 自营工程的核算

自营工程，是指企业自行组织工程物资采购，自行组织施工人员施工，从事建筑或者安装工程施工。企业自营工程主要通过"工程物资""在建工程"和"固定资产"账户核算。

（1）购入工程物资时，借记"工程物资"账户，贷记"银行存款"等账户。

（2）领用工程物资时，借记"在建工程"账户，贷记"工程物资"账户；工程完工后对领出的剩余工程物资应当办理退库手续，并做相反的会计分录。

（3）在建工程领用本企业经营用原材料时，借记"在建工程"账户，贷记"原材料"等账户。

（4）自营工程发生的其他费用（如分配工程人员工资等），借记"在建工程"账户，贷记"银行存款""应付职工薪酬"等账户。

（5）工程完工达到预定可使用状态时，按其成本，借记"固定资产"账户，贷记"在建工程"账户。

**例 6-3** 2016 年 3 月北京诚信邦建筑工程有限公司以自营方式建造一座仓库，建造过程发生如下相关经济业务：购入一批为工程准备的各种物资 300 000 元，增值税额为 51 000 元，款项已通过银行转账支付。工程领用工程物资 350 000 元（含税）。另外工程还领用经营用 A 材料一批，实际成本为 5 000 元。计算并支付工程人员工资 58 000 元。支付水、电、运输劳务等费用 16 000 元。工程达到预定可使用状态并交付使用，剩余工程物资 4 000 元办理退库一并转入公司存货。

（1）购入为工程准备的物资时，

| | | |
|---|---|---|
| 借：工程物资 | 351 000 | |
| 贷：银行存款 | | 351 000 |

（2）工程领用物资时，

| | | |
|---|---|---|
| 借：在建工程——仓库 | 350 000 | |
| 贷：工程物资 | | 350 000 |

（3）领用库存 A 材料时，

| | | |
|---|---|---|
| 借：在建工程——仓库 | 5 000 | |
| 贷：原材料——A 材料 | | 5 000 |

（4）计算支付工程人员工资时，

| | | |
|---|---|---|
| 借：在建工程——仓库 | 58 000 | |
| 贷：银行存款 | | 58 000 |

（5）支付水、电、运输劳务等费用时，

借：在建工程——仓库    16 000

  贷：银行存款      16 000

（6）剩余工程物资退库时，

借：工程物资      4 000

  贷：在建工程——仓库   4 000

（7）工程达到预定可使用状态并交付使用时，

固定资产的入账成本=350 000+5 000+58 000+16 000-4 000=425 000（元）

借：固定资产——仓库    425 000

  贷：在建工程——仓库    425 000

（8）剩余工程物资转作企业存货，根据入库单，

借：原材料       5 000

  贷：工程物资      5 000

## 6.3.3　出包方式建造固定资产的核算

出包工程是指企业通过招标方式将工程项目发包给建造承包商，由建造承包商施工的建筑工程和安装工程。企业采用出包方式进行的固定资产工程，其工程的具体支出在建造承包单位核算，在这种方式下，"在建工程"账户实际是企业与建造承包商办理工程价款的结算账户，企业支付给建造承包商的工程价款，作为工程成本通过"在建工程"账户核算。

（1）企业应按合理估计的工程进度和合同规定向承包企业结算的进度款、备料款时，借记"在建工程——××工程"账户，贷记"银行存款""预付账款"等账户。

（2）以拨付给建筑承包企业的材料抵做预付备料款时，借记"在建工程——××工程"，贷记"工程物资"。

（3）工程完成时，按合同规定补付的工程款，借记"在建工程"账户，贷记"银行存款"等账户。工程达到预定可使用状态时，按其为该工程支付的总工程款，借记"固定资产"账户，贷记"在建工程"账户。

**例6-4**　北京诚信邦建筑工程有限公司 2014 年 1 月经批准建设新办公楼，2014 年 2 月 1 日，安成公司通过招投标中标，签订建筑承包合同，价款为600 万元；中央空调被丰华电器标上，价款为 200 万元。建造期间发生的有关事项如下。

2014 年 2 月 10 日，该公司按合同约定向安成公司预付 10% 备料款 60 万元。

2014 年 8 月 2 日，建造办公楼的工程进度达到 30%，该公司与安成公司办理工程价款结算 180 万元。该公司抵扣了预付备料款的 50% 后，将余款用银行存款付讫。

2015 年 5 月 3 日，建造办公楼的工程进度达到 60%，该公司与安成公司办理工程价款结算 180 万元。该公司抵扣了预付备料款剩余的 50% 后，将余款用银行存款付讫。

2016 年 3 月 10 日，建筑工程主体已完工，支付剩余 40% 工程价款结算 240 万元，款项已通过银行转账支付。

2016 年 4 月 1 日，丰华电器将中央空调设备运抵现场进行安装。2016 年 5 月 10 日，中央空调安装调试完毕，该公司与丰华电器办理设备安装价款结算 200 万元，款项已通过银行转账支付。

整个工程项目发生管理费、可行性研究费、公证费、监理费共计 30 万元，已用银行存款付讫。

2016 年 6 月 1 日，完成验收，各项指标达到设计要求。假定不考虑其他相关费用。

该公司的账务处理如下。

（1）2014 年 2 月 10 日，使用转账支票预付备料款，支票存根如图 6.10 所示。

中国建设银行
转账支票存根
10304431
01556527

深圳市佳信印制有限公司·2015年印制

附加信息

出票日期　2016 年 3 月 12 日

| | |
|---|---|
| 收 款 人： | 北京安成建筑工程有限公司 |
| 金　　额： | ￥600 000.00 |
| 用　　途： | 预付办公楼备料款 |

单位主管　周清　　会计 吴江明

图 6.10　支票存根—预付备料款

借：预付账款——安成公司　　600 000

　　贷：银行存款　　600 000

（2）2014 年 8 月 2 日，根据发票支付工程价款，单据如图 6.11 和图 6.12 所示。

<table>
<tr><td colspan="8" style="text-align:center">建筑业统一发票（代开）</td></tr>
<tr><td>发票联</td><td colspan="3">发票代码 111000124</td><td colspan="4"></td></tr>
<tr><td>开票日期 2014年8月2日</td><td colspan="3"></td><td colspan="4">发票号码 00026548</td></tr>
<tr><td rowspan="3">机打代码<br>机打号码<br>机器号码</td><td colspan="2">111000124<br>26548<br>1234</td><td>税<br>控<br>码</td><td colspan="4">略</td></tr>
<tr><td>付款方名称</td><td>北京诚信邦建筑工程有限公司</td><td>身份证号/组织机构代码/纳税人识别号</td><td>略</td><td colspan="2">是否为总包人</td><td>否</td></tr>
<tr><td>收款方名称</td><td>甲公司</td><td>身份证号/组织机构代码/纳税人识别号</td><td>略</td><td colspan="2">是否为分包人</td><td>否</td></tr>
<tr><td>工程项目名称</td><td>工程项目编号</td><td colspan="2">结算项目</td><td colspan="2">金额（元）</td><td>完税凭证号码（代扣代缴税款）</td></tr>
<tr><td>办公楼</td><td>1254</td><td colspan="2">工程款</td><td colspan="2">1 800 000</td><td></td></tr>
<tr><td colspan="4">合计金额（元）（大写⊗ 壹佰捌拾万元整</td><td colspan="4">￥1800000.00</td></tr>
<tr><td rowspan="2">税率、税额</td><td colspan="2">3%、0.36%、0.03%、2%</td><td rowspan="2">完税凭证号码</td><td colspan="2" rowspan="2">36542</td><td rowspan="2">主管税务机关及代码</td><td rowspan="2">11011 5554889171</td></tr>
<tr><td colspan="2">97020</td></tr>
<tr><td colspan="8">备注：</td></tr>
<tr><td colspan="2">开票人：张宇</td><td colspan="3">开票单位签章：</td><td colspan="3">收款方签章： 发票专用章</td></tr>
</table>

图 6.11 建筑业统一发票

图 6.12 存根支票—办公楼工程款

借：在建工程——办公楼                                    1 800 000

    贷：银行存款                                             1 500 000

            预付账款——安成公司                         300 000

（3）2015 年 5 月 3 日，支付工程价款，单据（略）。会计分录如下：

借：在建工程——办公楼　　　　　　　1 800 000

　　贷：银行存款　　　　　　　　　　　1 500 000

　　　　预付账款——安成公司　　　　　 300 000

（4）2016 年 3 月 10 日，支付建筑工程价款，单据如图 6.13 和图 6.14 所示。

### 建筑业统一发票（代开）

| 发票联 | | 发票代码 111001198 | | | |
|---|---|---|---|---|---|
| 开票日期 2016 年 3 月 10 日 | | | 发票号码 0012547 | | |

| 机打代码 | 111000124 | 税 | 略 | | |
|---|---|---|---|---|---|
| 机打号码 | 26548 | 控 | | | |
| 机器号码 | 1234 | 码 | | | |

| 付款方名称 | 北京诚信邦建筑工程有限公司 | 身份证号/组织机构代码/纳税人识别号 | 略 | 是否为总包人 | 否 |
|---|---|---|---|---|---|
| 收款方名称 | 甲公司 | 身份证号/组织机构代码/纳税人识别号 | 略 | 是否为分包人 | 否 |

| 工程项目名称 | 工程项目编号 | 结算项目 | 金额（元） | 完税凭证号码（代扣代缴税款） |
|---|---|---|---|---|
| 办公楼 | 1254 | 工程款 | 2 400 000 | |

| 合计金额（元）（大写）⊗ 贰佰肆拾万元整 | | | ￥2400000.00 |
|---|---|---|---|

| 税率、税额 | 3%、0.36%、0.03%、2% | 完税凭证号码 | 41265 | 主管税务机关及代码 | 110115554889171 |
|---|---|---|---|---|---|
| | 129360 | | | | |

备注：

开票人：张宇　　　开票单位签章　　　收款方签章

图 6.13　建筑工程款发票

图 6.14　支票存根—办公楼工程楼

借：在建工程——办公楼　　　　　　　　　　2 400 000

贷：银行存款　　　　　　　　　　　　　　2 400 000

（5）2016 年 5 月 10 日，支付丰华电器中央空调工程价款，单据如图 6.15 和图 6.16 所示。

**说明：** 国税发〔2005〕第 173 号规定：凡以房屋为载体，不可随意移动的附属设备和配套设施，如给排水、采暖、消防、中央空调、电气及智能化楼宇设备等，无论在会计核算中是否单独记账与核算，都应计入房产原值，计征房产税）。

图 6.15　中央空调工程款发票

图 6.16　支票存根—支付空调款

借：在建工程——办公楼                          2 000 000

    贷：银行存款                              2 000 000

（6）支付工程项目发生管理费、可行性研究费、公证费、监理费时：

借：在建工程——办公楼                          300 000

    贷：银行存款                              300 000

（7）固定资产完工后，应由相关部门及负责人进行工程验收，然后才可以投入使用，单据如图 6.17 所示。

**固定资产验收单**

2016年6月1日

| 固定资产名称 | 型号 | | 计量单位 | 数量 | 供货单位 | | |
|---|---|---|---|---|---|---|---|
| 办公楼 | | | 平方米 | 2 000 | 自行建造（安成公司承建） | | |
| 总价 | 买价 | | 运杂费 | 安装费 | 其他费用 | 合计 | |
| | | | | | | ￥8 300 000.00 | |
| 验收意见 | 合格 | 验收人签单 | 张江 | | 使用部门 | 总部 | 使用人签单 |

图 6.17　固定资产验收单

借：固定资产——办公楼                        8 300 000

    贷：在建工程——办公楼                    8 300 000

# 6.4　临时设施的核算

临时设施是指建筑业企业为保证施工和管理的进行而建造的各种简易设施，包括现场的临时作业棚、办公室、休息室、厕所、材料库、机具棚、化灰池、储水池、沥青锅灶等设施；临时道路、围墙；临时给排水、供电、供热等管线；临时性简易周转房，以及现场临时搭建的职工宿舍、食堂、浴室、医务室、理发室、托儿所等临时福利设施。

## 6.4.1　临时设施的特点

具有以下特点的资产作为临时设施核算：

（1）建筑施工现场的临时设施一般由施工企业自行搭建；

（2）临时设施的性质与固定资产既相似又有区别。

临时设施虽然其实物形态基本上与作为固定资产的房屋、建筑物相类似，但由于其建造标准较低，一般为临时性的建筑物，不可能长时间使用，多数在主工程竣工后就需将其拆除清理、恢复原有地貌。因此临时设施的价值只能是参照固定资产计提折旧的方式采用一定的摊销方法分别计入受益的工程成本。

## 6.4.2　临时设施的账户设置

考虑到临时设施的特殊性，在会计核算上，建筑企业应将临时设施单独核算，专门设置"临时设施""临时设施摊销""临时设施清理"科目核算临时设施的成本、摊销额和清理情况。

（1）"临时设施"属于资产类科目，用来核算施工企业为保证施工和管理的正常进行而购建的各种临时设施的实际成本。其借方登记企业购置或搭建各种临时设施的实际成本；贷方登记企业出售、拆除、报废不需要或不能继续使用的临时设施的实际成本；期末借方余额反映企业在用临时设施的账面实际成本。本科目应按临时设施的种类和使用部门设置明细账，进行明细分类核算。

（2）"临时设施摊销"科目属于资产类科目，是"临时设施"科目的备抵调整科目，用来核算企业各种临时设施在使用过程发生的价值损耗，即临时设施成本的摊销情况。其贷方登记企业按月计提摊入工程成本的临时设施摊销额；借方登记企业出售、拆除、报废、毁损和盘亏临时设施的已提摊销额；本科目期末为贷方余额，反映施工企业临时设施累计摊销额。本科目只进行总分类核算，不进行明细分类核算。需要查明临时设施的累计摊销额，可以根据临时设施卡片上所记载的该项临时设施的原价、摊销率和实际使用年限等资料进行计算。

（3）"临时设施清理"科目属于资产类科目，用来核算企业因出售、拆除、报废和毁损等原因而转入清理的临时设施账面价值以及发生的清理费用和取得的清理收入。其借方登记出售、拆除、报废和毁损临时设施的账面价值以及发生的清理费用；贷方登记收回出售临时设施的价款和清理过程中取得的残料价值或变价收入；期末如为借方余额，反映临时设施清理后的净损失，如为贷方余额，则反映临时设施清理后的净收益。临时设施清理工作结束后，应将净损失或净收益分别转入"营业外支出"和"营业外收入"科目，结转后，本科目应无余额。本科目应按被清理的临时设施名称设置明细账，进行核算。

## 6.4.3　临时设施的摊销方法

根据临时设施的特点和使用期限以及使用者的使用方法不同，采用不同的方法进行摊销，主要有以下几种。

### 1．工期法

工期法就是将临时设施的成本按照工期平均分摊到各期的一种方法，其原理与固定资产折旧的平均年限法相同。计算公式如下：

临时设施月摊销额=临时设施成本×（1-预计净残值率）/预计使用月数

### 2．工作量法

工作量法就是根据实际工作量计算每期摊销额的一种方法，它主要是考虑了临时设施的使用强度。计算公式如下：

每一工作量摊销额=临时设施成本×（1-预计净残值率）/预计总工作量

临时设施月摊销额=临时设施当月实际工作量×每一工作量摊销额

施工企业的各种临时设施应当在工程建设期间内按月进行摊销，摊销方法可采用工作量法，也可按工期法，但一般按工期法。当月增加的临时设施，当月不摊销，从下月起开始摊销；当月减少的临时设施，当月继续摊销，从下月起停止摊销。

### 3．一次摊销法

在实际工作中，对于价值相对较低的临时设施，也可采用一次摊销法，就是直接将临时设施的成本一次性全部计入受益的工程成本。如果临时设施为两个以上的工程成本核算对象服务，就按一定的分配标准，将其价值在受益的各个工程成本核算对象之间进行分配。

## 6.4.4 临时设施的初始核算

建筑施工企业购置的临时设施所支付的各项实际成本可直接计入"临时设施"科目。对于通过建筑安装才能完成的临时设施，发生的各有关费用，先通过"在建工程"科目核算，工程达到预定可使用状态时，再从"在建工程"科目转入"临时设施"科目。

例 6-5 2016 年 4 月，北京诚信邦建筑工程有限公司的花园小区工程准备开工，在花园小区施工现场搭建临时办公房，领用库存空心砖 5 000 块，金额 30 000 元，铝合金窗户 3 个，金额 900 元，水泥 100 袋，金额 1 000 元，铝合金门一个，金额 300 元，钢筋 1 吨，金额 3 500 元，应付搭建人员的工资为 7 000 元，以银行存款支付的其他费用为 5 120 元。临时设施完工，交付使用。其账务处理如下。

（1）搭建时领用材料，

借：在建工程——办公房　　　　　　　35 700

　　贷：原材料——空心砖　　　　　　　　　30 000

　　　　　——铝合金窗户　　　　　　　　　900

　　　　　——水泥　　　　　　　　　　　1 000

　　　　　——铝合金门　　　　　　　　　　300

　　　　　——钢筋　　　　　　　　　　　3 500

（2）应付搭建人员工资，

借：在建工程——办公房　　　　　　　　7 000

　　贷：应付职工薪酬——工资　　　　　　　7 000

（3）支付其他费用，

借：在建工程——办公房　　　　　　　　5 120

　　贷：银行存款　　　　　　　　　　　　5 120

（4）交付使用时，

借：临时设施——办公房　　　　　　　47 820

　　贷：在建工程——办公房　　　　　　　47 820

## 6.4.5　临时设施摊销的核算

工程施工单位所建造的各种临时设施，其使用期一般和为之服务的工程建设期相同，因而应将搭建临时设施所发生的实际支出，根据其服务期限和服务对象合理确定分摊方法，按期计提摊销额，分配计入到受益工程的成本中去。各期摊销时，先按应摊销的临时设施额借记"工程施工——合同成本（临时设施摊销）"，贷记"临时设施摊销"。

例 6-6　假设【例 6-5】中临时设施办公房预计净残值率为 5%，预计工程的受益期为 20 个月。

（1）计算临时设施办公房的月摊销额，

　　　临时办公房月摊销额=47 820×（1-5%）÷20=2 271.45（元）

（2）按月计提摊销额时，

借：工程施工——合同成本（临时设施摊销）　2 271.45

　　贷：临时设施摊销　　　　　　　　　　2 271.45

以后各月摊销分录相同。

### 6.4.6　临时设施拆除和报废的核算

拆除、报废不需用或不能继续使用的临时设施，可通过"临时设施清理"核算。清理时，将临时设施的账面价值记入"临时设施清理"的借方，将已提摊销额记入"临时设施摊销"的借方，同时将临时设施的账面原价记入"临时设施"账户的贷方；发生的变价收入和收回的残料价值，记入"银行存款""原材料"等账户的借方，以及"应付职工薪酬"等账户的贷方。清理后的净损益，借记"营业外支出"或贷记"营业外收入"账户，以及贷记或借记"临时设施清理"账户。

**例 6-7**　接【例 6-6】办公房由于建筑主工程竣工，不再继续使用而进行拆除，已提 19 个月摊销额，拆除时发生人工费 1 000 元，残料出售收到现金 800 元。

（1）注销办公房的成本和已提摊销额，

借：临时设施清理　　　　　　　　　　　4 662.45

　　临时设施摊销　　　　　　　　　　　43 157.55

　　贷：临时设施　　　　　　　　　　　47 820

（2）拆除办公房的人工费，

借：临时设施清理　　　　　　　　　　　1 000

　　贷：应付职工薪酬——工资　　　　　1 000

（3）残料变价收入，

借：库存现金　　　　　　　　　　　　　800

　　贷：临时设施清理　　　　　　　　　800

（4）结转清理净损失，

借：营业外支出　　　　　　　　　　　　4 862.45

　　贷：临时设施清理　　　　　　　　　4 862.45

# 6.5　固定资产折旧的核算

固定资产使用过程中会发生损耗，这些损耗包括有形损耗和无形损耗。固定资产的损耗最终会导致固定资产报废或停止使用，根据双责发生制，固定资产的价值应该在使用期限内系统地分摊。实际操作上，这种分摊是通过计提折旧的方式进行的。

## 6.5.1　固定资产折旧的相关概念

固定资产折旧是指在固定资产的使用寿命内，按确定的方法对应计折旧额进行的系统分摊。

（1）使用寿命是指固定资产预期使用的期限。有些固定资产的使用寿命也可以用该资产所能生产的产品或提供的服务的数量来表示。

（2）应计折旧额是指应计提折旧的固定资产的原价扣除其预计净残值后的余额；如已对固定资产计提减值准备，还应扣除已计提的固定资产减值准备累计金额。

（3）预计净残值是指假定固定资产预计使用寿命已满并处于使用寿命终了时的预期状态，建筑业企业目前从该项资产处置中获得的扣除预计处置费用后的金额。固定资产的残值和清理费用均是人为预计的，难以准确计算。

## 6.5.2　需要计提折旧的固定资产范围

固定资产折旧计算的正确与否直接关系着所得税的计算，要想正确计算固定资产折旧，首先要明确哪些固定资产需要计提折旧。

### 1．空间范围

除下列情况外，企业应对所有的固定资产计提折旧。

（1）已提足折旧仍继续使用的固定资产。所谓提足折旧是指已经提足该项固定资产的应计折旧额。

（2）按规定单独估价作为固定资产入账的土地。

### 2．时间范围

固定资产应当按月计提折旧，当月增加的固定资产，当月不计提折旧，从下月起计提折旧；当月减少的固定资产，当月仍计提折旧，从下月起停止计提折旧。

固定资产提足折旧后，不论能否继续使用，均不再计提折旧；提前报废的固定资产也不再补提折旧。

已达到预定可使用状态但尚未办理竣工决算的固定资产，应当按照估计价值确定其成本，并计提折旧；待办理竣工决算后再按实际成本调整原来的暂估价值，但不需要调整原已计提的折旧额。

以融资租赁方式租入的固定资产和以经营租赁方式租出的固定资产，应当计提折旧；处于大修理停用和季节性停工的固定资产需计提折旧；改、扩建过程中的固定资产转入在建工程核算期间，不提折旧。

# 6.5.3 折旧的计算方法

建筑业可选用的折旧方法有年限平均法、工作量法、双倍余额递减法和年数总和法等。固定资产的折旧方法一经确定，不得随意变更，如需变更，应当在会计报表附注中予以说明。

## 1．年限平均法

年限平均法又称直线法，是指将固定资产的应计折旧额平均地分摊到固定资产预计使用寿命内的一种方法。其特点是采用这种方法计算的每期折旧额均相等，适用于在各个会计期间使用程度比较均衡的固定资产，其计算公式如下：

年折旧额=（固定资产原值-预计净残值）/预计使用年限

或　　　　　　=固定资产原值×（1-预计净残值率）/预计使用年限

或　　　　　　=固定资产原值×年折旧率

其中：

预计净残值率=预计净残值额/固定资产原价×100%

年折旧率=固定资产年折旧额/固定资产原值×100%

或　　　　　　=（1-预计净残值率）/预计使用年限×100%

月折旧额=年折旧额/12

例 6-8　北京诚信邦建筑工程有限公司有办公楼一幢，原始价值为800 000 元，预计使用年限为 20 年，预计净残值率为 5%，该厂房的年折旧额、年折旧率、月折旧率、月折旧额的计算如下：

年折旧额=800 000×（1-5%）/20=38 000（元）

月折旧额=38 000/12≈3167（元）

最后一个月折旧额=800 000×（1-5%）-3 167×（19×12+11）=3 087（元）

## 2．工作量法

工作量法，是根据固定资产在使用期间完成的总的工作量平均计算折旧的一种方法。工作量法和年限平均法都是平均计算折旧的方法，都属于直线法，其基本计算公式为：

单位工作量折旧额=固定资产原值×（1-预计将残值率）/预计总工作量

某项固定资产月折旧额=该项固定资产当月实际完成工作量×单位工作量折旧额

在会计实务中，工作量法计提折旧大致有以下 3 种方式：

（1）按照工作小时计算折旧；

（2）按照行驶里程计算折旧；

（3）按台班计算折旧。

例 6-9 2016 年 5 月，北京诚信邦建筑工程有限公司购置一台设备，该项设备原值为 120 000 元，预计净残值 5 700 元，预计使用 100 000 小时，6 月实际使用 10 000 小时。

每小时折旧额=（120 000-5 700）/100 000=1.143（元/时）

6 月折旧额=1.143×10 000=11 430（元）

例 6-10 2016 年 6 元，北京诚信邦建筑工程有限公司的一辆运货汽车，原始价值 100 000 元，预计可行驶 50 万千米，预计净残值率为 5%，本月行驶 2 000 千米。该辆汽车的本月折旧额计算如下：

单位里程折旧额=100 000×（1-5%）/500 000=0.19（元/千米）

本月折旧额=2 000×0.19=380（元）

例 6-11 2016 年 6 月，北京诚信邦建筑工程有限公司的一台吊装机械，它的原值为 1 080 000 元，预计净残值率为 5%，估计折旧年限内工作 5 000 台班，本月实际工作 30 个台班，则：

台班折旧额=1 080 000×（1-5%）/5 000 =205.20（元/台班）

本月折旧额=206.20×30=6 156.00（元）

工作量法一般适用于价值较高的大型机器设备以及运输设备等固定资产的折旧计算。这些固定资产的价值较高，各月的工作量一般不很均衡，采用年限平均法计提折旧，会使各月成本费用的负担不够合理。

### 3．双倍余额递减法

双倍余额递减法是加速折旧法的一种，是指在不考虑固定资产预计净残值的情况下，根据双倍的直线法折旧率乘以每个会计期间期初固定资产的净值计算折旧额的一种方法，其计算公式如下：

年折旧率=2/预计使用年限×100%

月折旧率=年折旧率/12

月折旧额=每月月初固定资产账面净值×月折旧率

应用双倍余额递减法计算折旧额时，折旧计算没有考虑预计净残值，因此在计算固定资产折旧额时，为了不使固定资产的账面净值降低到它的预计净残值以下，在其折旧年限到期的前两年内，将固定资产净值扣除预计净残值后的余额在两年内平均摊销，即最后两年改为年限平均法。

例 6-12　北京诚信邦建筑工程有限公司现有机器设备一台，原价为 40 000 元，预计使用寿命为 5 年，预计净残值率为 5%。经公司决定采用双倍余额递减法计提折旧，则每年折旧额计算如下：

年折旧率=2/5×100%=40%

第一年应提的折旧额=40 000×40%=16 000（元）

第二年应提的折旧额=（40 000-16 000）×40%=9 60C（元）

第三年应提的折旧额=（40 000-16 000-9 600）×40%=5 760（元）

第四年应提的折旧额=（40 000-16 000-9 600-5 760-40 000×5%）÷2=3 320（元）

第五年应提的折旧额=（40 000-16 000-9 600-5 760-40 000×5%）÷2=3 320（元）

综合的双倍余额递减法的折旧计算表，如图 6.18 所示。

折旧计算表（双倍余额递减法）单位：元

| 年次 | 年初账面净值 | 折旧率 | 折旧额 | 累计折旧额 | 期末账面净值 |
|------|------------|--------|--------|-----------|------------|
| 0 | | | | | 40 000 |
| 1 | 40 000 | 40% | 16 000 | 16 000 | 24 000 |
| 2 | 24 000 | 40% | 9 600 | 25 600 | 14 400 |
| 3 | 14 400 | 40% | 5 760 | 31 360 | 8 640 |
| 4 | 8 640 | — | 3 320 | 34 680 | 5 320 |
| 5 | 5 320 | — | 3 320 | 38 000 | 2 000 |

图 6.18　双倍余额递减法的折旧计算表

## 4. 年数总和法

年数总和法，又称年限合计法，也是加速折旧法的一种，是指将固定资产的原值减去预计净残值后的净额，乘以一个逐年递减的分数为折旧率计算各年的折旧额的一种折旧方法。其计算公式如下：

$$年折旧率=尚可使用年限/预计使用年数总和×100\%$$

或

$$=\frac{预计使用年限-已使用年限}{预计使用年数×（预计使用年数+1）÷2}×100\%$$

$$月折旧率=年折旧率÷12$$

$$月折旧额=（固定资产原价-预计净残值）×月折旧率$$

例 6-13　依据【例 6-12】，采用年数总和法计算的各年折旧额，年数总和法的折旧计算表，如图 6.19 所示。

折旧计算表（年数总和法）单位：元

| 年度 | 原价－净残值 | 年折旧率 | 每年折旧额 | 累计折旧 | 期末账面余额 |
|---|---|---|---|---|---|
| 0 | | | | | 40 000.00 |
| 1 | 38 000 | 5月15日 | 12 666.67 | 12 666.67 | 27 333.33 |
| 2 | 38 000 | 4月15日 | 10 133.33 | 22 800.00 | 17 200.00 |
| 3 | 38 000 | 3月15日 | 7 600.00 | 30 400.00 | 9 600.00 |
| 4 | 38 000 | 2月15日 | 5 066.67 | 35 466.67 | 4 533.33 |
| 5 | 38 000 | 1月15日 | 2 533.33 | 38 000.00 | 2 000.00 |

图 6.19  年数总和法的折旧计算表

## 6.5.4  计提折旧的核算

建筑企业固定资产应当按月计提折旧，计提的折旧应通过"累计折旧"账户核算，并根据用途计入相关资产的成本或者当期损益。其中用于工程施工上的机器等折旧，计提时计入"工程施工"科目，借"工程施工"，贷"累计折旧"；不是用于施工上的设备折旧，如果是经营租出的计入"其他业务成本"，如果是企业自行建造固定资产过程中使用的计入"在建工程"成本，其余的归入到"管理费用"中去。

例 6-14  北京诚信邦建筑工程有限公司 2016 年 5 月的固定资产折旧汇总计算表，如图 6.20 所示。

固定资产折旧计算汇总表

2016年5月　　　　　　　　　　　　　　　　　　　　　单位：元

| 使用部门 | 上月计提折旧额 | 加：上月增加固定资产应计提折旧额 | 减：上月减少固定资产应计提折旧额 | 本月应计提折旧额 |
|---|---|---|---|---|
| A工程 | 27 150 | 2 850 | | 30 000 |
| B工程 | 22 350 | | 650 | 21 700 |
| C工程 | 13 000 | | | 13 000 |
| 工程合计 | 62 500 | 2 850 | 650 | 64 700 |
| 行政管理部门 | 8 620 | 350 | 500 | 8 470 |
| 出租固定资产 | 1 500 | | | 1 500 |
| 合计 | 72 620 | 3 200 | 1 150 | 74 670 |

图 6.20  固定资产折旧计算汇总表

根据上表，编制会计分录如下。

借：工程施工——A 工程      30 000

    ——B 工程      21 700

    ——C 工程      13 000

  管理费用        8 470

  其他业务成本      1 500

 贷：累计折旧         74 670

# 6.6　固定资产处置的核算

固定资产处置包括固定资产的出售、转让、报废或毁损、对外投资、非货币性资产交换、债务重组等。处于处置状态的固定资产不再用于生产商品、提供劳务、出租或经营管理，因此不再符合固定资产的定义，应予以终止确认。

## 6.6.1　投资转出的固定资产的核算

投资转出的固定资产，按转出固定资产的账面价值加上应支付的相关税费，借记"长期股权投资"科目，按投出固定资产已提折旧，借记"累计折旧"科目，按该项固定资产已计提的减值准备，借记"固定资产减值准备"科目，按投出固定资产的账面原价，贷记"固定资产"科目，按应支付的相关税费，贷记"银行存款""应交税费"等科目。

例6-15　2016 年 7 月，北京诚信邦建筑工程有限公司将一台机器设备对外投资，其账面原价为 25 500 元，已提折旧 5 000 元，已提减值准备 2 000 元。投资转出固定资产发生运杂费 1 000 元，用银行存款支付。编制会计分录如下：

借：长期股权投资       19 500

  累计折旧        5 000

  固定资产减值准备     2 000

 贷：固定资产         25 500

   银行存款        1 000

## 6.6.2　出售、报废、毁损固定资产的核算

建筑业企业在固定资产使用过程中，可能将不适用或者不需用的固定资产对

外出售转让，或因磨损、技术进步等原因报废，或因遭受自然灾害而毁损。对此企业应按规定程序办理有关手续，转出固定资产的账面价值，计算有关的清理收入、清理费用、税金及残料价值等，将处置收入扣除账面价值和相关税费后的金额计入当期损益。固定资产处置一般通过"固定资产清理"科目进行核算。

建筑业企业因出售、报废或毁损等处置固定资产，其会计处理一般经过以下几个步骤：

（1）固定资产转入清理。固定资产转入清理时，按固定资产账面净值，借记"固定资产清理"科目，按已计提的累计折旧，借记"累计折旧"科目，按已计提的减值准备，借记"固定资产减值准备"科目，按固定资产账面原值，贷记"固定资产"科目。

（2）发生的清理费用、税金等。固定资产清理过程中发生的有关费用以及应支付的相关税费，借记"固定资产清理"账户，贷记"银行存款""应交税费"等账户。

（3）出售固定资产的价款、残料价值和变价收入等，应冲减清理支出。借记"银行存款""原材料"等账户，贷记"固定资产清理"账户。

（4）保险赔偿等的处理。建筑业企业计算或收到的应由保险公司或过失人赔偿的损失，应冲减清理支出，借记"其他应收款""银行存款"等账户，贷记"固定资产清理"账户。

（5）清理净损益的处理。固定资产清理完成后的净损失，属于经营期间正常的处理损失，借记"营业外支出——处置非流动资产损失"账户，贷记"固定资产清理"账户；属于经营期间由于自然灾害等非正常原因造成的，借记"营业外支出——非常损失"账户，贷记"固定资产清理"账户；固定资产清理完成后的净收益，借记"固定资产清理"账户，贷记"营业外收入——处置非流动资产利得"账户。

**例 6-16** 2016 年 7 月 15 日，北京诚信邦建筑工程有限公司出售一幢临街办公楼，原价 4 000 000 元，已提折旧 2 100 000 元，收到出售办公楼价款为 3 000 000 元，7 月 20 日用银行存款支付清理费 8 000 元，适用营业税税率为 5%。

（1）7 月 15 日将办公楼转入清理，

| | |
|---|---|
| 借：固定资产清理 | 1 900 000 |
| 累计折旧 | 2 100 000 |
| 贷：固定资产 | 4 000 000 |

（2）7 月 15 日收到售楼价款，

| | |
|---|---|
| 借：银行存款 | 3 000 000 |

　　　　　贷：固定资产清理　　　　　　　　　　3 000 000

（3）7 月 15 日计算应缴纳的营业税，

　　　　　　应交营业税额=3 000 000×5%=150 000（元）

借：固定资产清理　　　　　　　　　　150 000

　　　　贷：应交税费——应交营业税　　　　　　150 000

（4）7 月 20 日支付清理费用，

借：固定资产清理　　　　　　　　　　8 000

　　　　贷：银行存款　　　　　　　　　　　　　8 000

（5）7 月 20 日结转出售办公楼净收益，

　　　　净收益=3 000 000-1 900 000-8 000-150 000=942 000（元）

借：固定资产清理　　　　　　　　　　942 000

　　　　贷：营业外收入——处置非流动资产利得　942 000

**例 6-17**　2016 年 7 月 18 日，北京诚信邦建筑工程有限公司的一座旧仓库，已使用 54 年，因年久失修不能再继续使用。该仓库原值 100 000 元，已提折旧 95 000 元，经批准报废。7 月 21 日以库存现金支付拆除费 20 000 元，7 月 22 日收到出售残值取得变价收入 5 430 元，款已存银行。

（1）7 月 18 日仓库转入清理，填写固定资产报废申请单，如图 6.21 所示。

### 固定资产报废申请单

| 申报单位 | 北京诚信邦建筑工程有限公司 | 申请日期 | 2016.7.18 |
|---|---|---|---|
| 资产编号 | | 资产名称 | 仓库 |
| 规格型号 | | 已使用年限 | 54 |
| 资产原值 | 100 000 | 数量 | 400平方米 |
| 报废原因：已达使用年限，不能再继续使用 | | | |
| 填报部门：×项目部　填报人：李敏　负责人：李权　2016年7月13日 | | | |
| 鉴定专家小组（不少于三人）意见： | | | |
| 鉴定人：年月日 | | | |
| 审批部门意见 | 同意报废<br>签名：董贤李 | 经办人 | 马甲 |

图 6.21　固定资产报废申请单

借：固定资产清理　　　　　　　　　　5 000

　　累计折旧　　　　　　　　　　　　95 000

　　　　贷：固定资产　　　　　　　　　　　　100 000

（2）7月21日支付仓库清理费用，

借：固定资产清理                      20 000

    贷：库存现金                       20 000

（3）7月22日收到仓库残值变价收入，

借：银行存款                        5 430

    贷：固定资产清理                  5 430

（4）7月22日结转仓库清理净损失：

借：营业外支出——处置非流动资产损失     19 570

    贷：固定资产清理                  19 570

# 6.7 固定资产的清查

固定资产作为建筑业企业一种单位价值较高、使用期限较长的有形资产，企业应当定期或者至少于每年年末对固定资产进行清查盘点，以保证固定资产核算的真实性和完整性，以便保证建筑业企业对现有固定资产的充分利用。在固定资产清查过程中，如果发现盘盈、盘亏的固定资产，应填制"固定资产盘盈盘亏报告表"，及时查明盈亏原因，并在期末结账前处理完毕。

## 6.7.1 盘盈固定资产的核算

建筑业企业在财产清查中盘盈的固定资产，作为前期差错处理。盘盈的固定资产按重置成本计价，通过"以前年度损益调整"账户核算，结转完毕后"以前年度损益调整"账户余额为零。

**例 6-18** 北京诚信邦建筑工程有限公司于 2016 年 12 月 31 日对固定资产进行清查中，发现有账外挖掘机一台，重置成本为 1 000 000 元，假设该建筑公司适用所得税税率为 25%，按净利润的 10% 计提法定盈余公积。

12 月 31 日盘盈固定资产的相关账务处理如下。

（1）盘盈挖掘机时，按重置成本，

借：固定资产——挖掘机              1 000 000

    贷：以前年度损益调整            1 000 000

（2）计算应交纳的所得税，

借：以前年度损益调整                 250 000

　　　　贷：应交税费——应交所得税　　　　　　250 000

（3）补提盈余公积，

　　借：以前年度损益调整　　　　　　　　　　75 000

　　　　贷：盈余公积——法定盈余公积　　　　　75 000

（4）将以前年度损益转入未分配利润，

　　借：以前年度损益调整　　　　　　　　　　67 500

　　　　贷：利润分配——未分配利润　　　　　　67 500

## 6.7.2　盘亏固定资产的核算

　　建筑业企业在财产清查中盘亏的固定资产，通过"待处理财产损溢"账户核算。

　　发生盘亏时，按盘亏固定资产的账面价值，借记"待处理财产损溢——待处理固定资产损溢"账户，按已经计提的累计折旧，借记"累计折旧"账户，按已经计提的减值准备，借记"固定资产减值准备"账户，按固定资产的原值，贷记"固定资产"账户；按管理权限报经批准处理后，按可收回的保险赔偿金和过失人赔偿金额，借记"其他应收款"账户，按应计入损失的金额，借记"营业外支出——盘亏损失"账户，贷记"待处理财产损溢——待处理固定资产损溢"账户。

　　例 6-19　北京诚信邦建筑工程有限公司于 2016 年 12 月 31 日对固定资产进行清查中，发现短缺一台笔记本电脑，原价为 5 600 元，已计提折旧 600 元，盘亏电脑经批准由电脑使用者张明负责赔偿 2 000 元，其余转作公司损失。

　　12 月 31 日盘亏固定资产的相关账务处理如下。

（1）盘亏固定资产，

　　借：待处理财产损溢——待处理固定资产损溢　5 000

　　　　累计折旧　　　　　　　　　　　　　　　600

　　　　贷：固定资产——笔记本电脑　　　　　　5 600

（2）报经批准，

　　借：其他应收款——张明　　　　　　　　　　2 000

　　　　营业外支出——固定资产盘亏损失　　　　3 000

　　　　贷：待处理财产损溢——待处理固定资产损溢　5 000

## 实战训练

【训练一】　　　　　　　　复习思考题

1. 建筑施工企业中，什么是固定资产，主要有几类？

2. 固定资产的入账价值如何确认？

3. 固定资产的折旧有哪些基本方法？

4. 临时设施的基本特点是什么？

5. 什么是固定资产的盘盈和盘亏？

【训练二】　　　　　　外购需要安装的固定资产核算

诚信邦公司 2016 年 12 月购入一台需安装设备，增值税专用发票上注明的设备价款为 70 000 元，增值税税率为 17%，发生运杂费为 1 000 元，支付安装人员工资 5 000 元，安装工程领用生产用材料 2 000 元，购入该材料时已付增值税进项税款 340 元，全部款项已用银行存款支付。该设备当月安装完毕，交付使用。该设备预计净残值 6 000 元，预计使用年限为 5 年。

要求：

1. 计算该设备的入账价值，并编制相关会计分录；

2. 分别采用双倍余额递减法、年数总和法计算该设备各年应提折旧额。

【训练三】　　　　　　自建固定资产的核算

企业自建办公楼一幢，领用工程物资 202 000 元，支付工程人员工资薪酬 60 000 元，为工程借款而发生的利息 30 000 元，办公楼现已达到预定可使用状态，并交付使用。

要求：根据以上内容，编制相应的会计分录。

【训练四】　　　　　　临时设施的核算

2016 年 6 月，A 房地产公司取得某市一宗土地使用权后进入立项开发，先期投入建造的临时设施包括有项目基建用房 1 000m² 建造成本 120 万元，售楼部 2 000m²，建造成本 340 万元，样板间 200m² 建造成本 50 万元。

要求：请分析基建用房、售楼部和样板间的会计处理，编制相应的会计分录。

# 第7章 建筑施工企业无形资产及其他资产的核算

提到无形资产，我们首先想到的就是专利，建筑企业的一些专利就是建筑企业的无形资产。我们也常会碰到一些人问：建筑施工企业的资质属于无形资产吗？

根据《行政许可法》第 9 条规定，建筑业企业资质是准许特定的企业从事符合法定条件的活动，其主体和对象不可分离，是不能作为无形资产评估后进行买卖和转让的。所以我们在实际操作时要分清楚什么是真正的无形资产。

# 7.1 建筑施工企业无形资产的核算

建筑业企业在经营过程中，可能会使用某些专利，也可能自行研究改进自己设备的技术，也有可能购买土地作为办公场地，这些专利权、非专利技术、土地使用权等属于无形资产，公司应作为无形资产核算。

## 7.1.1 无形资产的概念及特征

无形资产，是指企业拥有或者控制的没有实物形态的可辨认非货币性资产。相对于其他资产，无形资产具有以下特征：

### 1．无形资产不具有实物形态

无形资产通常表现为某种权利、某项技术，它们不具有实物形态，例如，土地使用权、非专利技术等。无形资产往往通过自身所具有的技术等优势为企业带来未来经济利益。但某些无形资产的存在有赖于实物载体。比如，计算机软件需要存储在磁盘中，但这并不改变无形资产本身不具实物形态的特性。在确定一项包含无形和有形要素的资产是属于固定资产，还是属于无形资产时，需要通过判断来加以确定，通常以哪个要素更重要作为判断的依据。

例如，计算机控制的机械工具没有特定计算机软件就不能运行时，说明该软件是构成相关硬件不可缺少的组成部分，该软件应作为固定资产处理；如果计算

139

机软件不是相关硬件不可缺少的组成部分，则该软件应作为无形资产核算。

### 2．无形资产具有可辨认性

可辨认性是指具有相对独立性、可以个别取得、单独计价和单独转让。

符合以下条件之一的，则认为其具有可辨认性：

（1）能够从企业中分离或者划分出来，并能单独用于出售或转让等，表明无形资产可以辨认。某些情况下无形资产可能需要与有关的合同一起用于出售转让等，这种情况下也视为可辨认无形资产。

（2）产生于合同性权利或其他法定权利，无论这些权利是否可以从企业或其他权利和义务中转移或者分离。如一方通过与另一方签订特许权合同而获得的特许使用权；通过法律程序申请获得的商标权、专利权等。

### 3．无形资产属于非货币性长期资产

非货币性资产是指企业持有的货币资金和将以固定或可确定的金额收取的资产以外的其他资产。无形资产由于没有发达的交易市场，一般不容易转化成现金，在持有过程中为企业带来未来经济利益的情况不确定，不属于以固定或可确定的金额收取的资产；同时无形资产一般都在一年以上时间为企业带来经济利益，属于长期资产。

## 7.1.2 无形资产的确认条件及内容

虽然具备了无形资产特征的资产属于无形资产，但是必须符合一定条件的无形资产才予以确认并进行核算。

### 1．无形资产的确认条件

无形资产应同时满足以下条件才能加以确认。

（1）与该无形资产有关的经济利益很可能流入企业。

（2）该无形资产的成本能够可靠计量。

内部产生的品牌、报刊名、刊头、客户名单和实质上类似的项目支出，由于不能与整个业务开发成本区分开来，因此这类项目不应确认为无形资产。

### 2．无形资产的内容

无形资产通常包括专利权、非专利技术、商标权、著作权、土地使用权等。

（1）专利权：是指国家专利主管机关依法授予发明创造专利申请人，对其发明创造在法定期限内所享有的专有权利，包括发明专利权、实用新型专利权和外观设计专利权。

（2）非专利技术：也称专有技术。它是指不为外界所知、在生产经营活动中已采用了的、不享有法律保护的、可以带来经济效益的各种技术和诀窍。非专利技术一般包括工业专有技术、商业贸易专有技术、管理专有技术等。

（3）商标权：用来辨认特定的商品或劳务的标记。商标权指专门在某类指定的商品或产品上使用特定的名称或图案的权利。

（4）著作权：又称版权，指作者对其创作的文学、科学和艺术作品依法享有的某些特殊权利。著作权包括作品署名权、发表权、修改权和保护作品完整权，还包括复制权、发行权、出租权、展览权、表演权、放映权、广播权、信息网络传播权、摄制权、改编权、翻译权、汇编权以及应当由著作权人享有的其他权利。

（5）土地使用权：指国家准许某企业在一定期间内对国有土地享有开发、利用、经营的权利。

## 7.1.3　无形资产的核算

为了核算无形资产的取得、摊销和处置等情况，建筑业企业一般需要设置"无形资产""累计摊销"和"研发支出"等账户。

"无形资产"账户核算企业持有的无形资产成本，借方表示无形资产实际取得成本的增加；贷方表示无形资产所有权转让和报废；期末借方余额，反映企业无形资产的成本。该账户可按无形资产项目进行明细核算。

"累计摊销"账户核算企业对使用寿命有限的无形资产计提的累计摊销；贷方表示无形资产的摊销额；期末贷方余额，反映企业无形资产的累计摊销额。

"研发支出"账户核算企业进行研究与开发无形资产过程中发生的各项支出。借方核算自行开发无形资产发生的研发支出，贷方核算期末转入管理费用的费用化支出以及达到预定用途形成无形资产转出的金额，期末借方余额，反映企业正在进行中的研究开发项目中满足资本化条件的支出。

### 1．无形资产取得的核算

建筑业无形资产通常是按实际成本计量，以取得无形资产并使之达到预定用途而发生的全部支出作为无形资产的成本。对于不同来源取得的无形资产，成本构成不尽相同。

（1）外购无形资产

其成本包括购买价款、相关税费以及直接归属于使该项资产达到预定用途所发生的其他支出。其中，直接归属于使该项资产达到预定用途所发生的其他支出包括使无形资产达到预定用途所发生的专业服务费用、测试无形资产是否能够正常发挥作用的费用等。但不包括为引入新产品进行宣传发生的广告费、管理费用及其他间接费用，也不包括在无形资产已经达到预定用途以后发生的费用。

例 7-1  2013 年 2 月 2 日，北京诚信邦建筑工程有限公司购入某一块土地使用权准备修建职工健身房，支付土地出让金、地上附着物补偿款、税款等款项 310 000 元。

借：无形资产——土地使用权    310 000

  贷：银行存款       310 000

（2）投资者投入无形资产

投资者投入的无形资产的成本，应当按照投资合同或协议约定的价值确定，在投资合同或协议约定价值不公允的情况下，应按无形资产的公允价值入账。

例 7-2  2013 年 2 月 3 日，北京诚信邦建筑工程有限公司发现希立公司的某项非专利技术非常适合本公司使用，经与希立公司协商，希立公司用此非专利技术投资，双方协议的价值为 100 000 元，已办妥相关手续。

借：无形资产——非专利技术    100 000

  贷：实收资本——希立公司    100 000

（3）自行开发无形资产

对于企业自行进行的研究开发项目，要求区分研究阶段与开发阶段分别进行核算。

建筑业企业研究阶段的支出全部费用化。此阶段发生支出时，借记"研发支出——费用化支出"账户，贷记"原材料""银行存款""应付职工薪酬"等账户，期末"研发支出——费用化支出"账户转入"管理费用"账户。

开发阶段的支出符合资本化条件的资本化，不符合资本化条件的费用化。此阶段发生支出时，未满足资本化条件的，借记"研发支出——费用化支出"账户；满足资本化条件的，借记"研发支出——资本化支出"账户，贷记"原材料""银行存款""应付职工薪酬"等账户。期末"研发支出——费用化支出"账户转入"管理费用"账户，待研究开发项目达到预定用途形成无形资产时，借记"无形资产"账户，贷记"研发支出——资本化支出"账户。

如果确实无法区分研究阶段的支出和开发阶段的支出，应将其所发生的研发支出全部费用化，计入当期损益。

例 7-3  2013 年 3 月北京诚信邦建筑工程有限公司自行研究开发一项新

产品专利技术，在研究开发过程中发生材料费 14 500 元、人工工资 68 000 元，以及用银行存款支付其他费用 5 000 元，其中符合资本化条件的支出为 70 000 元，期末，该专利技术已经达到预定用途。假定不考虑相关税费。

（1）领用材料、发生的人工费及支付相关费用时，

借：研发支出——费用化支出        17 500

        ——资本化支出        70 000

  贷：原材料        14 500

     应付职工薪酬        68 000

     银行存款        5 000

（2）期末达到预定用途，

借：管理费用        17 500

  无形资产——××专利权        70 000

  贷：研发支出——费用化支出        17 500

     研发支出——资本化支出        70 000

### 2．无形资产摊销的核算

会计准则规定，建筑业企业一般按照使用年限或产量采用直线法摊销无形资产。建筑业企业应当于取得无形资产时分析判断其使用寿命，无形资产的使用寿命如为有限的，应当估计该使用寿命的年限或者构成使用寿命的产量等类似计量单位数量；无法预见无形资产为企业带来未来经济利益期限的，应当视为使用寿命不确定的无形资产，对于使用寿命不确定的无形资产，在持有期间内不需要摊销。使用寿命有限的无形资产，应在其预计的使用寿命内采用系统合理的方法对应摊销金额进行摊销。

建筑业无形资产的摊销一般应计入当期损益，但如果某项无形资产是专门用于某项工程的，其所包含的经济利益是通过转入到工程成本中体现的，无形资产的摊销费用应构成工程成本的一部分，计入"工程施工"。

**例 7-4** 北京诚信邦建筑工程有限公司 2012 年 3 月 25 日为了改进某设备生产工艺购买了一项专利权，共支付价款及相关费用 100 000 元，该专利权法律保护期间为 20 年，公司预计运用该专利在未来 10 年内改进工艺提高设备工作效率，不考虑残值的因素。

（1）3 月 25 日购入专利权，

借：无形资产——××专利权        100 000

  贷：银行存款        100 000

（2）2013年底摊销（该设备用于工程施工），

借：工程施工——××工程            7 500

    贷：累计摊销                    7 500

（3）以后每年摊销（该设备用于工程施工），

借：工程施工——××工程            10 000

    贷：累计摊销                   10 000

### 3. 无形资产处置的核算

无形资产的处置，主要是指无形资产出售、对外捐赠，或者是无法为企业带来未来经济利益时，应予转销并终止确认。

（1）无形资产出售的核算。建筑业企业出售无形资产时，应将所取得的价款与该无形资产账面净值的差额作为资产处置利得或损失，与固定资产处置性质相同，计入当期损益（营业外收入或营业外支出）。

无形资产出售时，应按实际收到的金额，借记"银行存款"等账户；按已摊销的累计摊销额，借记"累计摊销"账户；原已计提减值准备的，借记"无形资产减值准备"账户；按应支付的相关税费，贷记"应交税费"等账户；按其账面余额，贷记"无形资产"账户，按其差额，贷记"营业外收入——处置非流动资产利得"账户或借记"营业外支出——处置非流动资产损失"账户。

🛸 例7-5 假如2013年1月2日北京诚信邦建筑工程有限公司将2012年3月25日购买的那项专利权出售，取得收入98 000元，另交增值税为588元。

借：银行存款                    103 880

    累计摊销                   7 500

    贷：无形资产——××专利权      100 000

        应交税费——应交增值税       588

        营业外收入——处置非流动资产利得    5 500

（2）无形资产报废的核算

如果无形资产已被其他新技术所替代，不能为企业带来经济利益；或者无形资产不再受到法律保护，且不能给企业带来经济利益等，说明其已不再符合无形资产的定义，应将其转销。

无形资产预期不能为企业带来经济利益的，应按已摊销的累计摊销额，借记"累计摊销"科目；原已计提减值准备的，借记"无形资产减值准备"科目；按其账面余额，贷记"无形资产"科目；按其差额，借记"营业外支出"科目。

例 7-6 2013 年 3 月假如北京诚信邦建筑工程有限公司 2010 年 1 月 5 日购入的专利权已经过时，其使用在设备上已经不再给公司带来经济利益，该专利权账面金额 100 000 元，计提的减值准备为 60 000 元，已经摊销 30 000 元，应予转销。假定不考虑其他相关因素，其账务处理如下。

借：累计摊销                        30 000

     无形资产减值准备                60 000

     营业外支出——处置无形资产损失      10 000

     贷：无形资产——××专利权           100 000

# 7.2 建筑施工企业商誉的核算

商誉，指能在未来期间为企业经营带来超额利润的潜在经济价值，或一家企业预期的获利能力超过可辨认资产正常获利能力（如社会平均投资回报率）的资本化价值。商誉是企业整体价值的组成部分。在企业合并时，商誉是购买企业投资成本超过被合并企业净资产公允价值的差额。

## 7.2.1 商誉概述

商誉的经济含义是企业收益水平与行业平均收益水平差额的资本化价格。它是由顾客形成的良好声誉、企业管理卓著、经营效率较好、生产技术的垄断以及地理位置的天然优势所产生的。

商誉是企业合并成本大于合并取得被购买方各项可辨认资产、负债公允价值份额的差额，其存在无法与企业自身分离，不具有可辨认性，不属于无形资产准则所规范的无形资产。

这个概念的基本含义有以下五点。

❑ 商誉是在企业合并时产生的。

投资方合并被投资方取得股权有两种情况：一是同一控制下的企业合并取得股权，如企业集团内的企业合并；二是非同一控制下的企业合并取得股权。先前的无形资产准则规定的"企业自创商誉不能加以确认"在这个新准则中更加明确。

❑ 商誉的确认是指"正商誉"，不包括"负商誉"。

即"企业合并成本大于合并取得被购买方各项可辨认资产、负债公允价值份额的差额"作为商誉（正商誉）处理，如果企业合并成本小于合并取得被购买方各项可辨认资产、负债公允价值份额的差额——负商誉，则计入当期损益。

- ❑ 商誉的确认以"公允价值"为基础。
- ❑ 商誉与企业自身不可分离，不具有可辨认性。
- ❑ 商誉不属于"无形资产"规范的内容。

**说明**：其实商誉在一个没有合并、收购等等这种特殊事件时，并不存在于企业的财务账簿中，虽然商誉确实存在，但是却无形无影，很难计量，并不符合会计对象的要求。但是，当出现控股合并的情况下，商誉才会有出现和核算的机会。

## 7.2.2 商誉的核算

《〈企业会计准则第 20 号——企业合并〉应用指南》规定，非同一控制下的控股合并，如果"购买方对合并成本大于合并中取得的被购买方可辨认净资产公允价值份额的差额，应当确认为商誉。购买方合并成本小于合并中取得的被购买方可辨认净资产公允价值份额的，其差额应当计入当期损益。"

对于商誉的会计核算，可设置以下两个账户。

- ❑ 设置"商誉"账户。

为了核算企业合并中形成的商誉价值，需要设置"商誉"账户，进行核算。该账户借方记入非同一控制下企业合并中确定的商誉价值；贷方记入归属公司股东权益的商誉价值。本账户期末借方余额，反映企业商誉的价值。

- ❑ 设置"商誉减值准备"账户。

为了核算企业商誉发生的减值情况，可以单独设置"商誉减值准备"账户，进行核算。该账户贷方记入资产负债日，企业根据资产减值准则确定商誉发生的减值；借方记入企业应按企业合并准则确定商誉价值。本账户期末借方余额，反映企业外购商誉的价值。

## 7.2.3 货币性收购时产生的商誉核算

**例7-7** 2016 年 1 月 1 日，A 企业用 2 000 万元现金收购了 B 公司 85% 的股权，购买日，B 公司可辨认资产账面价值 3 800 万元，公允价值 4 000 万元，可辨认负债账面价值 1 600 万元，公允价值 1 700 万元。

A 企业购买日进行如下计算和账务处理。

（1）B 公司可辨认净资产的公允价值=4 000-1 700=2 300（万元）

（2）A 企业购买日确认的投资额=2 300×85%=1 955（万元）

（3）A 企业购买日确认的商誉=2 000-1 955=45（万元）

（4）A 企业购买日所做会计分录如下：

借：长期股权投资——其他股权投资        19 550 000

     商誉         450 000

   贷：银行存款        20 000 000

## 7.2.4 非货币性收购时产生的商誉核算

**例 7-8** 甲公司以一台大型设备换取乙公司 60% 的股权（甲和乙为非同一方控制）。换出设备的账面原始值 4 000 000 元，已提折旧 800 000 元，该设备换出时的公允价值为 2 900 000 元。乙公司在被甲公司合并时可辨认净资产公允价值为 4 400 000 元。甲公司投资时的会计分录如下：

借：长期股权投资——其他股权投资     2 900 000

     累计折旧         800 000

     营业外支出        300 000

   贷：固定资产        4 000 000

同时，公允价值 2 900 000 元与投资额差额 260 000 做商誉，会计分录如下：

借：商誉         260 000

   贷：长期股权投资——其他股权投资     260 000

# 7.3 建筑施工企业其他资产的核算

其他资产是指除了流动资产、对外投资、固定资产、无形资产以外的其他资产，例如：长期待摊费用（如开办费、租入固定资产改良支出、摊销期在一年以上的固定资产修理费）及其他长期资产。

## 7.3.1 长期待摊费用的核算

长期待摊费用，名为费用，却并不是费用，在会计上用于记录相关的其他资产的增减摊销情况。长期待摊费用主要包括：

❑ 开办费；

❑ 租入固定资产改良支出；

❑ 摊销期在一年以上的固定资产修理费。

开办费，主要汇集企业在筹建期间发生的各种费用，包括筹建员的工资、办公费、培训费、印刷费、差旅费、注册登记费以及其他开办费。企业取得各项资产所发生的资本性的支出，筹集期间应计入固定资产建造工程成本的利息支出和其他建设费用，都不应列入开办费。

租入固定资产改良支出，是企业对经营租赁方式租入的固定资产进行改良、修补所发生的各项支出。由于租入的固定资产，其所有权并不为企业所有，因而企业按租赁合同对其进行改良时所发生的支出，不能增加租入的固定资产的价值，只能做为其他资产处理。

对企业的固定资产的改良支出，如果数额较大，推销期在一年以上的，也需要列作其他资产。

为了核算上述的三项其他资产，企业可以设置"长期待摊费用"账户进行核算，借方登记实际发生的各项长期待摊费用，贷方登记长期待摊费用的摊销数。本账户的余额应该在借方，反映企业尚未摊销完的长期待摊费用。

## 1．开办费的核算

**例 7-9** 企业的筹建过程中，发生筹建人员工资 8 000 元，办公相关费用 16 000 元，业务招待费 4 000 元，则这些费用进行如下的账务处理。

（1）计提工资时，编制会计分录如下：

借：长期待摊费用——开办费　　　　　　8 000
　　贷：应付职工薪酬　　　　　　　　　　　8 000

（2）发生相关办公费用及业务招待费用时，编制会计分录如下：

借：长期待摊费用——开办费　　　　　　20 000
　　贷：应付职工薪酬　　　　　　　　　　20 000

（3）企业开始经营的当月，应将筹建期间发生的费用计入当月损益，编制会计分录如下：

借：管理费用——开办费　　　　　　　　28 000
　　贷：长期待摊费用——开办费　　　　　　28 000

## 2．租入固定资产的改良支出核算

**例 7-10** 企业经过业主同意，对租入长期使用的一栋仓库进行改良，耗用的材料费为 5 700 元，人工费 4 800 元，租赁期为 5 年。

（1）改良支出发生时，编制会计分录如下：

借：长期待摊费用——固定资产改良支出　　　10 500

　　贷：原材料　　　　　　　　　　　　　　　5 700

　　　　应付职工薪酬　　　　　　　　　　　　4 800

（2）完工后，每月进行分摊时，编制会计分录如下：

计算每月摊销额=10 400/5/12=175（元）

借：工程施工　　　　　　　　　　　　　　175

　　贷：长期待摊费用——固定资产改良支出　　175

## 7.3.2　其他长期资产的核算

其他长期资产，一般包括特准备储备物资、银行冻结存款、涉及诉讼中的财产等。这类资产一般不参加企业的正常经营活动，或者是暂时无法参与企业的正常经营活动，其价值也不需要进行摊销，而且并非所有企业都拥有，在企业的资产总额中处于次要的地位。

如果企业发生了类似的业务，可以临时增设"其他长期资产"账户，并按其具体内容设置明细科目，进行相应的核算。

例 7-11　诚信邦在南京的某项目，因涉及民事诉讼，被法院冻结银行存款 235 000 元，同时冻结相关水泥、钢材等库存物资合计 500 000 元。三个月后，法院判决后，这些物资被全部解冻。

（1）存款及物资被冻结时，编制会计分录如下：

借：其他长期资产——冻结银行存款　　　235 000

　　　　　　　　　——冻结物资　　　　　500 000

　　贷：银行存款　　　　　　　　　　　　235 000

　　　　原材料　　　　　　　　　　　　　500 000

（2）存款及物流被解冻时，编制会计分录如下：

借：银行存款　　　　　　　　　　　　235 000

　　原材料　　　　　　　　　　　　　500 000

　　贷：其他长期资产——冻结银行存款　　235 000

　　　　　　　　　　　——冻结物资　　　500 000

## 实战训练

【训练一】　　　　　　　　　　复习思考题

1. 无形资产包括哪些内容？

2. 无形资产具有哪些特征？

3. 无形资产摊销期限确定的原则是什么？

4. 哪些情况下无形资产可以计提减值准备？

5. 其他资产包括哪些内容？

**【训练二】**　　　　　　　　　　开发无形资产的核算

诚信邦公司自行研究、开发一项建筑工程专利技术，在研发过程中发生材料费用 600 000 元，人工费用 350 000 元以及其他费用 200 000 元，总计 1 150 000 元，其中符合资本化条件的支出为 500 000 元。2016 年 12 月 31 日，该项新型技术已达到预定状态。

**要求**：编制该项新型技术研发支出及确认价值的会计分录。

**【训练三】**　　　　　　　　　　出售无形资产的核算

诚信邦公司将拥有的一项专利权出售，取得收入 200 000 元，营业税率为 5%（其他税费略）。该专利权的成本为 500 000 元，已摊销金额 300 000 元，已计提的减值准备为 5 000 元。

**要求**：确定出售该专利权的损益并编制相关会计分录。

**【训练四】**　　　　　　　　　　出租无形资产的核算

诚信邦公司将其一项专利技术出租给其他公司，合同规定每年租金 80 000 元，租赁期限为 5 年。该专利技术的账面价值 400 000 元，尚余预计使用年限 8 年。

**要求**：编制收取租金、摊销的会计分录。

**【训练五】**　　　　　　　　　　商誉的核算

2015 年 1 月 1 日，诚信邦公司以 600 万元购买 A 公司 10% 股份，购买日可辨认净资产的公允价值为 7 000 万元。2016 年 1 月 1 日，甲公司又增资 2 000 万元购买乙公司 20% 的股份，此时可辨认净资产的公允价值为 9 000 万元。

**要求**：编制相关会计分录。

# 第8章 建筑施工企业流动负债的核算

现代建筑业发展过程，很大一部分周转资金都来源于负债，用别人的钱赚取自己的利润也是现代人赚钱的理念，尤其在垫资比较常见的建筑业。

负债是企业借助外部的资源，发展自己事业的行为，现代建筑业企业都会用别人的钱做自己的事业，也就是举债经营。为了正确核算负债，先了解负债的基本情况。

负债是由企业过去的交易或事项形成的、预期会导致经济利益流出企业的现时义务，一般按其偿还时间的长短分为流动负债和非流动负债两大类。

非流动负债是指偿还期在一年或超过一年的一个营业周期以上的债务，主要包括长期借款、应付债券及长期应付款。

## 8.1 流动负债概述

流动负债是指将在一年或超过一年的一个营业周期内偿还的债务，主要包括短期借款、应付账款、预收账款、应付票据、应付职工薪酬、应交税费、应付利息、应付股利和其他应付款等。

### 8.1.1 负债的概念及确认条件

现时义务是指企业在现行条件下已经承担的义务。未来发生的交易或者事项形成的义务，不属于现时义务，不应当确认为负债。

负债确认的条件包括：

（1）与该义务有关的经济利益很可能流出企业；

（2）未来流出的经济利益的金额能够可靠地计量。

### 8.1.2 负债包含的内容

负债一般按其偿还时间的长短分为流动负债和非流动负债两大类。

流动负债是指将在一年或超过一年的一个营业周期内偿还的债务，主要包括短期借款、应付账款、预收账款、应付票据、应付职工薪酬、应交税费、应付利息、应付股利和其他应付款等。

非流动负债是指偿还期在一年或超过一年的一个营业周期以上的债务，主要包括长期借款、应付债券及长期应付款。

# 8.2 建筑施工企业短期借款及借款费用的核算

建筑业企业因为资金周转数额较大，经常会出现资金暂时短缺情况，解决这个问题的主要途径是向金融等机构借入短期的临时性借款。

## 8.2.1 短期借款核算涉及的会计科目

短期借款是企业为了满足正常生产经营资金周转的需要向银行或其他金融机构等借入的期限在 1 年以内（含 1 年）的各种借款。

为了总括反映短期借款的取得、借款费用和归还情况，建筑业企业一般设置"短期借款""应付利息""财务费用"账户核算。

"短期借款"账户属于负债类账户，核算企业向银行或其他金融机构等借入的期限在 1 年以下（含 1 年）的各种借款。贷方登记取得的借款；借方登记归还的借款；期末余额在贷方，表示尚未归还的借款。该账户按借款种类或债权人进行明细核算。

"应付利息"账户属于负债类账户，核算企业按照合同约定应支付的利息，包括短期借款、分期付息到期还本的长期借款、企业债券等应支付的利息。贷方登记企业按照合同约定应支付但尚未支付的利息；借方登记已经支付的利息；期末余额在贷方，表示期末应当支付尚未支付的利息。该账户按债权人设置明细账户进行明细核算。

借款费用是指企业因借款而发生的利息、折价或者溢价的摊销和辅助费用，以及因外币借款而发生的汇兑差额，它反映的是企业借入资金所付出的劳动和代价，计入"财务费用"。

## 8.2.2 短期借款取得的核算

建筑业企业根据借款合同向银行借入各种短期借款时，按照实际借款的金额，借记"银行存款"账户，贷记"短期借款"账户。

**例 8-1** 2016 年 9 月 1 日，北京诚信邦建筑工程有限公司因建筑商资金没及时到位而使周转金不足，向银行申请借入 3 个月的抵押贷款 500 000 元，年利率 9%，到期一次还本付息。

编制会计分录如下：

借：银行存款　　　　　　　　　　　　500 000
　　贷：短期借款　　　　　　　　　　　　　500 000

## 8.2.3 短期借款利息的核算

短期借款的利息作为一项筹资费用，应记入"财务费用"账户。在实际工作中，银行或其他金融机构对于短期借款的利息一般按季结算或到期一次还本付息，企业为了正确反映各期财务状况和经营成果，分两种情况核算。

（1）如果利息数额较小，公司于支付月份将利息直接计入"财务费用"，借记"财务费用"账户，贷记"银行存款"账户。

（2）如果利息数额较大，银行又是按季结算利息或到期还本付息，公司应按月计提，按季或到期支付。公司按月计提利息时借记"财务费用"账户，贷记"应付利息"账户；实际支付利息时，借记"应付利息"账户，贷记"银行存款"账户。

借款利息计算公式如下：

$$月利息 = 本金 \times 月利率（或年利率/12）$$

**例 8-2** 2016 年 4 月 1 日，北京诚信邦建筑工程有限公司因建筑商资金没及时到位而使周转金不足，向银行申请借入 3 个月的抵押贷款 500 000 元，年利率 9%，按月计提利息。

（1）2016 年 4 月 30 日，计算并计提当月借款利息。

$$当月借款利息 = 500\,000 \times 9\% \div 12 = 3\,750（元）$$

借款利息计提表，如图 8.1 所示。

（2）4 月末计提利息时，编制分计分录如下：

借：财务费用　　　　　　　　　　　　3 750
　　贷：应付利息　　　　　　　　　　　　　3 750

借款利息计提表

2016年4月30日

| 序号 | 贷款银行 | 借款金额 | 月利率 | 月利息金额 |
|---|---|---|---|---|
| 1 | 工行 | 500 000 | 7.5% | 3 750 |
| | | | | |
| 合计 | — | 500 000 | — | 3 750 |

审核：赵明　　　制单：张明

图 8.1　借款利息计提表

（3）5月末计提利息时，编制会计分录如下：

借：财务费用　　　　　　　　　　　　　　　　3 750

　　贷：应付利息　　　　　　　　　　　　　　　　　3 750

## 8.2.4　归还短期借款的核算

短期借款到期归还时，按照实际归还的本金数，借记"短期借款"账户，贷记"银行存款"账户。归还当月还没有计提的利息归还时直接记入"财务费用"，已经计提的冲减"应付利息"。

**例 8-3**　2016年9月1日，北京诚信邦建筑工程有限公司因建筑商资金没及时到位而使周转金不足，向银行申请借入3个月的抵押贷款500 000元，年利率9%，按月计提利息。

2016年11月30日，北京诚信邦建筑工程有限公司于2016年9月1日借入的贷款到期，归还本金及利息。

编制会计分录如下：

借：财务费用　　　　　　　　　　　　　　　　3 750

　　应付利息　　　　　　　　　　　　　　　　7 500

　　短期借款　　　　　　　　　　　　　　　500 000

　　贷：银行存款　　　　　　　　　　　　　　　511 250

# 8.3　建筑施工企业应付及预收款项的核算

应付及预收款项的核算主要包括应付账款和预收账款的核算，二者的核算业务是截然不同的，应付账款是购进或接受劳务行为形成的债务，预收账款是销售或提供劳务行为形成的债务。

## 8.3.1 应付账款的概念及入账时间

应付账款是指企业因购买材料、物资、商品或接受劳务供应等经营活动待支付的款项，以及因分包工程而应付给分包单位的工程价款。它是购销双方在购销活动中由于取得物资或接受劳务与支付货款、分包工程款在时间上不一致而产生的负债。

应付账款入账时间，在实际工作中，应区别情况处理：

（1）货物和发票账单同时到达付款企业，为了避免先入账后验收而发生货物实物与发票不符，通常是待货物验收入库后，再按发票账单登记入账，确认应付账款；

（2）货物已到付款企业，而发票账单尚未到达，货款尚未支付。对于这种情况，结算凭证一般短时间内都会到达，为了简化核算手续，一般是暂不做账务处理，待收到结算凭证时再按上种情况做账务处理。但是，如果到月末，该笔业务账单还没到，按购进材料入库数量和估价单价（合同单价或计划单价）入账，在下月初用红字冲回，等到账单到达，按正常购进处理。

## 8.3.2 发生应付账款的核算

为了总括地核算和监督企业应付账款的发生和偿还情况，企业应设置"应付账款"账户。该账户属于负债类账户，贷方登记企业购买材料、商品、接受劳务供应、分包工程款结算等而应付给供应单位或分包单位的款项；借方登记偿还的应付账款以及以其他方式抵付的应付账款；余额一般在贷方，表示尚未支付的应付款项。本账户可按债权人进行明细核算。

发生应付款的核算视不同情况做相应的会计处理。

（1）企业购入材料、商品，但货款尚未支付。根据有关凭证（发票账单、随货同行发票上记载的实际价款或暂估价值），借记"原材料""周转材料"等账户，按应付的款项，贷记"应付账款"账户。

例8-4 2016年3月1日，北京诚信邦建筑工程有限公司与广袤集团公司签订一个洗浴中心的建筑工程，均为一般纳税人，公司开始备料，从永和水泥厂购进水泥100吨，收到增值税专用发票上价款为30 000元，增值税5 100元尚未支付，水泥已运到工地验收，发票和入库单也已送到财务。水泥材料入库单，如图 8.2 所示。

## 材料入库单

供应单位：永和水泥厂
发票号码：002345　　　　　　2016年3月1日　　　　　　NO. 003

| 编号 | 材料名称 | 规格 | 计量单位 | 数量 交库 | 数量 实收 | 单价 | 金额 | 备注 |
|---|---|---|---|---|---|---|---|---|
|  | 水泥 |  | 吨 | 100 | 100 |  |  |  |
|  |  |  |  |  |  |  |  |  |
|  |  |  |  |  |  |  |  |  |
|  |  |  |  |  |  |  |  |  |
|  |  |  |  |  |  |  |  |  |
| 总 | 计 |  |  | 100 | 100 |  |  |  |

仓库负责人：李权　　　　　　　　　　　　　　　　　验收入　买流

图 8.2　水泥材料入库单

编制会计分录如下：

借：原材料——水泥　　　　　　　　　　　30 000
　　应交税费——应交增值税（进项税额）　　5 100
　　贷：应付账款——永和水泥厂　　　　　35 100

（2）接受供应单位提供劳务而发生的应付未付款项。根据供应单位的发票账单，借记"工程施工""管理费用"等账户，贷记"应付账款"账户。

**例8-5**　2016 年 3 月 30 日，供电部门转来电费结算凭证，发票列明本月应支付电费为 5 128.20 元，增值税为 871.80 元；其中工地用电 4 995 元（含增值税），公司办公室照明用电 1 005 元（含增值税），款项尚未支付，电费分配表如图 8.3 所示。

## 电费分配表

2016年3月30日

| 序号 | 用电单位 | 电表起止数 | 用电度数 | 单价 | 金额 |
|---|---|---|---|---|---|
| 1 | ××工地 | 200-6860 | 6 660 | 0.75 | 4 995 |
| 2 | 公司办公楼 | 9128-10468 | 1 340 | 0.75 | 1 005 |
|  |  |  |  |  |  |
|  | 合计 | — | 8 000 | — | 6 000 |

主管会计：×× 　　　　　　制单：××

图 8.3　电费分配表

借：工程施工　　　　　　　　　　　　　　4 269.23

　　管理费用　　　　　　　　　　　　　　853.97

　　应交税费——应交增值税（进项税额）　871.80

　　贷：应付账款——××电力公司　　　　　　　6 000

（3）材料已验收入库，结算凭证未到，暂不做账务处理，月末仍未到，估价入账。

例 8-6　2016 年 3 月，北京霞飞商贸有限公司（一般纳税人）一共运来螺纹钢 50 吨，分别是 3 月 18 日 30 吨，3 月 26 日 20 吨，均已验收入库。

月末时，霞飞商贸由于月末没有发票而未来结账（合同不含税单价 3 000 元）。附单据如下：螺纹钢入库单，如图 8.4 和图 8.5 所示。

### 材料入库单

供应单位：北京霞飞有限公司　　　　　　　2016年3月1日
发票号码：　　　　　　　　　　　　　　　　　　　　　NO. 05

| 编号 | 材料名称 | 规格 | 计量单位 | 数量 | | 单价 | 金额 | 备注 |
| | | | | 交库 | 实收 | | | |
| --- | --- | --- | --- | --- | --- | --- | --- | --- |
| | 螺纹钢 | | 吨 | 30 | 29.98 | | | |
| | | | | | | | | |
| | | | | | | | | |
| | | | | | | | | |
| | | | | | | | | |
| | 总　　计 | | | 30 | 29.98 | | | |

仓库负责人：李权　　　　　　　　　　　　　　验收入：吴涛

图 8.4　螺纹钢入库单一

### 材料入库单

供应单位：北京霞飞有限公司　　　　　　　2016年3月26日
发票号码：　　　　　　　　　　　　　　　　　　　　　NO. 010

| 编号 | 材料名称 | 规格 | 计量单位 | 数量 | | 单价 | 金额 | 备注 |
| | | | | 交库 | 实收 | | | |
| --- | --- | --- | --- | --- | --- | --- | --- | --- |
| | 螺纹钢 | | 吨 | 20 | 29.03 | | | |
| | | | | | | | | |
| | | | | | | | | |
| | | | | | | | | |
| | | | | | | | | |
| | 总　　计 | | | 20 | 29.03 | | | |

仓库负责人：李权　　　　　　　　　　　　　　验收入：吴涛

图 8.5　螺纹钢入库单二

账务处理如下。

（1）3月末时估价入账，以合同价暂估入账。

由于3月末时，霞飞公司并未提供螺纹钢的供货发票，因此这50吨螺纹钢并不能正式确认入账，但是货已验收入库，实际上已经在库并可以参与生产了，所以也必须将其记录在账内。

借：原材料——螺纹钢　　　　　　　　150 000

　　贷：应付账款——暂估应付款　　　　　　　150 000

（2）4月初时，将暂估入账的原材料和应付账款冲销。

借：原材料——螺纹钢　　　　　　　　-150 000

　　贷：应付账款——暂估应付款　　　　　　　-150 000

（3）待正式发票拿来之后，再正式入账。

## 8.3.3　偿还应付账款的核算

企业可以用货币资金偿还应付账款，也可以签发商业汇票（银行承兑汇票、商业承兑汇票）抵付应付账款，借记"应付账款"账户，贷记"银行存款""应付票据"等账户。

**例 8-7**　北京诚信邦建筑工程有限公司（一般纳税人），从永和水泥厂购进水泥100吨，货款30 000元（含增值税4 358.97元）尚未支付，水泥已运到工地验收，发票和入库单也已送到财务。

2016年3月20日，诚信邦建筑工程有限公司开出转账支票支付所欠水泥款。附单据如图8.6所示。

```
┌─────────────────────────────┐
│        中国建设银行           │
│        转账支票存根           │
│        10304431             │
│        01556527             │
│  附加信息                    │
│    水泥款                    │
│─────────────────────────────│
│  出票日期  2016 年 3 月 20 日 │
│  收款人   永和水泥厂          │
│                             │
│  金  额   ￥30 000.00        │
│  用  途   水泥款             │
│  单位主管  周清   会计 吴江明 │
└─────────────────────────────┘
```

图 8.6　支付水泥款

水泥验收入库，发票和进货单到达时，编制会计分录如下：

借：原材料——水泥　　25 641.03

　　应交税费——增值税（进项税额）　　4 358.97

　　贷：应付账款——永和水泥厂　　30 000

2016 年 3 月 20 日，开出转账支票时，编制会计分录如下：

借：应付账款——永和水泥厂　　30 000

　　贷：银行存款　　30 000

**例 8-8**　2016 年 4 月 2 日，霞飞商贸开来增值税专用发票价税总额 150 000 元（含增值税 21 794.87 元），款未付。

编制会计分录如下：

借：原材料——螺纹钢　　128 205.13

　　应交税费——应交增值税（进项税额）21 794.87

　　贷：应付账款——霞飞商贸　　150 000

4 月 20 日，北京诚信邦建筑工程有限公司开出 3 个月的银行承兑汇票 150 000 元偿还霞飞商贸货款。附单据如下：银行承兑汇票，如图 8.7 所示。

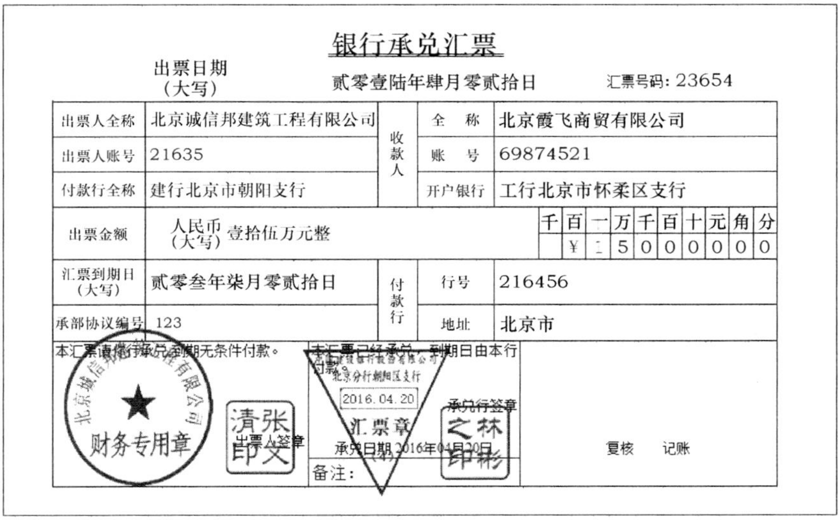

银行承兑汇票

出票日期（大写）　贰零壹陆年肆月零贰拾日　　汇票号码：23654

| | | | | |
|---|---|---|---|---|
| 出票人全称 | 北京诚信邦建筑工程有限公司 | 收款人 | 全　称 | 北京霞飞商贸有限公司 |
| 出票人账号 | 21635 | | 账　号 | 69874521 |
| 付款行全称 | 建行北京市朝阳支行 | | 开户银行 | 工行北京市怀柔区支行 |
| 出票金额 | 人民币（大写）壹拾伍万元整 | | 千 百 十 万 千 百 十 元 角 分 | ¥ 1 5 0 0 0 0 0 0 |
| 汇票到期日（大写） | 贰零叁年柒月零贰拾日 | 付款行 | 行号 | 216456 |
| 承部协议编号 | 123 | | 地址 | 北京市 |
| 本汇票请你行承兑，到期无条件付款。<br>北京诚信邦建筑工程有限公司 财务专用章<br>张清印文<br>出票人签章 | 本汇票已经承兑，到期日由本行付款。<br>中国建设银行股份有限公司北京分行朝阳区支行 2016.04.20 汇票章<br>承兑行签章 林之印彬<br>承兑日期 2016年04月20日<br>备注： | | 复核　记账 | |

图 8.7　承兑汇票

编制会计分录如下：

借：应付账款——霞飞商贸　　150 000

　　贷：应付票据——霞飞商贸　　150 000

对于一些预付账款业务不多的企业，可以不单独设置“预付账款”账户，通过“应付账款”账户来核算。

## 8.3.4　预收账款的核算

建筑业预收账款是指企业按照工程合同规定向发包单位预收的工程款和备料款，以及按购销合同规定向购货单位，接受劳务单位预收的销货款。与应付账款不同，预收账款所形成的负债不是以货币偿付，而是以商品或者劳务偿付。

为了核算和监督建筑业预收账款的收取和结算情况，设置“预收账款”账户。该账户属于负债类账户，贷方登记预收的工程款和备料款或预收的购货款；借方登记工程结算时扣还的预收款和购货结算时扣还的预收款；期末余额一般在贷方，表示企业预收的款项但尚未完成工程合同的产品或未提供的劳务的数额；如果出现借方余额则表示应收工程款数。该账户按建筑单位或接受劳务单位设明细账户。

对于预收账款业务不多的企业，也可不设“预收账款”账户，将预收的款项直接记入“应收账款”账户核算。

建筑单位拨入工程款时，借记“银行存款”账户，贷记“预收账款”账户。

工程结算时，借记“应收款项”科目，贷记“工程结算”“应交税费——应交增值税（销项税额）”科目；实际收到合同价款时，借记“银行存款”科目，贷记“应收款项”科目。

需要注意的是：一般纳税人提供建筑业应税服务，增值税税率为11%。

**例 8-9**　2016 年 3 月 5 日，北京诚信邦建筑工程有限公司收到广袤集团公司拨付的洗浴中心工程款、备料款 50 万元。将对方开出的转账支票存入银行账户，进账单如图 8.8 所示。

建设银行进账单（回单或收账通知） 1

2016年3月5日　　第002号

| | | | | | |
|---|---|---|---|---|---|
| 收款人 | 全　称 | 北京诚信邦建筑工程有限公司 | 收款人 | 全　称 | 北京诚信邦建筑工程有限公司 |
| | 账　号 | 21635 | | 账　号 | 21569 |
| | 开户银行 | 建行北京市朝阳支行 | | 开户银行 | 工行北京市民族路支行 |

| 人民币（大写）伍拾万元整 | 百 | 十 | 万 | 千 | 百 | 十 | 元 | 角 | 分 |
|---|---|---|---|---|---|---|---|---|---|
| | ¥ | 5 | 0 | 0 | 0 | 0 | 0 | 0 | 0 |

| | | |
|---|---|---|
| 票据种类 | 转账支票 | 收款人开户行盖章 |
| 票据张数 | 1 | |
| 单位主管　会计<br>复　核　记账 | | |

中国建设银行股份有限公司 北京分行朝阳区支行 2016.03.05 收讫章 (4)

此联是收款人开户行给收款人的回单或收账通知

图 8.8　建行进账单

编制会计分录如下：

借：银行存款 500 000

　　贷：预收账款——广袤集团公司 500 000

4 月末，根据"工程价款结算账单"，工程完工 40%（合同工程总价款 200 万元），扣还预收的工程款 50 万元。

编制会计分录如下：

借：预收账款——广袤集团公司 500 000

　　应收账款——广袤集团公司 388 000

　　贷：工程结算 800 000（200 万×40%）

　　　应交税费——应交增值税（销项税额） 88 000

# 8.4　建筑施工企业应付职工薪酬的核算

建筑业职工薪酬是指企业为获得职工提供的服务而给予各种形式的报酬和其他相关支出，包括提供给职工的全部货币性薪酬和非货币性福利。

## 8.4.1　职工薪酬总额的组成

职工薪酬总额的组成有以下几项。

（1）职工工资、奖金、津贴和补贴：是指按照构成工资总额的计时工资、计件工资、支付给职工的超额劳动报酬和增收节支的劳动报酬、为了补偿职工特殊或额外的劳动消耗和因其他特殊原因支付给职工的津贴，以及为了保证职工工资水平不受物价影响支付给职工的物价补贴等。

（2）职工福利费：主要包括职工因公负伤赴外地就医路费、职工生活困难补助、未实行医疗统筹企业职工医疗费用，以及按规定发生的其他职工福利支出。

（3）医疗保险费、养老保险费、失业保险费、工伤保险费和生育保险费等社会保险费：是指企业按照国务院、各地方政府或企业年金计划规定的基准和比例计算，向社会保险经办机构缴纳的医疗保险费、基本养老保险费、失业保险费、工伤保险费和生育保险费，以及向有关单位缴纳的补充养老保险费，以及以购买商业保险形式提供给职工的各种保险待遇。

（4）住房公积金：是指企业按国家规定的基准和比例计算，向住房公积金管理机构缴存的住房公积金。

（5）工会经费和职工教育经费：是指企业为了改善职工文化生活、为职工学习先进技术和提高文化水平和业务素质，用于开展工会活动和职工教育及职业技能培训等相关支出。

（6）非货币性福利：是指企业以自己的产品或外购商品发放给职工作为福利，企业提供给职工无偿使用自己拥有的资产或租赁资产供职工无偿使用。比如提供给企业高级管理人员使用的住房，免费为职工提供诸如医疗保健的服务，或向职工提供企业支付了一定补贴的商品或服务等，比如以低于成本的价格向职工出售住房等。

（7）因解除与职工的劳动关系给予的补偿：是指由于分离办社会职能、实施主辅分离、辅业改制，重组、改组计划等原因，企业在职工劳动合同尚未到期之前解除与职工的劳动关系，或者为鼓励职工自愿接受裁减而提出补偿建议的计划中给予职工的经济补偿，即国际财务报告准则中所指的辞退福利。

（8）其他与获得职工提供的服务相关的支出：是指除上述七种薪酬以外的其他为获得职工提供的服务而给予的薪酬。比如企业提供给职工以权益形式结算的认股权、以现金形式结算但以权益工具公允价值为基础确定的现金股票增值权等。

## 8.4.2 职工工资核算主要涉及的原始凭证

职工工资核算主要涉及的原始凭证如下。

（1）考勤记录是用来考核职工出勤和缺勤情况的原始记录。

（2）工程任务单是安排工人班组执行施工任务的通知单，是统计工作量和工时，计算计件工资和计算工程成本的依据。

（3）工资卡是反映职工就职、离职、调动、工资级别调整和工资津贴变动等情况的卡片，是计算职工标准工资的原始凭证。

（4）扣款通知单是财会部门据以从应付职工工资代扣各种款项，计算职工实发工资的依据。

（5）工资单（也称工资结算单）是按班组和职能部门编制，它是工资结算的凭证，又是支付工资的收据。工资结算单，如图8.9所示。

（6）工资结算汇总表是用以汇总反映整个企业各单位、部门的应付工资。根据工资结算汇总表，填制工资支取凭证，到银行提取现金，发放工资。工资结算汇总表，如图8.10所示。

为了总括地核算企业支付和应付给职工的各项劳动报酬，企业应设置"应付职工薪酬"账户。该账户属于负债类，核算企业根据有关规定应付给职工的各种薪酬；贷方登记分配计入有关成本费用项目的职工薪酬的数额；借方登记实际发放或支付的职工薪酬的数额；该账户期末贷方余额，反映企业应付未付的职工薪酬。该账户应设置"工资""职工福利""社会保险费""住房公积金""工会经费""职工教育经费""非货币性福利"等明细账户,进行明细核算。

**工资结算单**

工程项目:洗浴中心　　　　　　　　　2016年3月　　　　　　　　　单位:元

| 序号 | 姓名 | 工种 | 月工资 | 日工资 | 计时工资 | | 加班工资 | | 奖金 | 应付工资 | 代扣款项 | | | | 实发工资 | 领取人签字 |
|---|---|---|---|---|---|---|---|---|---|---|---|---|---|---|---|---|
| | | | | | 工日 | 工资 | 工时 | 工资 | | | 房租 | 保险 | 个税 | 合计 | | |
| 1 | 王武义 | | 3 600 | 120 | 30 | 3 600 | 90 | 1 350 | | 4 950 | 100 | 445.5 | 30.14 | 575.64 | 4 374.4 | |
| 2 | 李长明 | | 3 000 | 100 | 30 | 3 000 | 100 | 1 250 | | 4 250 | 100 | 382.5 | 11.03 | 493.53 | 3 756.5 | |
| 3 | 张作霖 | | 3 000 | 100 | 30 | 3 000 | 100 | 1 250 | | 4 250 | 100 | 382.5 | 11.03 | 493.53 | 3 756.5 | |
| 4 | 李 刚 | | 3 000 | 100 | 29 | 2 900 | | | | 2 900 | 100 | 261 | | 361 | 2 539 | |
| 5 | 程 杰 | | 2 700 | 90 | 30 | 2 700 | | | | 2 700 | 100 | 243 | | 343 | 2 357 | |
| 6 | 合计 | | 15 300 | —— | | 15 200 | 290 | 3 850 | | 19 050 | 500 | 1 714.5 | 52.2 | 2 266.7 | 16 783 | |

主管会计:×× 　　　　　　　制表:××

图8.9　工资结算单

**工资结算汇总表**

2016年3月

| 人员类别 | 工种 | 计时工资 | 加班工资 | 奖金 | 应付工资 | 代扣款项 | | | | 实发工资 |
|---|---|---|---|---|---|---|---|---|---|---|
| | | | | | | 房租 | 保险 | 个税 | 合计 | |
| A 工程 | 施工人员 | 45 000 | 100 | 500 | 45 600 | 1 700 | 4 104 | 148.5 | 5 952.5 | 39 647.5 |
| | 机械作业 | 5 000 | | | 500 | 100 | 450 | 31.5 | 581.5 | 4 418.5 |
| B 工程 | 施工人员 | 25 000 | | | 25 000 | 800 | 2 250 | | 3 050 | 21 950 |
| | 机械作业 | 5 000 | | | 5 000 | 200 | 450 | | 650 | 4 350 |
| C 工程 | 施工人员 | 10 000 | 4 000 | 1 000 | 15 000 | 400 | 900 | 150 | 1 450 | 13 550 |
| 小计 | | 90 000 | 4 100 | 1 500 | 95 600 | 3 200 | 8 154 | 330 | 11 684 | 83 916 |
| 管理部门 | 总部 | 20 000 | | | 20 000 | | 1 800 | 120 | 1 920 | 18 080 |
| 合计 | | 110 000 | 4 100 | 1 500 | 115 600 | 3 200 | 9 954 | 450 | 13 604 | 101 996 |

主管会计:×× 　　　　　　　制表:××

图8.10　工资结算汇总表

## 1.工资分配及发放的核算

月末的时候,公司应按照工资结算汇总表和耗用工日统计表进行分配,直接从事建筑安装工程施工人员工资记入"工程施工——人工费"账户,企业所属独立核算的附属施工企业生产人员工资记入"生产成本——基本生产成本"账户,施工机械作业人员的工资记入"机械作业"账户,辅助生产人员工资记入"生产成本——辅助生产成本"账户,企业所属的直接组织生产活动的施工管理人员工资记入"工程施工——间接费用"或者"制造费用"账户,医务福利人员工资记入"应付职工薪酬——职工福利费"账户,总部管理部门人员和高层管理人员工资记入"管理费用"，贷记"应付职工薪酬——工资"。

　　例 8-10　2016 年 3 月 31 日，北京诚信邦建筑工程有限公司根据"工资结算汇总表"的实发金额，开出现金支票提取现金备发工资。

　　附单据：工资结算汇总表，如图 8.11 所示；提取工资款的支票存根，如图 8.12 所示。

## 工资结算汇总表

### 2016 年 3 月

| 人员类别 | 工种 | 计时工资 | 加班工资 | 奖金 | 应付工资 | 代扣款项 | | | | 实发工资 |
|---|---|---|---|---|---|---|---|---|---|---|
| | | | | | | 房租 | 保险 | 个税 | 合计 | |
| A 工程 | 施工人员 | 45 000 | 100 | 500 | 45 600 | 1 700 | 4 104 | 148.5 | 5 952.5 | 39 647.5 |
| | 机械作业 | 5 000 | | | 5 000 | 100 | 450 | 31.5 | 581.5 | 4 418.5 |
| B 工程 | 施工人员 | 25 000 | | | 25 000 | 800 | 2 250 | | 3 050 | 21 950 |
| | 机械作业 | 5 000 | | | 5 000 | 200 | 450 | | 650 | 4 350 |
| C 工程 | 施工人员 | 10 000 | 4 000 | 1 000 | 15 000 | 400 | 900 | 150 | 1 450 | 13 550 |
| 小计 | | 90 000 | 4 100 | 1 500 | 95 600 | 3 200 | 8 154 | 330 | 11 684 | 83 916 |
| 管理部门 | 总部 | 20 000 | | | 20 000 | | 1 800 | 120 | 1 920 | 18 080 |
| 合计 | | 110 000 | 4 100 | 1 500 | 115 600 | 3 200 | 9 954 | 450 | 13 604 | 101 996 |

主管会计：××　　　　　　制表：××

图 8.11　工资结算汇总表

中国建设银行
转账支票存根

10304431
01556527

附加信息

发放工资款

出票日期　2016 年 3 月 31 日

收款人：北京诚信邦建筑工程有限公司

金　额：￥511 250.00

用　途：工资

单位主管 周清　　　会计 吴江明

（深圳市佳信印刷有限公司 · 2015 年印制）

图 8.12　支票存根—提取工资款

（1）提现时，编制会计分录如下：

借：库存现金                                      101 996

    贷：银行存款                               101 996

（2）根据工资结算汇总表，用现金发放职工工资，编制会计分录如下：

借：应付职工薪酬——工资                   115 600

    贷：库存现金                          101 996

           其他应收款——房租             3 200

                     ——保险             9 954

           应交税费——个人所得税      450

（3）月末，根据工资结算汇总表，分配工资费用，编制会计分录如下：

借：工程施工                                      85 600

    机械作业                                    10 000

    管理费用                                    20 000

    贷：应付职工薪酬——工资          115 600

## 2．职工福利费的核算

职工福利费是指按工资总额的一定比例从成本费用中计算提取，用于职工福利支出的一种款项。职工福利费核算内容包括：

❑ 职工医药卫生费支出；

❑ 职工浴室、理发室、幼儿园、托儿所福利人员和医务人员的工资、奖金等支出；

❑ 职工生活困难补助费支出；

❑ 按照国家规定由职工福利费列支的其他支出。

$$职工福利费=应付工资总额 \times 14\%$$

借方账户与工资分配的账务处理基本相同，只是医务人员、福利人员提取的福利费不要冲减"应付职工薪酬——职工福利费"，在"管理费用"中列支，贷记"应付职工薪酬——职工福利费"。

职工福利费年末的时候期末余额清算为0。

例 8-11　2016 年 3 月 15 日，经调查研究决定，给李刚、王武义各 500 元职工困难补助，用现金支付。职工困难补助发放表，如图8.13所示。

编制会计分录如下：

借：应付职工薪酬——职工福利费       1 000

    贷：库存现金                              1 000

**职工困难补助发放表**

2016年3月15日

| 序号 | 姓名 | 困难补助金额 | 领取人签字 |
|------|------|------------|-----------|
| 1 | 李刚 | 500 | 李刚 |
| 2 | 王武义 | 500 | 王武义 |
| 4 | 合计 | 1 000 | — |

主管会计：×× 制表：××

图 8.13 职工困难补助发放表

例 8-12 2016 年 3 月 31 日，根据工资结算汇总表计提福利费。工资结算汇总表，如图 8.14 所示。

**福利费计提表**

2016年3月31日

| 人员类别 | 工种 | 工资总额 | 计提比例% | 计提金额 |
|---------|------|---------|----------|---------|
| A工程 | 施工人员 | 45 600 | 14 | 6 384 |
| | 机械作业 | 5 000 | 14 | 700 |
| B工程 | 施工人员 | 25 000 | 14 | 3 500 |
| | 机械作业 | 5 000 | 14 | 700 |
| C工程 | 施工人员 | 15 000 | 14 | 2 100 |
| 小计 | — | 95 600 | — | 13 384 |
| 管理部门 | 总部 | 20 000 | 14 | 2 800 |
| 合计 | | 115 600 | — | 16 184 |

主管会计：×× 制表：××

图 8.14 工资结算汇总表

编制会计分录如下：

借：工程施工 11 984

　　机械作业 1 400

　　管理费用 2 800

　　贷：应付职工薪酬——职工福利费 16 184

## 3．职工教育经费的核算

职工教育经费指企业按照工资总额的一定比例提取的用于在职职工教育学习开支的费用，按工资总额的 1.5% 计提。企业职工教育培训经费列支范围包括：上岗和转岗培训，各类岗位适应性培训，岗位培训、职业技术等级培训、高技能人才培训、专业技术人员继续教育，特种作业人员培训，企业组织的职工外送培训的经费支出，职工参加的职业技能鉴定、职业资格认证等经费支出，购置教学设备与设施，职工岗位自学成材奖励费用，职工教育培训管理费用，有关职工教育的其他开支。

例 8-13　2016 年 3 月 31 日，诚信邦公司按规定按工资总额 1.5% 的比例计提职工教育经费。职工教育经费计提表，如图 8.15 所示。

### 职工教育经费计提表
#### 2016年3月31日

| 人员类别 | 工种 | 工资总额 | 计提比例% | 计提金额 |
|---|---|---|---|---|
| A工程 | 施工人员 | 45 600 | 1.5 | 6 84 |
| | 机械作业 | 5 000 | 1.5 | 75 |
| B工程 | 施工人员 | 25 000 | 1.5 | 375 |
| | 机械作业 | 5 000 | 1.5 | 75 |
| C工程 | 施工人员 | 15 000 | 1.5 | 225 |
| 小计 | — | 95 600 | — | 1 434 |
| 管理部门 | 总部 | 20 000 | 1.5 | 300 |
| 合计 | — | 115 600 | — | 1 734 |

主管会计：××　　　　　制表：××

图 8.15　职工教育经费计提表

编制会计分录如下：

借：工程施工　　　　　　　　　　　1 284

　　机械作业　　　　　　　　　　　150

　　管理费用　　　　　　　　　　　300

　　贷：应付职工薪酬——职工教育经费　　1 734

### 4．五险一金计提的核算

《企业会计准则第 9 号——职工薪酬》应用指南规定："计量应付职工薪酬时，国家规定了计提基础和计提比例的，应按照国家规定的标准计提。"五险一金各地执行标准有所不同，以河北 2015 年标准为例，"五险"方面，按照职工工资，单位和个人的承担比例一般是：养老保险单位承担 20%，个人承担 8%；医疗保险单位承担 6%，个人 2%；失业保险单位承担 2%，个人 1%；生育保险 1%全由单位承担，职工个人不承担；工伤保险 0.8%（按工种与危险性大小，都不一样）也是全由单位承担，职工个人不承担。"住房公积金"具体单位和个人承担的比例是各承担 50%，那是按照个人全年平均工资计算的。国家规定的是：住房公积金不低于工资的 10%，效益好的单位可以高些，职工和单位各承担 50%。

例 8-14　公司分别按照职工工资总额的 20%、2%、2%、6%、1%、5% 分别计提养老保险、失业保险、工伤保险、医疗保险、生育保险和住房公积金。五险一金计提表，如图 8.16 所示。

**五险一金计提表**

2016年3月31日

| 人员类别 | 工种 | 工资总额 | 养老保险 20% | 失业保险 2% | 工伤保险 2% | 医疗保险 6% | 生育保险 1% | 住房公积金 5% | 合计 |
|---|---|---|---|---|---|---|---|---|---|
| A工程 | 施工人员 | 45 600 | 9 120 | 912 | 912 | 2 736 | 456 | 2 280 | 16 416 |
| | 机械作业 | 5 000 | 1 000 | 100 | 100 | 300 | 50 | 250 | 1 800 |
| B工程 | 施工人员 | 25 000 | 5 000 | 500 | 500 | 1 500 | 250 | 1 250 | 9 000 |
| | 机械作业 | 5 000 | 1 000 | 100 | 100 | 300 | 50 | 250 | 1 800 |
| C工程 | 施工人员 | 15 000 | 3 000 | 300 | 300 | 900 | 150 | 750 | 5 400 |
| 小计 | — | 95 600 | 19 120 | 1 912 | 1 912 | 5 736 | 956 | 4 780 | 34 416 |
| 管理部门 | 总部 | 20 000 | 4 000 | 400 | 400 | 1 200 | 200 | 1 000 | 7 200 |
| 合计 | — | 115 600 | 23 120 | 2 312 | 2 312 | 6 936 | 1 156 | 5 780 | 41 616 |

主管会计：××　　　　　制表：××

图 8.16　五险一金计提表

（1）计提五险一金时，编制会计分录如下：

借：工程施工　　　　　　　　　　　　　　　30 816

　　机械作业　　　　　　　　　　　　　　　 3 600

　　管理费用　　　　　　　　　　　　　　　 7 200

　　贷：应付职工薪酬——社会保险　　　　　35 836

　　　　　　　　　　——住房公积金　　　　 5 780

（2）实际缴纳时（公司负担部分），编制会计分录如下：

借：应付职工薪酬——社会保险　　　　　　　35 836

　　　　　　　　——住房公积金　　　　　　 5 780

　　贷：银行存款　　　　　　　　　　　　　41 616

# 8.5　其他流动负债的核算

流动负债除了以上几种外，建筑业企业常见的流动负债还有以下几种：

❑　内部往来的核算；

- ❏ 应交税费的核算；
- ❏ 应付股利的核算；
- ❏ 其他应付款的核算。

## 8.5.1 内部往来的核算

内部往来款项是指建筑业企业与所属内部独立核算单位之间或各内部独立核算单位之间，由于工程价款结算，产品、作业和材料销售，提供劳务等业务所发生的各种应收、暂付和应付、暂收款项。为了确保各往来单位之间往来款项的记录相一致，施工企业应使用"内部往来记账通知单"（格式、内容由企业自行规定），由经济业务发生单位填制，送交对方及时记账，并由对方核对后，及时将副联退回。

每月终了，由规定的一方根据明细账记录抄列内部往来清单，送交对方核对账目；对方应及时核对并将一份清单签回发出单位。如有未达账项或由于差错等原因不能核对相符的，应在签回的清单上详细注明。发出单位对于对方指出的差错项目应及时查明并作调整分录。

为了总括地核算和监督内部往来款项的结算情况，建筑业企业应设置"内部往来"科目。它属于资产类科目。其借方登记企业与所属内部独立核算单位及各内部独立核算单位之间发生的各种应收、暂付和转销的应付、暂收款项；贷方登记企业与所属内部独立核算单位及各内部独立核算单位之间发生的各种应付、暂收和转销的应收、暂付款项。本科目的期末余额应与所属内部独立核算单位各明细科目的借方余额合计与贷方余额合计的差额相等。各明细科目的期末借方余额合计反映应收内部单位的款项，贷方余额合计反映应付内部单位的款项。本科目应按各内部单位的户名设置明细账，进行明细分类核算。建筑业企业与所属单位之间、所属单位与所属单位之间，对本科目的记录应相互一致。

建筑业企业与内部独立核算单位之间有关生产周转资金的下拨、上交，应在"拨付所属资金"和"上级拨入资金"科目核算，不在本科目核算；企业拨给非独立核算的内部单位的周转金，应在"备用金"科目核算，不在本科目核算。

**例 8-15** 2016 年 3 月 3 日，北京诚信邦建筑工程有限公司使用内部独立核算的设备租赁公司的塔吊，发生吊装作业费 5 000 元。设备租赁公司应填制"内部往来记账通知单"一式两联，一联自留，一联连同所附单证交给公司。

公司编制会计分录如下：

借：工程施工　　　　　　　　　　　　　　5 000

贷：内部往来——设备租赁公司　　　　　　5 000

设备租赁公司编制会计分录如下：

借：内部往来——诚信邦公司　　　　　　5 000

贷：其他业务收入　　　　　　　　　　5 000

## 8.5.2　应交税费的核算

国家为取得财政收入，实现公共财政职能的目的。国家对企业经营所得依法收取各种税费。

企业应缴纳的税费包括：增值税、消费税、营业税（现已改征增值税）、企业所得税、资源税、土地增值税、城市维护建设税、房产税、土地使用税、车船税、印花税、耕地占用税、教育费附加、矿产资源补偿费等税费，按规定还包括企业代收代缴的个人所得税。其中除了印花税、耕地占用税等均在应交税费科目中核算。

### 1．建筑业营改增

2016 年 3 月 23 日，财政部、国家税务总局联合印发《关于全面推开营业税改正增值税试点的通知》（财税〔2016〕36 号），将建筑业、房地产业、金融业和生活服务业纳入"营改增"试点，由此，彻底解决了建筑业企业重复征税的问题。营业税是对商品流转全额进行征税，而增值税只要求纳税人为产品和服务的增值部分纳税，对已征过税的部分不再进行征收。然而，问题也随之而来。增值税的计算方法、申报、征收等，较营业税而言更为复杂。

纳税人是在中国境内提供建筑服务（在境内提供服务是指建筑服务的销售方或者购买方在境内）的单位和个人为增值税纳税人。纳税人、征收范围等如表 8.1 所示。

表8.1　　　　　　　　　　　　增值税一般情况表

| 纳税人 | 单位 | 企业 |
| --- | --- | --- |
| | | 行政单位 |
| | | 事业单位 |
| | | 军事单位 |
| | | 社会团体 |
| | | 其他单位 |
| | 个人 | 个体工商户 |
| | | 其他个人 |

| 征收范围 | 工程服务 | |
|---|---|---|
| | 安装服务 | |
| | 修缮服务 | |
| | 装饰服务 | |
| | 其他建筑服务 | |
| 税率 | 一般纳税人 | 17% |
| | | 11% |
| | | 6% |
| | 小规模纳税人 | 3% |

### 2．应交税费的核算

（1）"应交税费"账户设置

"应交税费"账户是企业为反映各种税费的缴纳情况，并按照各企业实际情况设置明细科目，借方记已缴纳的各种税费，期末反映企业尚未缴纳的税费，如期末余额在借方则表示多交或留抵税费。

（2）应交税费明细科目设置

建筑业营改增后，建筑业企业变为增值税纳税人，而一般纳税人与小规模纳税人由于其开具发票不同、核算税额方法不同，"应交税费"的明细科目也不相同，如表8.2所示。

表8.2　　　　　　　　　　　"应交税费"明细科目表

| 一般纳税人 | | 小规模纳税人 |
|---|---|---|
| 应交增值税 | 进项税额 | 应交增值税 |
| | 已交税金 | |
| | 出口退税 | |
| | 转出未交增值税 | |
| | 转出多交增值税 | |
| | 减免税款 | |
| | 应交税费出口抵减内销产品应纳税额 | |
| | 预缴税金 | |
| | 结转增值税（下级结转） | |
| 未交增值税 | | |
| 待抵扣进项税额 | | |
| 增值税留底税额 | | |
| 增值税检查调整 | | |

"应交税费"科目

借方发生额反映企业购进货物、不动产、无形资产以及接受服务支付的，允准可抵扣的进项税额，为当期已实际缴纳的增值税额，即三级科目"进项税额"所核算内容；贷方发生额反映企业销售货物或提供应税劳务应收取的增值税额，即销项税额。本期期末借方余额表示企业未抵扣的增值税；不出现期末余额在贷方的情况。

"未交增值税"科目

月末时出现"应交税费——应交增值税"为借方余额时，企业月末多交的增值税转入"未交增值税"的借方，即"转出多交增值税"；当"应交税费——应交增值税"出现贷方余额时，当月发生的应交未交增值税转入"未交增值税"的贷方，即"转出未交增值税"；期末借方余额反映多交增值税，贷方余额反映未交增值税。

"待抵扣进项税额"科目

借方发生额反映本期已经购进但尚未抵扣的进项税额，贷方反映次月比对无误进项发票可以抵扣的进项税额。

- ❑ 一般纳税人处在纳税辅导期时，先认证进项发票，后抵扣；
- ❑ 进口企业取得海关专业缴款书，先稽核比对，后抵扣。

该科目也可核算取得不动产或者不动产在建工程时，40%部分的待抵扣进项税额。

**例 8-16** 北京诚信邦建筑工程有限公司为一般纳税人，其销售产品的增值税税率为 17%。2016 年 9 月份发生于增值税相关的经济业务与会计分录如下。

（1）购进一批原材料，不含税价格为 20 000 元，运费 2 000 元，取得增值税专用发票，已用银行存款付讫。

借：原材料　　　　　　　　　　　　　　　　　 22 000

　　应交税费——应交增值税（进项税额）　　　　 3 400

　　贷：银行存款　　　　　　　　　　　　　　　　 25 400

（2）销售甲产品一批，不含税价格为 30 000 元，均已于当月开出增值税专用发票，款项收到已存入银行。

借：银行存款　　　　　　　　　　　　　　　　 35 100

　　贷：主营业务收入　　　　　　　　　　　　　 30 000

　　　　应交税费——应交增值税（销项税额）　　　 5 100

（3）交上月增值税 2 000 元。

借：应交税费——未交增值税　　　　　　　　　2 000

　　贷：银行存款　　　　　　　　　　　　　　　　2 000

（4）假设当月卖出（2）所述一批甲产品，只取得且认证（1）所述一张进项发票。

借：应交税费——应交增值税（转出未交增值税）1 700

　　贷：应交税费——未交增值税　　　　　　　　1 700

**例 8-17**　2016 年 8 月份，北京诚信邦建筑工程有限公司（小规模纳税人），当月销售额为 2 600 元，开出增值税普通发票，税额为 600 元；当月购进材料总价 3 000 元。

发生销售收入时（省略结转成本会计分录），

借：应收账款　　　　　　　　　　　　　　　　2 600

　　贷：主营业务收入　　　　　　　　　　　　　2 000

　　　　应交税费——应交增值税　　　　　　　　　600

购进材料时，银行存款付讫，

借：原材料　　　　　　　　　　　　　　　　　3 000

　　贷：银行存款　　　　　　　　　　　　　　　3 000

下月交税时，

借：应交税费——应交增值税（已交税金）　　　　600

　　贷：银行存款　　　　　　　　　　　　　　　　600

**提示**：流转税产生的同时，需分别按 7%、3%、2% 计提城市维护建设费、教育费附加、地方教育附加。当然还要考虑当地的优惠政策等。

**例 8-18**　北京诚信邦建筑工程有限公司 2016 年 8 月份应交增值税为 2 000 元，本月应交城市维护建设费、教育费附加、地方教育费附加分别为 140 元、60 元、40 元。

借：主营业务税金及附加　　　　　　　　　　　　240

　　贷：应交税费——应交城市维护建设费　　　　140

　　　　其他应付款——应交教育费附加　　　　　　60

　　　　其他应付款——应交地方教育费附加　　　　40

## 8.5.3　应付股利的核算

应付股利是企业根据董事会、股东大会或者类似机构对利润分配的决议，确定的现金股利或利润，作为投资者的投资收益。企业在实际经营过程中，实现的利润在按国家规定纳税后，经董事会或股东大会宣告却暂未发放的利润，形成企业的一项流动负债。在"应付股利"账户中核算。

企业根据董事会或股东大会等的利润分配决议，借方记"利润分配——应付股利"科目，贷方记"应付股利"科目；企业在发放时，借方记"应付股利"科目，贷方记"银行存款""库存现金"等科目。为方便明细核算，企业可按投资者设置明细账。

**例 8-19** 经董事会决议，某企业应分配给张明现金 20 000 元，李贺 30 000 元，均尚未支付。

分配股利时，

借：利润分配——应付股利——张明　　　　20 000

　　利润分配——应付股利——李贺　　　　30 000

　　贷：应付股利——张明　　　　　　　　　　20 000

　　　　应付股利——李贺　　　　　　　　　　30 000

支付股利时，

借：应付股利——张明　　　　　　　　　　20 000

　　应付股利——李贺　　　　　　　　　　30 000

　　贷：银行存款　　　　　　　　　　　　　　50 000

## 8.5.4　其他应付款的核算

其他应付款是指公司除了短期借款、应付账款、预收账款、应付票据、应付职工薪酬、应交税费等以外的各种应付、暂收款项，主要包括应付经营租入固定资产和包装物的租金、存入保证金、应付及暂收其他单位的款项等。

建筑业企业为了核算和监督其他应付款的发生和支付情况，设置"其他应付款"账户。该账户属于负债类账户，贷方登记其他应付、暂收款的发生数；借方登记已经偿还给其他单位和个人的款项；期末余额在贷方，表示尚未偿还其他单位和个人的款项。该账户其他应付和暂收款的类别和单位、个人进行明细核算。

**例 8-20** 2016 年 3 月 10 日，北京诚信邦建筑工程有限公司的设备租赁公司，出租给裕丰公司钩机一台，收到租用押金 6 000 元。收到押金时需开具收款收据，如图 8.17 所示。

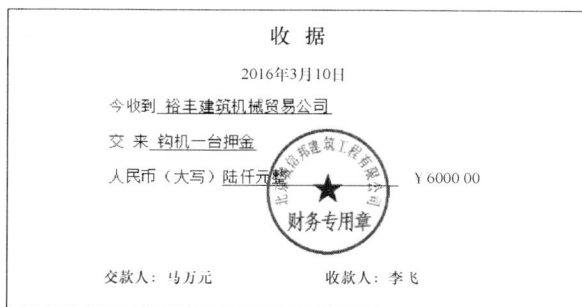

图 8.17　收到押金时的收据

编制会计分录如下：

借：库存现金　　　　　　　　　　　　　　　6 000

　　贷：其他应付款——甲公司　　　　　　　　5 000

例 8-21　2016 年 3 月 15 日，北京诚信邦建筑工程有限公司向马三租入办公用房 8 间，每月需要支付房租 5 000 元。

借：管理费用——房租　　　　　　　　　　　5 000

　　贷：其他应付款——马三　　　　　　　　　　5 000

例 8-22　2016 年 3 月 20 日，裕丰公司租赁期结束退还钩机，公司退还押金。裕丰公司收到退还押金的收据，如图 8.18 和图 8.19 所示。

图 8.18　退还押金收据

图 8.19　支票存根—退还押金

编制会计分录如下：

借：其他应付款——甲公司                6 000

    贷：银行存款                      6 000

## 实战训练

【训练一】                复习思考题

1. 负债的特点是什么，如何分类？

2. 应付职工薪酬的组成？

3. 一般纳税人和小规模纳税人的"应交税费——应交增值税"的区别？

【训练二】                短期借款的核算

1. 2016 年 4 月 1 日，A 建筑公司向银行借入项目资金 30 000 元，为期三个月，月息 0.05%，到期一次还本付息，借款已存入银行。

（1）借入款项时的会计分录；

（2）4 月 30 日、5 月 31 日按月计提利息时的会计分录；

（3）6 月 30 日，到期接到银行还本付息通知，归还借款本息时的会计分录。

2. 2016 年 1 月 1 日，A 建筑公司向银行借入 800 000 元，期限 9 个月，年利率 4%，按季付息，到期支付本金。

（1）1 月 1 日，借入款项时的会计分录；

（2）1 月 31 日，计提月利息的会计分录；

（3）3 月 31 日，支付利息时的会计分录；

（4）10 月 1 日，偿还借款时的会计分录。

【训练三】                应付、预收账款的核算

A 建筑公司为增值税一般纳税人，增值税税率为 17%。生产中所需材料按实际成本核算，该公司 2016 年 8 月份发生以下经济业务。

（1）8 月 1 日，购进一批木料，不含税合计 40 000 元，运杂费 4 000 元，货款尚未支付。

（2）8 月 5 日，木料验收入库，并收到增值税专用发票，税额为 6 800 元。企业签发商业承兑汇票一张支付所有款项，11 月 5 日到期。

（3）8 月 10 日，A 公司承包一项目工程，合同总价款为 100 000 元，按合同约定，预收合同价款的 10%，于 8 月 11 日，收到转账支票一张，并存入银行。

（4）8 月 31 日，承包项目已完工验收，剩余款项已到账。

列出发生的经济业务的会计分录。

**【训练四】** 应付职工薪酬的核算

A 建筑公司为增值税一般纳税人，适用的增值税税率为 17%。2016 年 3 月发生与职工薪酬有关的交易或事项如下。

（1）对行政管理部门使用的设备进行日常维修，应付企业内部维修人员工资 8 000 元。

（2）将 50 套自产的一套桌椅作为福利分配给项目施工管理人员。该套桌椅每套生产成本为 6 000 元，市场售价为 10 000 元（不含增值税）。

（3）3 月 31 日，分配职工工资元，其中工程直接施二人员工资 80 000 元，工程管理人员 50 000 元，机械作业人员工资 60 000 元，机械管理人员工资 30 000 元，辅助生产人员工资为 30 000 元，企业行政管理人员工资 20 000 元。

（4）以银行存款缴纳职工医疗保险费 50 000 元。

（5）按规定计算代扣代缴职工个人所得税 8 000 元。

（6）以现金支付职工李某生活困难补助 1 000 元。

（7）从应付张经理的工资中，扣回上月代垫的应由其本人负担的医疗费 8 000 元。

**【训练五】** 应交税费的核算

A 建筑施工企业为一般纳税人，2016 年 10 月份发生以下经济事项：

（1）完成一项目承包工程，工程价款为 100 000 元，开出增值税专用发票，税额为 11 000 元；

（2）购进不需要安装的设备一台，增值税专用发票上表明价款为 55 000 税额为 9 350 元，并于月底按应缴纳增值税额计提城市维护建设费 7%、教育费附加 3%、地方教育费附加 2%；

（3）2016 年 11 月初申报缴纳上月税额。

# 第9章 建筑施工企业非流动负债的核算

非流动负债是指偿还期在 1 年以上或者超过 1 年的一个营业周期以上的负债，即流动负债以外的负债，主要包括长期借款、应付债券、长期应付款等，非流动负债可以帮助企业获得发展所必需的长期资金。

## 9.1 长期借款的核算

长期借款是指企业向银行或其他金融机借入的期限在一年以上（不含一年）的各项借款。一般用于固定资产的构建、改扩建工程、大修理工程、流动资金周转等。其目的是为了保持长期经营能力。

### 9.1.1 长期借款的主要作用

可以弥补企业流动资金的不足，在一定程度上，还起着施工企业正常施工生产经营所需垫底资金的作用。

可以购建企业扩大再生产所需固定资产。

可以为投资人带来获利的机会。

### 9.1.2 长期借款的账户设置及核算

为了总括地核算和监督企业长期借款的取得和归还情况，建筑业企业应设置"长期借款"账户。该账户属于负债类账户，贷方登记借入的本金；借方登记按期归还的本金；期末余额在贷方，表示企业尚未偿还的长期借款的金额。该账户应当按照贷款单位和贷款种类进行明细核算。

#### 1．取得长期借款的核算

取得长期借款时，按照实际借入的金额，借记"银行存款"账户，贷记"长期借款"账户。

## 2．长期借款利息的核算

长期借款的利息费用，应当按以下原则计入有关成本、费用：

用于企业生产经营正常周转而借入的长期借款所发生的借款费用，直接计入当期的财务费用。

筹建期间发生的长期借款费用（购建固定资产所借款项除外）计入长期待摊费用。

在清算期间所发生的长期借款费用，计入清算损益。

为购建固定资产而发生的长期借款费用，在该项固定资产达到预定可使用状态前，按规定予以资本化，计入所建造的固定资产价值；在固定资产达到预定可使用状态后，直接计入当期的财务费用。

长期借款（分期付息）按合同利率计算确定的应付未付利息，借记“在建工程”“财务费用”“研发支出”等账户，贷记“应付利息”账户。支付利息时，借记“应付利息”账户，贷记“银行存款”账户。

## 3．到期偿还的核算

长期借款到期，按照偿还的金额，借记“长期借款”账户，贷记“银行存款”账户。

**例 9-1** 2014 年 8 月 1 日，诚信邦建筑工程公司准备建造办公楼，因此申请借入期限为 2 年的专门借款 1 500 000 元，款项已批复转入银行存款户。借款利率为 9%，按季结息。借款于当日投入建造办公楼项目中，该办公楼于 2016 年 5 月 30 日完工，达到预定可使用状态。

（1）2014 年 8 月 1 日取得借款（附单据见图 9.1）时，

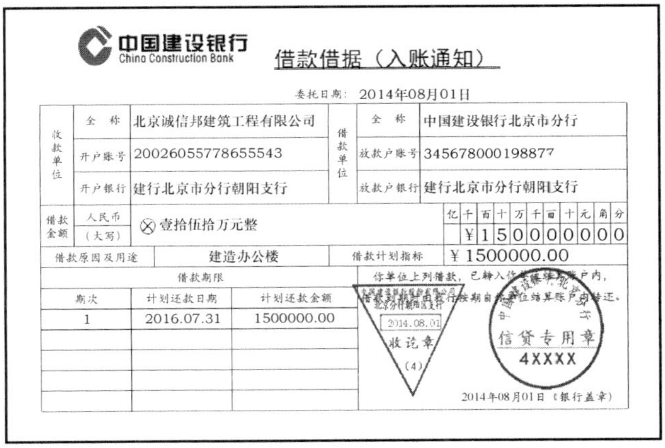
中国建设银行 China Construction Bank

借款借据（入账通知）

委托日期：2014年08月01日

| | | | | | |
|---|---|---|---|---|---|
| 收款单位 | 全称 | 北京诚信邦建筑工程有限公司 | 借款单位 | 全称 | 中国建设银行北京市分行 |
| | 开户账号 | 20026055778655543 | | 放款户账号 | 345678000198877 |
| | 开户银行 | 建行北京市分行朝阳支行 | | 放款户银行 | 建行北京市分行朝阳支行 |
| 借款金额 | 人民币（大写） | ⊗壹拾伍拾万元整 | | | ¥150000000 |
| 借款原因及用途 | | 建造办公楼 | 借款计划指标 | | ¥1500000.00 |

| 借款期限 | | |
|---|---|---|
| 期次 | 计划还款日期 | 计划还款金额 |
| 1 | 2016.07.31 | 1500000.00 |

你单位上列借款，已转入你单位结算账户内，借款到期时由我行按期自你单位结算账户内转还。

收讫章 2014.08.01 (4)

信贷专用章 4XXXX

2014年08月01日（银行盖章）

图 9.1 借款借据

编制会计分录如下：

借：银行存款                            1 500 000

    贷：长期借款                       1 500 000

（2）2014 年 8 月 31 日计提利息（附单据见图 9.2）时，

### 借款利息计提表

2016年8月31日

| 序号 | 贷款银行 | 借款金额 | 月利率 | 月利息金额 |
|------|---------|----------|--------|-----------|
| 1 | 建行 | 1 500 000 | 7.5‰ | 11 250 |
| | | | | |
| 合计 | — | 1 500 000 | — | 11 250 |

审核：××          制单：××

图 9.2　借款利息计提表

编制会计分录如下：

借：在建工程——办公楼                  11 250

    贷：应付利息                       11 250

（3）2014 年 9 月 30 日支付借款利息（附单据见图 9.3）时，

### 中国建设银行　（利息回单）

日期：2014年09月30日

| 付款单位 | 户 名 | 北京诚信邦建筑工程有限公司 | 收款单位 | 户 名 | 北京诚信邦建筑工程有限公司 |
|---|---|---|---|---|---|
| | 账 号 | 20026055778655500 | | 账 号 | 20026055778655500 |
| | 开户银行 | 工行北京市民族路支行 | | 开户银行 | 农业银行北京市支行 |

| 计息起讫日期 | 2014.08.01—2014.09.30 | | |
|---|---|---|---|
| 积 数 | | 税率 7.5‰ | 利息 22500 |
| 备 注 | 2014.09.30 | 银行盖章 | |

注：本凭证为打印件

图 9.3　建设银行利息回单

编制会计分录如下：

借：应付利息                           11 250

    在建工程                           11 250

贷：银行存款　　　　　　　　　　　　　　22 500

（4）2014 年 10 月至 2016 年 5 月每月计提利息和按季支付利息的账务处理同（2）（3）。

（5）2016 年 6 月支付利息（附单据见图 9.4）时，

图 9.4　建设银行利息回单二

编制会计分录如下：

借：财务费用　　　　　　　　　　　　　　11 250

　　应付利息　　　　　　　　　　　　　　22 500

　　贷：银行存款　　　　　　　　　　　　　　33 750

（6）2016 年 7 月 30 日归还本息（附单据见图 9.5 和图 9.6）时，

图 9.5　建设银行进账单

图 9.6　建设银行利息回单

编制会计分录如下：

借：财务费用　　　　　　　　　　　　　11 250

　　长期借款　　　　　　　　　　1 500 000

　　贷：银行存款　　　　　　　　　　　　1 511 250

# 9.2　应付债券的核算

应付债券是指企业为筹集长期资金而实际发行的债券及应付的利息，它是企业筹集长期资金的一种重要方式。企业发行债券的价格受同期银行存款利率的影响较大，一般情况下，建筑业企业发行的债券通常分为到期一次还本付息或一次还本、分期付息两种，在债券发行的价格上有面值发行、溢价发行、折价发行三种。假设其他条件不变，债券的票面利率高于同期银行存款利率时，可按超过债券面值的价格发行，称为溢价发行。溢价是企业以后各期多付利息而事先得到的补偿。如果债券的票面利率低于同期银行存款利率，可按低于债券面值的价格发行，称为折价发行。折价是企业以后各期少付利息而预先给投资者的补偿。如果债券的票面利率与同期银行存款利率相同，可按票面价格发行，称为面值发行。

建筑业企业一般设置"应付债券"科目，并在该科目下设置"面值""利息调整""应计利息"等明细科目，核算应付债券发行、计提利息、还本付息等情况。

## 9.2.1 债券发行的核算

企业按面值发行债券时，应按实际收到的金额，借记"银行存款"等科目，按债券票面金额，贷记"应付债券——面值"科目；存在差额的，还应借记或贷记"应付债券——利息调整"科目。

## 9.2.2 债券利息的核算

对于按面值发行的债券，在每期采用票面利率计提利息时，应当按照与长期借款相一致的原则计入有关成本费用，借记"在建工程""财务费用""研发支出"等科目；其中，对于分期付息、到期一次还本的债券，其按票面利率计算确定的应付未付利息通过"应付利息"科目核算，对于一次还本付息的债券，其按票面利率计算确定的应付未付利息通过"应付债券——应计利息"科目核算。应付债券按实际利率（实际利率与票面利率差异较小时也可按票面利率）计算确定的利息费用，应按照与长期借款相一致的原则计入有关成本、费用。

## 9.2.3 债券到期归还的核算

长期债券到期，企业支付债券本息时，借记"应付债券——面值"和"应付债券——应计利息""应付利息"等科目，贷记"银行存款"等科目。

**例 9-2** 2016 年 4 月 1 日诚信邦建筑工程公司经批准按面值发行 5 年期债券（与购建固定资产无关），面值总额 1 000 万元，期限 5 年，票面利率 6%，该债券每年付息 1 次，到期还本。债券已全部售完，实际收到价款 1 000 万元，存入银行。

公司债券存根簿，如图 9.7 所示。

公司债券存根簿

2016年4月1日

| 债券持有人姓名或名称 | 住所 | 取得债券日期 | 债券编号 | 债券总额 | 票面金额 | 债券利率 | 还本付息期限 | 债券发行日期 |
|---|---|---|---|---|---|---|---|---|
| 甲公司 | 北京市黄兴路 | 2016.4.1 | 00001～05000 | 5 000 000 | 1 000 | 6% | 5年 | 2016.4.1 |
| 乙公司 | 北京市建国路 | 2016.4.1 | 05001～08000 | 3 000 000 | 1 000 | 6% | 5年 | 2016.4.1 |
| 丙公司 | 北京市民族路 | 2016.4.1 | 08001～10000 | 2 000 000 | 1 000 | 6% | 5年 | 2016.4.1 |
| 合计 | | | | 10 000 000 | | | | |

图 9.7 公司债券存根簿

（1）上述业务应编制会计分录如下：

借：银行存款　　　　　　　　　　　　　10 000 000
　　贷：应付债券——债券面值　　　　　　　　　10 000 000

若实际收到价款 1 010 万元，

借：银行存款　　　　　　　　　　　　　10 100 000
　　贷：应付债券——债券面值　　　　　　　　　10 000 000
　　　　　　　　　——利息调整　　　　　　　　　　100 000

若实际收到价款为 998 万元，

借：银行存款　　　　　　　　　　　　　　9 980 000
　　应付债券——利息调整　　　　　　　　　　20 000
　　贷：应付债券——债券面值　　　　　　　　　10 000 000

（2）2016 年 4 月 30 日计提利息，

借：财务费用　　　　　　　　　　　　　　　50 000
　　贷：应付利息　　　　　　　　　　　　　　　　50 000

（3）若发行债券是到期一次还本付息的，计提利息时，

借：财务费用　　　　　　　　　　　　　　　50 000
　　贷：应付债券——应计利息　　　　　　　　　　50 000

（4）若采用的是按年结息，债券到期还本付息时，

借：财务费用　　　　　　　　　　　　　　　50 000
　　应付利息　　　　　　　　　　　　　　　100 000
　　应付债券——债券面值　　　　　　　10 000 000
　　贷：银行存款　　　　　　　　　　　　　10 150 000

（5）若采用的是到期一次还本付息的，

借：财务费用　　　　　　　　　　　　　　　50 000
　　应付债券——债券面值　　　　　　　10 000 000
　　　　　　　　——应计利息　　　　　　2 950 000
　　贷：银行存款　　　　　　　　　　　　　13 000 000

# 9.3　其他长期应付款的核算

长期应付款是在较长时间内应付的款项，而会计业务中的长期应付款是指除了长期借款和应付债券以外的其他多种长期应付款。主要有应付补偿贸易引进设

备款和应付融资租入固定资产租赁费等。

企业发生的长期应付款及以后归还情况的核算与监督，在会计账上设置一个"长期应付款"科目。该科目属于负债类科目，其贷方登记发生的长期应付款，主要有应付补偿贸易补偿登记引进设备款及其应付利息、应付融资租入固定资产的租赁费等；借方登记长期应付款的归还数；期末余额的贷方，表示尚未支付的各种长期应付款。该科目应按长期应付款的种类设置明细科目，进行明细核算。

使用"长期应付款"科目时需注意：

（1）本科目核算企业除长期借款和企业债券以外的其他各种长期应付款项，包括以分期付款方式购入固定资产和无形资产发生的应付账款、应付融资租入固定资产的租赁费等；

（2）本科目应当按照长期应付款的种类和债权人进行明细核算。

## 9.3.1 补偿贸易引进设备应付款

补偿贸易是从国外引进设备，再用该设备生产的产品归还设备价款。国家为了增大企业开展补偿贸易，规定开展补偿贸易的企业，补偿期内免交引进设备所生产的产品的流转税。

实际上补偿贸易是以生产的产品归还设备价款，因此，一般情况下，设备的引进和偿还设备价款是没有现金的流入和流出。

在会计核算时，一方面引进设备的资产价值以及相应的负债，作为本企业的一项资产和一项负债，在资产负债表中，分别包括在"固定资产"和"长期应付款"项目中；另一方面用产品归还设备价款时，视同产品销售。

## 9.3.2 融资租入固定资产应付款

融资租入的固定资产，租赁在有效期内，虽然资产的所有权尚未归租入方所有，但租赁资产上的所有权风险以及相应的融资作为一项资产和负债，纳入资产负债表。

融资租入的固定资产应该视同租入方固定资产管理，在"固定资产"科目下单独设置"融资租入固定资产"明细科目，同时，融资租入的固定资产的融资租入费，形成了一笔长期负债，这笔负债在"长期应付款"科目下设置"融资租入固定资产应付款"明细科目进行核算。融资租入固定资产应付款的核算方法，有以下两种：

- ❑ 总价法；
- ❑ 净价法。

在总价法下，"融资租入固定资产应付款"应以未来支付的租赁款总额（即租赁的最低付款总额）入账，同时要对"未付利息费用"（即租赁资产的最低付款总额与其起租日公允市价的差额）另设账户核算逐期登记其已付利息及结记未付利息费用，并在资产负债表中作为"融资租入固定资产应付款"的备抵项目列示。总价法的优点是能较清晰地反映承租企业的财务状况。

而在净价法下，"融资租入固定资产应付款"则以租赁的最低付款总额的现值（即租赁资产起租日的公允市价）入账。在美国，以上两种方法都属公认的会计原则所允许采用的方法。我国现行会计制度采用的是净价法，即按融资租入固定资产实际发行的应付款数额登记入账。

## 9.3.3 补偿贸易的核算

**例 9-3** 2016 年年初，北京诚信邦建筑工程有限公司采用补偿贸易方式引进一套施工机械设备，该设备价款为 1 000 000 美元，随同设备一起进口的零配件价款为 50 000 美元，支付的国外运杂费为 2 000 美元，另以人民币支付进口关税 111 500 元，国内运杂费为 2 000 元，安装费为 22 000 元。设备在一周内即安装完毕，引进设备当日美元汇率为¥8.8/USD1。

（1）引入设备时，应编制会计分录如下：

借：在建工程 8 817 600

原材料——修理用备件 440 000

贷：长期应付款——应付引进设备款——美元户（USD1 052 000）

9 257 600

（2）支付进口关税、国内运杂费和设备安装费时，应编制会计分录如下：

借：在建工程 135 500

贷：银行存款 135 500

（3）将安装完毕的设备及进口工具和零配件交付使用时，应编制会计分录如下：

借：固定资产 8 953 100

贷：在建工程 8 953 100

（4）以引进设备所生产的产品的销售收入美元 100 000 归还设备款时，应编制会计分录如下：（假设当日汇率为¥8.9/USD1）

借：长期应付款——应付引进设备款——美元户（USD100 000） 890 000

贷：银行存款（USD100 000） 890 000

（5）第一年末（假设当日汇率为￥8.7/USD1），根据补偿贸易合同的规定，按6%计提应付利息时，应编制会计分录如下：

借：财务费用——利息支出          549 144

    贷：长期应付款——应付引进设备款——美元户（USD63 120）

                 549 144

（6）按年末汇率确定"长期应付款——应付引进设备款-美元户"汇兑损益

长期应付款——应付引进设备款——美元户

年末美元余额为 USD1 052 000+USD63 120-USD100 000=USD1 015 120

应折合为人民币金额为 1 015 120×8.7=8 831 544（元）

调整前该账户记账本位币余额 9 257 600+549 144-890 000=8 916 744（元）

应确定汇兑损益85 200 元

编制会计分录如下：

借：长期应付款——应付引进设备款——美元户    85 200

    贷：财务费用——汇兑损益             85 200

说明：① 根据规定，来料加工、来件装配和补偿贸易所需进口的设备，免征增值税；

② 为简化核算，随同设备一起进口的工具、零配件等如所占比重很小，可不分摊利息费用和汇兑损益。

# 9.4 债务重组的相关核算

债务重组又称债务重整，是指债权人在债务人发生财务困难情况下，债权人按照其与债务人达成的协议或者法院的裁定做出让步的事项。

## 9.4.1 债务重组的方式

根据《企业会计准则第12号——债务重组》规定，债务重组的方式包括：

（1）以资产清偿债务；

（2）将债务转为资本；

（3）修改其他债务条件，如减少债务本金、减少债务利息等；

（4）以上三种方式的组合等。

## 9.4.2 以现金清偿债务的会计核算

根据《企业会计准则第 12 号——债务重组》规定，以现金清偿债务的，债务人应当将重组债务的账面价值与实际支付现金之间的差额，计入当期损益。

以低于债务账面价值的现金清偿债务的，企业在进行会计处理时，将其差额记入"营业外收入——债务重组利得"账户。

**例 9-4** 威北建工欠北京诚信邦建筑工程有限公司 150 000 元的应付账款，为尽快清理相关债务，双方协议，诚信邦公司同意免去威北建工 20 000 元，余额则由威北建工用现金立即清偿。应编制会计分录如下：

借：应付账款——威北建工     150 000

 贷：银行存款         130 000

   营业外收入——债务重组利得   20 000

## 9.4.3 以非现金资产清偿债务的会计核算

根据《企业会计准则第 12 号——债务重组》规定，以非现金资产清偿债务的，债务人应当将重组债务的账面价值与转让的非现金资产公允价值之间的差额，计入当期损益。转让的非现金资产公允价值与其账面价值之间的差额，计入当期损益。

## 9.4.4 将债务转为资本

根据《企业会计准则第 12 号——债务重组》规定，将债务转为资本的，债务人应当将债权人放弃债权而享有股份的面值总额确认为股本（或者实收资本），股份的公允价值总额与股本（或者实收资本）之间的差额确认为资本公积。

重组债务的账面价值与股份的公允价值总额之间的差额，计入当期损益。

## 9.4.5 修改其他债务条件

根据《企业会计准则第 12 号——债务重组》规定，修改其他债务条件的，债务人应当将修改其他债务条件后债务的公允价值作为重组后债务的入账价值。重组债务的账面价值与重组后债务的入账价值之间的差额，计入当期损益。

修改后的债务条款如涉及或有应付金额，且该或有应付金额符合《企业会计准则第 13 号——或有事项》中有关预计负债确认条件的，债务人应当将该或有应付金额确认为预计负债。重组债务的账面价值，与重组后债务的入账价值和预计负债金额之和的差额，计入当期损益。

或有应付金额，是指需要根据未来某种事项出现而发生的应付金额，而且该未来事项的出现具有不确定性。

债务重组以现金清偿债务、非现金资产清偿债务、债务转为资本、修改其他债务条件等方式的组合进行的，债务人应当依次以支付的现金、转让的非现金资产公允价值、债权人享有股份的公允价值冲减重组债务的账面价值，再按照本准则第七条的规定处理。

# 9.5　预计负债的相关核算

## 9.5.1　预计负债的确认条件

根据《企业会计准则第 13 号——或有事项》的规定，当或有事项相关义务同时满足下列条件时，应当确认为预计负债。

（1）该义务是企业承担的现实义务。

（2）履行该义务很可能导致经济利益流出企业。通常是指履行与或有事项相关的现实义务时，导致经济利益流出企业的可能性超过 50%。

（3）该义务的金额能够可靠的计量。

因此，预计负债是因或有事项所产生的现实义务而确认的负债，预计负债属于企业的负债，在资产负债表上应单独反映。与一般负债不同的是，预计负债导致经济利益流出企业的可能性尚未达到基本确定的程度，金额往往需要估计。

## 9.5.2　预计负债的计量

### 1．初始计量

预计负债应当按照履行相关现时义务所需支出的最佳估计数进行初始计量。

所需支出存在一个连续范围，且该范围内各种结果发生的可能性相同，最佳估计数应当按照该范围内的中间值确定。

### 2．后续计量

建筑施工企业应当在资产负债表日对预计负债的账面价值进行复核。有确凿证据表明该账面价值不能真实反映当前最佳估计数的，应当按照当前最佳估计数对该账面价值进行调整。

### 9.5.3 预计负债的核算

#### 1. 设置"预计负债"账户

它属于负债类账户，建筑施工企业按规定确认的预计负债，计入其贷方；实际偿付的负债，计入其借方，期末余额在贷方，反映企业已预计、尚未支付的账务。

#### 2. "预计负债"核算内容

核算企业确认的对外提供担保、未决诉讼、产品质量保证、重组义务、亏损性合同等预计负债。

#### 3. "预计负债"的主要账务处理

企业由对外提供担保、未决诉讼、重组义务产生的预计负债，应按确定的金额，借记"营业外支出"等账户，贷记本账户。由产品质量保证产生的预计负债，应按确定的金额，借记"销售费用"账户，贷记本账户。实际清偿或冲减的预计负债，借记本账户，贷记"银行存款"等账户。

### 实战训练

【训练一】　　　　　　　复习思考题

1. 长期借款的主要作用有哪些？
2. 应付债券利息如何计算？
3. 融资租入固定资产的应付款如何核算？
4. 债务重组的方式有哪些？
5. 如何核算以现金清偿债务的核算。

【训练二】　　　　　　　应付债券的核算

某公司批准发行面值为 200 万元的长期债券，发行费用共 65 000 元，企业发行期间冻结资金所产生的利息收入 24 000 元。根据上述资料做出相关账务处理。

【训练三】　　　　　　　预计负债的核算

2016 年 12 月 25 日，公司因侵犯 W 企业的专利权被 W 企业起诉，要求赔偿 100 万元，至 12 月 31 日法院尚未判决。公司经研究认为，侵权事实成立，本诉讼败诉的可能性为 80%，最大可能赔偿金额为 60 万元。则公司年末应如何做会计处理。

【训练四】　　　　　　　长期借款的核算

某企业 1 月 1 日向建设银行借入资金 120 万元，用于新建厂房，借款利率为

6%，借款期限为 3 年，每年年末付息一次，3 年后期满一次还清本金。当年 1 月初以银行存款支付工程款 80 万元，第二年 1 月初，又以银行存款支付工程款 40 万元，第二年 12 月 31 日工程完工，交付使用并办理竣工决算手续。根据上述资料做出相关账务处理。

### 【训练五】　　　　　　　长期借款的核算

金华建筑公司发生下列有关长期借款的经济业务：

企业于 1 月 1 日向建设银行借入 50 万元，存入存款户。用于技术改造工程。借款期 2 年，年利率 5%，年末支付利息。该工程 1 年完工并交付使用。

1. 当年 1 月 1 日，借入款项时。

2. 当年年末计算利息时。

3. 当年年末支付利息时

4. 第二年年末计算利息时。

5. 借款到期，还本付息时。

根据上述经济业务编制记账凭证。

# 第 10 章　建筑施工企业所有者权益的核算

从法律意义上讲，企业全部属于股东也就是所有者，但从经济的角度讲，只有所有者权益部分属于所有者，所以所有者权益部分的核算是股东非常关心的内容。

## 10.1　建筑施工企业所有者权益概述

建筑施工企业所有者权益的核算内容与其他企业大体相同，所以本书就简单介绍一下本部分。

### 10.1.1　所有者权益概念及特征

所有者权益是企业投资者对企业净资产的所有权，是企业全部资产减去全部负债后的净额。所有者权益表明了企业的产权关系，即企业归谁所有。

所有者权益的特征如下：

❑　无需偿还。除非发生减资、清算，企业不需偿还所有者权益；

❑　企业清算时，接受清偿在负债之后，所有者权益是对企业净资产的要求权；

❑　可分享企业利润。所有者能凭借所有者权益参与利润的分配。

### 10.1.2　所有者权益包含的内容

依据所有者权益的不同来源及经济内容，所有者权益分为实收资本、资本公积、盈余公积、未分配利润四部分内容，并在会计报表中分别列示。

❑　实收资本：所有者按出资比例实际投入到企业的资本。

❑　资本公积：指由投资者投入但不构成实收资本，或从其他非收益来源取得，由全体所有者共同享有的资金。包括资本溢价、资产评估增值、接受捐赠、外币折算差额等。

❑　盈余公积：按照规定从企业的税后利润中提取的公积金。主要用来弥补企业以前的亏损和转增资本。

❑ 未分配利润：本年度没有分配完的利润，可以留待下一年度进行分配。

# 10.2 建筑施工企业实收资本的核算

我国有关法律规定，投资者设立企业首先必须投入资本，才能在工商行政管理局办理注册登记并开业，投资者投入的资本在会计核算上属于实收资本。

## 10.2.1 实收资本概述

实收资本是企业按照公司章程规定或合同、协议约定，所有者按出资比例实际投入到企业的资本，股份有限公司称为股本。

我国目前实行的是注册资本制度，要求企业的实收资本与其注册资本相一致。我国企业法人登记管理条例规定，除国家另有规定外，企业的注册资金应当与实有资金一致。实收资本是所有者权益的重要组成部分，是企业设立的必备条件，也是企业从事正常生产经营活动必需的基本资金。实收资本的构成比例或股东的股权比例，是确定所有者在企业所有者权益中份额的基础，也是企业进行利润或股利分配的主要依据。

为了对投入资本进行核算，除股份有限公司以外，其他各类企业应设置"实收资本"账户。"实收资本"账户属于所有者权益类账户，用以核算企业实际收到投资者投入的资本增减变动的情况及其结果。该账户的贷方登记实收资本的增加数额，借方登记实收资本的减少数额，期末余额在贷方，反映企业期末实收资本的实有数额。为了反映每个投资者投入注册资本的实际情况，该账户应按投资者设置明细账，进行明细分类核算。

投资者投入资本可以以货币资金、实物资产（如固定资产、原材料、库存商品等）、无形资产等方式进行。其中实物及无形资产应以投资各方确认的价值入账（但投资合同或协议约定价值不公允的除外）。

企业对投资者投入资本的核算，应根据有关投资证明（如银行收款通知、投资清单、验资证明等）分不同的投资方式进行相应的会计处理。

## 10.2.2 接受货币资产投资的核算

企业收到投资者投入的货币资产（包括库存现金、银行存款、其他货币资金等）时，应根据“进账单”及“出资证明书”等，以实际收到的金额或存入企业开户银行的金额，借记“银行存款”等账户，按投资合同或协议约定的投资者在企业注册资本中所占份额的部分，贷记“实收资本”账户，企业实际收到或存入开户银行的金额超过投资者在企业注册资本中所占份额的部分，贷记“资本公积——资本溢价”账户。

**例 10-1** 建安建筑有限公司在 2016 年 1 月 4 日经股东会决议，同意北京建信有限责任公司以货币资金 100 000 元投资，建信公司送来转账支票一张，投资款存入银行。款项存入银行的进账单，如图 10.1 所示。

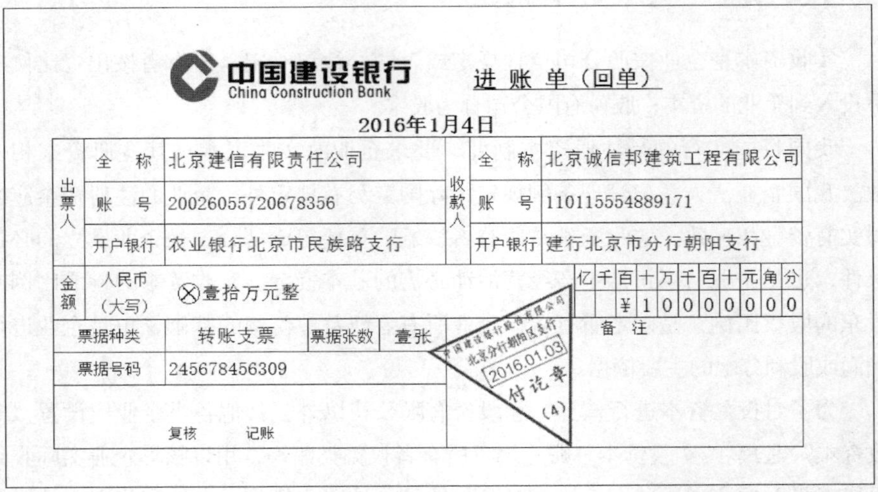

中国建设银行 China Construction Bank　　进 账 单（回单）

2016年1月4日

| | | | | | |
|---|---|---|---|---|---|
| 出票人 | 全　称 | 北京建信有限责任公司 | 收款人 | 全　称 | 北京诚信邦建筑工程有限公司 |
| | 账　号 | 20026055720678356 | | 账　号 | 110115554889171 |
| | 开户银行 | 农业银行北京市民族路支行 | | 开户银行 | 建行北京市分行朝阳支行 |
| 金额 | 人民币（大写） | ⊗壹拾万元整 | | 亿千百十万千百十元角分 | ¥10000000 |
| 票据种类 | 转账支票 | 票据张数 | 壹张 | 备注 | |
| 票据号码 | 245678456309 | | | | |
| | 复核　记账 | | | | |



图 10.1　投资款进账单

收到款项后，由受资方即北京城信邦建筑工程有限公司出具出资证明，并办理相关手续，以证明其出资情况。

根据以上原始凭证，本笔业务的账务处理如下：

借：银行存款　　　　　　　　　　　　100 000

　　贷：实收资本——北京建信公司　　　　　　100 000

## 10.2.3　接受实物资产投资的核算

投资者采用实物资产形式出资，企业收到投入的实物资产时，在办理实物转移手续后，应根据“资产投资验收单”和“出资证明”，按投资双方确认的资产价值（但投资合同或协议约定价值不公允的除外），借记“固定资产”“原材料”“周转材料"等账户，按其在注册资本中所占的份额，贷记"实收资本"账户，超过注册资本部分，贷记"资本公积"账户。

🛸 例 10-2　2016 年 1 月 4 日，建安建筑有限公司经股东会决议，接受天津安达有限责任公司钩机一台，双方确认的价值是 300 000 元，与注册资本所占份额相等。由受资方出具出资证明，并办理相关手续，以证明其出资情况。

收到用于投资的实物资产后，企业还需出具固定资产交接单，如图 10.2 所示。

固定资产投资交接单

2016年1月4日

| 名称 | 规格 | 单位 | 数量 | 预计使用年限 | 已使用年限 | 原值 | 已提折旧 | 评估价值 |
|------|------|------|------|-------------|-----------|------|---------|---------|
| 钩机 | | 台 | 1 | 10 | 4 | 500 000 | 190 000 | 300 000 |

| 调出单位 | 账务主管：<br>经办： | | 调入单位 | 账务主管：<br>经办： |

图 10.2　固定资产投资交接单

根据以上原始凭证，本笔业务需进行的财务处理如下：

借：固定资产——钩机　　　　　　　　　　300 000

　　贷：实收资本——天津安达　　　　　　　300 000

# 10.3　建筑施工企业资本公积的核算

资本公积是企业收到投资者出资额超出其在注册资本（或股本）中所占份额的部分，以及直接计入所有者权益的利得和损失等。资本公积包括资本溢价（或股本溢价）和直接计入所有者权益的利得和损失等。

资本公积由全体股东共同享有，可按各个股东在实收资本中所占的投资比例分别转增各个股东的投资金额。"资本公积"账户属于所有者权益类账户，贷方登记资本公积的增加数；借方登记资本公积的减少数；余额在贷方，表示资本公积的结存额。

### 10.3.1　溢价增资的核算

例 10-3　若 10.2.3 实例中钩机双方确认价值为 350 000 元，但在注册资本中所占份额为 300 000 元，则其账务处理为：

借：固定资产　　　　　　　　　　　350 000

　　贷：实收资本——天津安达　　　　　　300 000

　　　　资本公积——资本溢价　　　　　　 50 000

### 10.3.2　资本公积转增资本的核算

例 10-4　2016 年 1 月 15 日，诚信邦公司经股东会决议，用资本公积转增资本 540 000 元，按投资比例李明达占 250 000 元，龚世芳占 250 000 元，北京建信公司占 10 000 元，天津安达占 30 000 元。

借：资本公积　　　　　　　　　　　540 000

　　贷：实收资本——李明达　　　　　　　250 000

　　　　　　　　——龚世芳　　　　　　　250 000

　　　　　　　　——北京建信　　　　　　 10 000

　　　　　　　　——天津安达　　　　　　 30 000

# 10.4　建筑施工企业留存收益的核算

留存收益是企业在经营过程中所创造的，但由于企业经营发展的需要或由于法定的原因等，没有分配给所有者而留存在公司的净利润。留存收益包括企业的盈余公积和未分配利润两部分。

## 10.4.1　盈余公积概述

盈余公积是企业按照有关规定从净利润中提取、具有特定用途的积累资金。包括法定盈余公积和任意盈余公积。

法定盈余公积是企业按照国家规定的比例从净利润中提取的盈余公积。公司制企业应当按照当年净利润（减弥补以前年度亏损）的 10% 提取法定盈余公积金，非公司制企业法定盈余公积的提取比例可超过净利润的10%，法定盈余公积累计额已达到注册资本的50%时可以不再提取；任意盈余公积是企业按照股东会决议提取的盈余公积，也可以不提取。

企业提取的盈余公积主要用于弥补亏损、扩大生产经营，经批准后可转增资本、在特殊情况下还可用来发放现金股利等。

企业核算盈余公积一般设置"盈余公积"账户，该账户属于所有者权益类账户，核算盈余公积的提取和使用情况，贷方登记盈余公积的提取数额；借方登记盈余公积用于补亏或转增资本、发放股利等的数额；余额在贷方，表示盈余公积的结余数额；本账户下设 "法定盈余公积"和"任意盈余公积"明细账户进行明细核算。

## 10.4.2 提取盈余公积的核算

企业按规定提取的盈余公积，借记"利润分配——提取法定盈余公积、提取任意盈余公积"账户，贷记"盈余公积——法定盈余公积、任意盈余公积"账户。

**例 10-5** 诚信邦公司 2016 年年初"利润分配——未分配利润"账户为贷方余额200 000元，2016年度公司共实现净利润960 000元，按公司章程规定，法定盈余公积提取比例为10%，任意盈余公积提取比例为5%。

根据上述资料，编制会计分录如下：

```
借：利润分配——提取法定盈余公积        96 000
          ——提取任意盈余公积        48 000
   贷：盈余公积——提取法定盈余公积           96 000
          ——提取任意盈余公积           48 000
```

## 10.4.3 盈余公积转增资本的核算

经股东大会决议，盈余公积可按投资者投资比例转增资本（转增后留存的盈余公积的数额不得少于转增前注册资本的25%）。用盈余公积转增资本时，借记"盈余公积"账户，贷记"实收资本"账户。

**例 10-6** 2016 年 1 月 15 日，诚信邦公司经股东大会决议，以盈余公积540 000 元转增资本，并已办妥转增手续。按投资比例李明达占 250 000 元，龚世芳占 250 000 元，北京建信公司占 10 000 元，天津安达占 30 000 元。

```
借：盈余公积——法定盈余公积            540 000
    贷：实收资本——李明达               250 000
            ——龚世芳                  250 000
            ——北京建信公司              10 000
            ——天津安达                 30 000
```

### 10.4.4　盈余公积弥补亏损的核算

经股东会决议用盈余公积弥补亏损，借记"盈余公积"账户，贷记"利润分配——盈余公积补亏"账户；同时借记"利润分配——盈余公积补亏"账户，贷记"利润分配——未分配利润"账户。

例 10-7　2016 年 3 月 15 日，假如诚信邦公司 2015 年以前累计亏损 5 000 000 元，经股东大会决议以法定盈余公积弥补亏损 1 000 000 元。

```
借：盈余公积——法定盈余公积          1 000 000
    贷：利润分配——盈余公积补亏           1 000 000
同时，
借：利润分配——盈余公积补亏           100 000
    贷：利润分配——未分配利润             1 000 000
```

# 10.5　利润的结转与分配的核算

利润是指企业在一定的会计期间内所获得的以货币为计量单位的经营成果。企业当年各期实现的利润或亏损在"本年利润"中核算，年终的时候转入"利润分配——未分配利润"，反映公司累积未分配利润或累计未弥补亏损。

由于各种原因，如平衡各会计年度的投资回报水平，以丰补歉，留有余地等。公司实现的净利润不予以全部分完，剩下一部分留待以后年度进行分配，这样，一年年的滚存下来，结余在"未分配利润"明细科目上，它反映的是历年累计的未分配利润；同样道理，上一年度未弥补亏损，留待以后年度弥补，以后年度又发生亏损继续滚存下来，结余在"未分配利润"明细科目上，反映的是历年累计的亏损，记为负数。

未分配利润没有特定的使用用途，因此企业在使用未分配利润上有较大的自主权，受国家法律法规的限制比较少，它可以在以后年度继续向投资者分配。

"本年利润"账户属于所有者权益类账户，核算本年度实现的利润或发生的亏损数。贷方登记转入的收入数额；借方登记转入的费用数额；期末余额若在贷方，表示本年度实现的累计盈利；若在借方表示本年度累计发生的亏损数。年末，将余额全部转入"利润分配"账户，结转后无余额。

"利润分配"账户属于所有者权益类账户，核算净利润的分配情况或亏损的弥补情况。贷方登记年末从"本年利润"账户转入的净利润；借方登记对净利润的分配情况或从"本年利润"账户转入的净亏损；期末余额若在贷方，表示历年累计尚未分配的利润；若在借方表示历年累计尚未弥补的亏损数。本账户应当分别以"提取法定盈余公积""提取任意盈余公积""应付现金股利或利润""盈余公积补亏"和"未分配利润"等进行明细核算。

**例 10-8**　2015 年 12 月 31 日各损益类账户余额如下：（1 至 11 月本年利润余额为 750 000 元）

表 10.1　　　　　　　　　　损益类账户余额表

| 科目名称 | 余额方向 | 结前余额 |
|---|---|---|
| 主营业务收入 | 贷 | 1 000 000 |
| 主营业务成本 | 借 | 800 000 |
| 营业税金及附加 | 借 | 33 900 |
| 管理费用 | 借 | 56 100 |
| 财务费用 | 借 | 5 000 |

（1）结转主营业务收入，

借：主营业务收入　　　　　　　　　　　1 000 000

　　贷：本年利润　　　　　　　　　　　　　1 000 000

（2）结转成本费用，

借：本年利润　　　　　　　　　　　　　895 000

　　贷：主营业务成本　　　　　　　　　　　800 000

　　　营业税金及附加　　　　　　　　　　33 900

　　　管理费用　　　　　　　　　　　　　56 100

　　　财务费用　　　　　　　　　　　　　5 000

（3）本年利润转入未分配利润，

借：本年利润　　　　　　　　　　　　　855 000

　　贷：利润分配——未分配利润　　　　　　855 000

（4）按 10% 提取法定盈余公积，

借：利润分配——提取法定盈余公积　　　　　85 500

　　贷：盈余公积——法定盈余公积　　　　　　　　85 500

（5）经股东会决议向投资者分配现金股利 500 000 元，

借：利润分配——应付股利　　　　　　　　500 000

　　贷：应付股利　　　　　　　　　　　　　　　500 000

（6）结转"利润分配"明细账户，

借：利润分配——未分配利润　　　　　　　585 500

　　贷：利润分配——提取法定盈余公积　　　　　　85 500

　　　　　　——应付股利　　　　　　　　　　　500 000

假如诚信邦公司以前未弥补亏损 100 万元，也就是"利润分配——未分配利润"余额为借方余额 100 万元，2016 年实现的利润首先弥补以前年度未弥补亏损，不需要进行专门的账务处理。诚信邦公司做到（3）就可以了，"利润分配——未分配利润"账户贷方发生额与"利润分配——未分配利润"的借方余额自然抵补。

### 实战训练

**【训练一】**　　　　　　　　　复习思考题

1. 所有者权益包括哪些内容？

2. 资本公积包括哪些来源，用于哪些方面？

3. 盈余公积包括哪些内容，主要用途是什么？

4. 什么是未分配利润？

5. 什么是库存股，有什么特点？

**【训练二】**　　　　　　　　　收到资本的核算

诚信邦公司于设立时收到丙公司作为资本投入的 12 吨吊车一台，合同约定该吊车的价值为 10 万元，增值税进项税额为 1.7 万元（假设进项税额允许抵扣）。合同约定的固定资产价值与公允价值相符，不考虑其他因素。

**要求：** 根据上述业务内容，编制相应的会计分录。

**【训练三】**　　　　　　　　　实收资本的核算

甲、乙、丙三人共同投资设立 A 有限责任公司，原注册资本为 100 万元，甲、乙、丙分别出资 50 万元、30 万元和 20 万元。为扩大经营规模，经批准，A 公司注册资本扩大为 300 万元，甲、乙、丙按照原出资比例分别追加投资 100 万元、60 万元和 40 万元。A 公司如期收到甲、乙、丙追加的现金投资。

要求：根据上述业务内容，编制相应的会计分录。

## 【训练四】 留存收益的核算

12 月 31 日，诚信邦建筑工程公司发生下列有关盈余公积和未分配利润的经济业务：

1. 公司经股东大会批准，用法定盈余公积 50 000 元弥补以前年度亏损。

2. 公司本年度实现净利润 4 000 000 元，分别按 10%、20% 的比例提取法定盈余公积，任意盈余公积。

3. 经股东大会批准，按当年净利润的 10% 向优先股股东分配现金股利。

4. 经股东大会批准，用当年实现的净利润向普通股股东分配现金股利。

5. 经股东大会批准，用任意盈余公积 200 000 元，向普通股股东分配股票股利，每股面值 1 元，市场价值 10 元。

6. 将本年利润账户的贷方余额予以结转。

7. 结转利润分配账户各明细账户的余额。

要求：根据上述业务内容，编制相应的会计分录。

# 第11章　建筑施工企业
# 收入、费用及利润的核算

不管是建筑业还是施工企业，利润是企业的命脉，而利润的多少取决于收入和费用的大小，所以企业要真正地做好收入和费用的核算工作。

## 11.1　建筑施工企业收入概述

一个企业的终极目标是什么？盈利，持续盈利。而盈利的前提就是取得收入，收入越多才有可能实现更多的利润，企业才能永续发展，股东价值才能最大化，股东才能据此得到回报。

### 11.1.1　收入的含义及特征

收入是企业在日常活动中形成的、会导致所有者权益增加、与所有者投入资本无关的经济利益的总流入。收入具有以下特征：

#### 1．收入是企业在日常活动中形成的

日常活动是指完成其经营目标而从事的经常性活动以及与之相关的其他活动。例如施工企业销售自己生产制造的产品，建筑业完成合同约定工程取得工程款等经济行为都是企业的收入。如果是从偶然发生的交易或事项中产生的收入，如处置固定资产取得的收入、取得的罚款收入，虽然这些行为也能给企业带来一定的经济利益，但是由于其不具备经常性，故不属于企业的收入。

#### 2．收入会导致企业所有者权益的增加

由于收入会引起资产的增加或负债减少或者两者兼而有之，从而会导致所有者权益增加。

#### 3．收入是与所有者投入资本无关的经济利益的流入

投资者投入的资本也会增加企业的所有者权益，但是这种增加的所有者权益不是企业日常经济业务产生的，因此，投资者投入的资本不是企业的收入。

## 11.1.2　收入的分类

建筑业企业收入一般按照企业与接受劳务方签订的合同或协议的金额确定，但由于合同比较复杂，合同工期有长有短；合同性质各种各样，既有单项建造合同，又有合同分立与合同合并，收入的确认也不尽相同。

### 1．收入按照企业从事活动的性质分类

收入按照企业从事活动的性质，建筑业收入可分为建造（施工）合同收入、销售商品收入、提供劳务收入和让渡资产使用权收入等。

（1）建造合同收入是指建筑业企业通过签订建造（施工）合同并按合同要求为客户设计和建造房屋、道路、桥梁、水坝等建筑物以及船舶、飞机、大型机械设备等而取得的收入。包括合同中规定的初始收入和因合同变更、索赔、奖励等形成的收入。

（2）销售商品收入一般指以取得货币资金或者相应债权的方式进行的销售商品行为而取得的收入。这里的商品既包含企业为销售而生产的产品和为转售而购进的商品，如企业生产的产品、购进的商品，也包含企业销售的原材料等存货。

（3）提供劳务收入是指企业通过提供劳务取得的收入。例如，企业提供加工、修理、运输、咨询、代理、安装、培训等取得的劳务收入。

（4）让渡资产使用权收入是指通过让渡资产使用权实现的收入，主要包括利息收入和使用费收入。利息收入是指他人使用本企业货币资金而收到的利息。使用费收入，主要是指企业转让无形资产（如商标权、专利权、专营权、软件、版权）、固定资产等资产的使用权收取的使用费，以及企业对外出租资产收取的租金等。

### 2．收入按照经营业务的主次分类

收入按照经营业务的主次可以分为：主营业务收入和其他业务收入。

（1）主营业务收入是指企业在正常生产经营过程中所从事的主要经营活动所取得的收入。例如建筑业企业完成施工合同取得的收入。

（2）其他业务收入是指企业在生产经营中，除了主营业务活动以外的其他经营活动实现的收入，例如建筑业企业销售剩余材料或废料、出租固定资产等实现的收入。

## 11.1.3　收入包含内容

建筑业企业的收入主要是建筑（施工）合同收入，是企业的主营业务收入。

合同收入包括两部分内容：合同规定的初始收入和因合同变更、索赔、奖励等形成的收入。

### 1．建筑业合同规定的初始收入

合同规定的初始收入是指建造承包商与客户在双方签订的合同中最初商定的合同总金额，它构成了合同收入的基本内容。

### 2．合同变更收入

合同变更是指客户为改变合同规定的作业内容而提出的调整。例如，建安建筑公司与第一中学签订建筑一栋教学实训楼合同，合同执行到三分之一时，第一中学提出改变原实训楼整体结构设计，并同意增加变更收入 50 万元，这就属于合同变更。合同变更款应同时满足以下条件时才能构成合同收入：

- ❑　客户能够认可因变更而增加的收入；
- ❑　收入能够可靠地计量。

### 3．索赔款收入

索赔款是指因客户或第三方的原因造成的、由建造承包商向客户或第三方收取的、用于补偿不包括在合同造价中的成本的款项。例如，建安建筑公司与第一中学签订的教学实训楼建造合同规定的建设期为 2014 年 3 月 1 日至 2016 年 3 月 1 日，中央空调由第一中学自己采购，于 2015 年 9 月 1 日前交付建安建筑公司安装。直至 2015 年 12 月 1 日，第一中学仍未将中央空调交予建安建筑公司安装，致使工期延误，为此建安建筑公司要求第一中学支付延误工期款 40 万元，工期顺延到 2016 年 6 月 1 日，这 40 万元就是索赔款。

因发生索赔而形成的收入即为索赔款收入，其应同时符合以下条件时才能构成合同收入：

- ❑　根据谈判情况，预计对方能够同意这项索赔；
- ❑　对方同意接受的金额能够可靠地计量。

如果不能同时符合以上条件，则不能确认索赔收入。在上例中，经双方谈判，第一中学同意向建安建筑公司支付延误工期款 40 万元。根据以上确认条件，建安建筑公司可以将因索赔而增加的收入 40 万元确认为合同收入的组成部分；假如第一中学不同意支付延误工期款，则不能将 40 万元计入合同总收入；假如第一中学只同意支付延误工期款 10 万元，则只能将 10 万元计入该项合同总收入。

### 4．奖励款收入

奖励款是指工程达到或超过规定的标准时，客户同意支付给建造承包商的额外款项。比如，上例中经双方协商同意将工期顺延到 2016 年 6 月 1 日，但是，建安建筑公司加班加点工作，于 2016 年 3 月 1 日工程已基本完工，工程质量符合设计标准，有望于 3 月底完工。第一中学同意向建安建筑公司支付提前竣工奖 20 万元。

因奖励而形成的收入应同时符合以下条件时才能构成合同收入：

❑ 根据目前合同的完成情况，足以判断工程进度工程质量能够达到或超过既定的标准；

❑ 奖励金额能够可靠地计量。

如不同时符合以上条件，则不能确认奖励款收入，由此判断 20 万元的提前竣工奖属于奖励款收入。

建筑施工企业除了建造工程合同收入以外的兼营活动中取得的各项收入属于其他业务收入。其他业务收入主要内容包括产品销售收入、机械作业收入、材料销售收入、无形资产转让收入、固定资产出租收入、其他兼营业务收入。

# 11.2　建筑施工企业收入的确认

## 11.2.1　收入的确认与计量

建筑施工企业可以根据建造合同的结果能否可靠的估计，将合同收入的确认与计量分为以下两种类型处理。

❑ 资产负债表日，能够对建造合同的结果做出可靠估计。

在可以做出可靠估计的情况下，可以采用完工百分比法确认合同收入和相关合同费用。

❑ 资产负债表日不能够对建造合同结果做出可靠估计。

在不能做出可靠估计的情况下，则需要根据合同成本是否可收回的情况对相关收入和费用进行确认。

## 11.2.2　按完工百分比法确认合同收入和合同费用的步骤

（1）确定合同完工进度。

（2）计算合同收入和合同费用。

当期确认的合同收入=（合同总收入×完工进度）-以前会计年度累计已确认的收入

当期确认的合同毛利=（合同总收入×合同预计总成本）×完工进度-以前会计

年度累计已确认的毛利

当期确认的合同费用=当期确认的合同收入-当期确认的合同毛利-以前会计年度预计损失准备

上述公式中的完工进度为累计完工进度。

### 11.2.3 资产负债表日不能够对建造合同结果做出可靠估计

建造合同的结果不能够可靠的估计，企业则不能采用完工百分比法确认合同收入，应当区别下列情况处理：

（1）若合同成本能够收回的，合同收入根据能够收回的实际合同成本加以确认，合同成本在其发生的当期确认为合同费用；

（2）若合同成本不可能够收回的，在发生时立即确认为合同费用，不确认合同收入。

如果使建造合同的结果不能可靠估计的不确定因素不复存在，应当按照其结果能够可靠估计来确认与建造合同有关的收入和费用。

另外，如果合同预计总成本超过合同总收入的，应当将预计损失确认为当期费用。

# 11.3 建筑施工企业的费用核算

## 11.3.1 期间费用

建筑施工企业的期间费用主要包括管理费用和财务费用。

### 1. 管理费用

管理费用是指企业行政管理部门为管理和组织经营活动而发生的各项费用，包括内容如下。

❑ 管理人员工资

管理人员工资是指建筑施工企业中管理人员的基本工资、工资性补贴、职工福利费、劳动保护费等，不包括工程项目管理人员工资等。

❑ 办公费

办公费是指建筑施工企业管理办公用的文具、纸张、账表、印刷、邮电、书报、会议、水电、烧水和集体取暖（包括现场临时宿舍取暖）用煤等费用。

❏ 差旅交通费

差旅交通费是指建筑施工企业职工因公出差、调动工作的差旅费、住勤补助费、市内交通费和误餐补助费，职工探亲路费，劳动力招募费，职工离退休、退职一次性路费，工伤人员就医路费，工地转移费以及管理部门使用的交通工具的油料、燃料、养路费及牌照费。

❏ 固定资产使用费

固定资产使用费是指管理和试验部门及附属生产单位使用的属于固定资产的房屋、设备仪器等的折旧、大修、维修或租赁费。

❏ 工具用具使用费

工具用具使用费是指管理使用的不属于固定资产的生产工具、器具、家具、交通工具和检验、试验、测绘、消防用具等的赌置、维修摊销费。

❏ 劳动保险费

劳动保险费是指由企业支付离退休职工的易地安家补助费、职工退职金、六个月以上的病假人员工资、驭工死亡丧葬补助费、抚恤费、按规定支付给离休干部的各项经费。

❏ 工会经费

工会经费是指建筑施工企业按职工工资总额计提的工会经费。

❏ 职工教育经费

职工教育经费是指建筑施工企业为职工学习先进技术和提高文化水平，按职工工资总额计提的费用。

❏ 财产保险费

财产保险费是指施工管理用财产、车辆保险。

❏ 税金

税金是指企业按规定缴纳的房产税、车船使用税、土地使用税、印花税等。

❏ 其他

包括技术转让费、技术开发费、业务招待费、绿化费、广告费、公证费、法律顾问费、审计费、咨询费等。

## 2．财务费用

财务费用是指企业为筹集生产所需资金等而发生的费用，包括应当作为期间费用的利息支出（减利息收入）、汇兑损失（减汇兑收益）、相关的手续费以及企业发生的现金折扣或收到的现金折扣等内容。

❏ 利息支出

利息支出主要包括企业短期借款利息、长期借款利息、应付票据利息、票据贴现利息、应付债券利息、长期应引进国外设备款利息等利息支出。

❑　汇兑损失

汇兑损失指的是企业向银行结售或购入外汇而产生的银行买入、卖出价与记账所采用的汇率之间的差额，以及月（季、年）度终了，各种外币账户的外向期末余额，按照期末规定汇率折合的记账人民币金额与原账面人民币金额之间的差额等。

❑　相关手续费

相关手续费指企业发行债券所需支付的手续费、银行手续费、调剂外汇手续费等，但不包括发行股票所支付的手续费等。

❑　其他财务费用

其他财务费用包括融资租入固定资产发生的融资租赁费用等。

## 11.3.2　直接费用

直接费用包括直接材料费用和直接人工费用。

### 1. 材料费用

材料费用指施工企业在施工生产过程中所消耗的、直接构成工程实体的主要材料、外购半成品和有助于工程形成的辅助材料，以及其他材料。

❑　材料采购

根据《企业会计准则第 1 号——存货》取得的存货应当以其实际成本入账，包括采购成本、加工成本和其他成本。材料的采购成本是指企业物资从采购到入库前所发生的全部支出，包括：购买价款、运杂费（包括运输费、装卸费、保险费、仓储费等）、相关税费、采购过程中发生的合理毁损、短缺以及其他可归属于存货采购成本的费用。其中购买价款及运杂费均为包含增值税的材料价格和运输价格。根据材料采购时发生的各种费用，依据报销清单、取得的增值税专用发票等票据，借记"原材料""在途物资""材料采购""应交税费——应交增值税（进项税额）"，贷记"应付账款""银行存款"等科目。

❑　验收入库

材料验收入库时，根据增值税专用发票、验收入库单等手续进行账务处理。实际成本法核算时，借记"原材料"，贷记"在途物资"；计划成本法核算时，借记"原材料"，贷记"材料采购"，按其差额部分，借记或贷记"材料成本差异"。

❑　材料领用

材料发出的计价方法应根据各类材料的流转方式、材料的性质等情况合理选择，包括先进先出法、加权平均法、个别计价法等。

### 2. 直接人工

直接人工费用指施工企业在施工过程中，直接从事施工人员发生的工资、福利费以及按照施工人员工资总额和国家规定的比例计算提取的其他职工薪酬。每日对工程劳务人员进行考勤，按照考勤表发放工资，借记"工程施工——直接人工费"，贷记"银行存款""应付账款——应付劳务费"等。

### 11.3.3 其他相关费用

#### 1．征地拆迁补偿费用

征地拆迁补偿费是指房屋征收部门自身或者委托房屋征收实施单位，依照我国集体土地和国有土地房屋拆迁补偿标准的规定，对被征收房屋所有权人给予的补偿。在施工过程中，除国家支付的征地拆迁补偿费之外，施工企业优势也会支付工程红线外的拆迁补偿费用给当地居民，以保证施工的顺利进行，该部分费用属于施工企业的成本，但无法去取得票，因此无法抵扣进税。

红线图内的征地拆迁补偿费一般都是有业主方来承担，有的工程业主方会把资金拨付给施工方，由施工方代为发放。征地拆迁补偿费是按照国家规定的标准计算出来的，施工方不得扣减，只是一个代收代付的过程，因此不作为收入，也不列入成本。个别工程，在代为发放过程中，业主方会另外支付施工方一笔劳务费，作为代为发放的酬劳，该部分资金要记为施工方的收入，应向业主开具增值税发票，并交纳税金。

#### 2．增值税设备技术维护费

增值税防伪税控系统的专用设备包括金税盘和报税盘。增值税设备技术维护费就是对上述专用设备的维护、升级等费用。增值税纳税人 2011 年 12 月 1 日以后交纳的技术维护费，可凭技术维护服务单位开具的技术维护费发票，在增值税应纳税额中全额递减。发生技术维护费，按实际应支付的金额，借记"管理费用"等科目，贷记"银行存款"等科目，按照规定抵减的增值税应纳税额，借记"应交税费——应交增值税（减免税款）"科目，贷记"管理费用"等科目。

# 11.4 建筑施工企业的利润结算

## 11.4.1 利润的核算

#### 1．企业利润的构成

利润是指企业在一定会计期间的经营成果。利润包括收入减去费用后的净额、直接计入当期利润的利得和损失等。直接计入当期利润的利得和损失，是指应当计入当期损益、会导致所有者权益发生增减变动的、与所有者投入资本或向所有者分配利润无关的利得或损失。

建筑施工企业在一定会计期间从各个渠道实现的利润称为利润总额，主要由营业利润、营业外收入和营业外支出等项目组成。计算公式是：

$$利润总额=营业利润+营业外收入-营业外支出$$

### 2．企业利润形成的核算

（1）"营业外收入"账户

该账户用于核算企业发生的各项营业外收入，主要包括非流动资产处置利得、非货币性资产交换利得、债务重组利得、政府补助、盘盈利得、捐赠利得等。

**例 11-1** 2016 年年底，某公司批复结转账外施工机械的净值 21 000 元。

借：待处理财产损益——待处理固定资产损溢　　21 000

　　贷：营业外收入——非流动资产盘盈利得　　　　21 000

（2）"营业外支出"账户

该账户用于核算企业发生的各项营业外支出，包括非流动资产处置损失、非货币性资产交换损失、债务重组损失、公益性捐赠支出、非常损失、盘亏损失等。

**例 11-2** 2016 年年底，某公司批复转销库存材料的非常损失 12 000 元。

借：营业外支出——非常损失　　　　　　　　　12 000

　　贷：待处理财产损益——待处理流动资产损溢　　12 000

（3）"本年利润"账户

该账户核算企业实现的净利润（或发生的净亏损）。它是将收入与费用进行对比的核心账户，是一个专用的汇总性账户。

## 11.4.2　所得税的核算

### 1．所得税费用的核算内容

核算企业所得税费用，主要包括：确定当期应交所得税，计入利润表中应确认的所得税费用。计入利润表中的所得税费用一般由当期应交所得税和递延所得税组成。

建筑施工企业当期应交企业所得税的计算公式如下：

$$当期应交所得税=应纳税所得额×所得税税率$$

应纳税所得额=收入总额-准予扣除项目金额

或应纳税所得额=利润总额+税法规定调整项目金额：（或+纳税调整增加额-纳税调整减少额）

### 2．当期应纳税所得额与利润总额之间的差异

由于利润总额是按照企业会计准则计算的，与按照税法计算的应税利润之间的结果不一定相同。二者之间的差异分为永久性差异和暂时性差异。

（1）永久性差异

永久性差异是指某一会计期间，由于企业会计准则和税法在计算收益、费用后损益时的口径不同，所产生的税前会计利润与应税利润之间的差异。这种差异在本期发生后，不能在以后各期转回，具有不可逆转性。

（2）暂时性差异

暂时性差异是指资产或负债的账面价值与其计税基础之间的差额。

**例 11-3** 某建筑公司 2016 年按照 25% 的所得税率，应交所得税 868 000 元。

借：所得税费——当期所得税费用　　　　　868 000

　　贷：应交税费——应交所得税　　　　　　　868 000

期末，结转所得税

借：本年利润　　　　　　　　　　　　　868 000

　　贷：所得税费——当期所得税费用　　　　　868 000

## 11.4.3　利润分配的相关核算

税后利润分配是指对企业实现的净利润，按规定在企业、职工和投资者之间的分配。

计算公式如下：

$$税后利润（净利润）=利润总额-所得税$$

### 1．税后利润分配程序

（1）弥补以前年度亏损

企业五年前发生的亏损在连续五年内通过税前利润仍尚未弥补的余额，按税法规定转入用税后利润弥补的亏损。

（2）提取法定盈余公积

按照税后利润扣除税后补亏后的余额的 10% 提取，当法定盈余公积已达注册

资本的 50% 时，可以不再提取。

提取的法定盈余公积=（税后利润-弥补以前年度亏损）×10%

（3）向投资者分配利润

企业向投资者分配利润，按各方的出资比例进行分配。

可供投资者分配的利润=税后利润-提取的法定盈余公积+期初未分配利润

（4）未分配利润

未分配利润是企业可留待以后年度进行分配的税后利润。

未分配利润=税后利润-弥补以前年度亏损-提取的法定盈余公积-可供投资者分配的利润

**例 11-4** 某建筑公司 2016 年年末的税后利润 1 600 000 元。应弥补上年亏损 150 000 元，按照国家有关政策计提相应基金，并按可供投资者分配的利润的 80% 向投资者分配。

（1）弥补亏损的核算

对企业发生的以前年度未弥补亏损，需要用税后利润弥补的，已记入"利润分配——未分配利润"账户的借方，不需要专门做弥补亏损的账务处理。

1 600 000-150 000=1 450 000（元）

（2）计提盈余公积

1 450 000×10% =145 000（元）

借：利润分配——提取法定盈余公积　　　　　145 000

　　贷：盈余公积　　　　　　　　　　　　　　　　145 000

（3）向投资者分配利润

（1 450 000-145 000）×80% =1 044 000（元）

借：利润分配——应付普通股股利　　　　　1 044 000

　　贷：应付股利　　　　　　　　　　　　　　　　1 044 000

税后利润的年终结转：

① 结转"本年利润"账户余额，

借：本年利润　　　　　　　　　　　　　　1 600 000

　　贷：利润分配——未分配利润　　　　　　　　　1 600 000

② 结转"利润分配"账户的明细分类账户，

借：利润分配——未分配利润　　　　　　　1 189 000

　　贷：利润分配——提取法定盈余公积　　　　　　145 000

　　　　利润分配——应付普通股股利　　　　　　1 044 000

## 实战训练

**【训练一】** 　　　　　　复习思考题

1. 收入的分类有哪些?
2. 收入包含的内容有哪些?
3. 费用包含的内容有哪些?
4. 直接费用有哪些?
5. 建筑企业利润如何核算?

**【训练二】** 　　　　建筑企业合同收入的核算

甲建筑公司承建某房建项目并与业主签订房建固定造价合同,合同总金额11 100万元,(其中合同价款1 000万元,增值税销项税额1 100万元,)合同完工进度按照累计实际发生的合同成本占合同预计总成本的比例确定,工程于2016年1月1日开工,预计工期两年,预计合同总成本9 000万元。2016年3月31日,甲企业累计发生施工成本900万元,并确认了相关增值税进项税额,同时业主对甲企业进行季度末验工计价金额为1 221万元,并开具增值税专用发票(其中工程款计价1 100万元,增值税销项税额121万元),甲企业应计算并编制会计分录:

(1)计算2016年3月31日房间工程百分比及建造合同收入。

(2)确认当期合同收入、成本、毛利。

**【训练三】** 　　　　原材料销售收入的核算

甲建筑企业于2016年1月采购原材料一批,含税金额234万元,2月甲企业工程变更设计,该批材料将不再用于施工生产,当月甲企业将该批原材料按原价调拨给乙建筑企业使用,并完成了货物移交,甲建筑企业在向乙建筑企业移送原材料时,做以下会计分录。

(1)确认原材料销售收入的会计分录。

(2)结转原材料成本的会计分录。

**【训练四】** 　　　　建筑工程企业费用的核算

A建筑施工企业2016年7月承建某铁路项目,合同总造价3亿元,包括一座800延米的桥梁,一座长度为1 000延米的隧道及3 000米的路基。该企业材料采用实际成本法核算,工程所需钢材由业主供应,水泥由业主指定的甲水泥厂供应,其他材料自行采购。该建筑企业8月份发生如下经济业务:

（1）8月5日从一般纳税人甲供货商处采购沙子，2 000吨，单价100/吨，取得增值税专用发票，注明货款20万元，增值税税额6 000元，发票已认证，货款尚未支付。另付3 000元运费（不含税金），取得货物运输业增值税专用发票，发票已认证。

（2）8月6日，进口材料一批，取得海关进口增值税专用缴款书，注明货款为50万元，增值税税额8.5万元，款项已支付，缴款书尚未稽核对比。

（3）8月8日从甲水泥厂采购水泥500吨，单价400元/吨，取得增值税专用发票，货款35万元，增值税税额5.95万元，发票通过认证，材料已验收，货款尚未支付。

**要求：**根据上述相关资料，编制会计分录，指出并分析相关税收政策。

# 第12章　建筑施工企业工程施工成本的核算

建筑施工企业有一定的特殊性，与广大生产型企业有很大的区别，特别是在成本核算上，和产品销售企业有很大的不同。

# 12.1　工程成本包含内容

建筑施工企业工程成本的核算的正确与否，直接关系到利润的计算，是建筑施工企业会计核算的核心部分，所以我们作为建筑业企业会计人员，要正确的分清哪些内容属于工程成本。还有一点需要特别注意，"营改增"后，建筑施工企业发生的成本费用所含的流转税金由营业税改为增值税，由价内税改为价外税，所以，企业在对成本费用进行预算时，判断是否可以进行进项抵扣，确定计入成本预算金额。

## 12.1.1　人工费

人工费是指直接从事建筑安装工程施工的生产工人开支的各项费用，内容如下。

（1）基本工资是指发放给生产工人的基本工资。

（2）不能抵扣的增值税。

（3）工资性补贴是指按规定标准发放的物价补贴，煤、燃气补贴，交通补贴，住房补贴，流动施工津贴等。

（4）生产工人辅助工资是指生产工人年有效施工天数以外非作业天数的工资，包括职工学习、培训期间的工资，调动工作、探亲、休假期间的工资，因气候影响的停工工资，女工哺乳时间的工资，病假在六个月以内的工资及产、婚、丧假期的工资。

（5）职工福利费是指按规定标准计提的生产工人福利费（根据生产工人工资总额提取）。

（6）生产工人劳动保护费是指按规定标准发放的劳动保护用品的购置费及修理

费，徒工服装补贴，防暑降温费，在有碍身体健康环境中施工的保健费用等。

（7）企业应承担生产工人的养老金、失业金、生育保险、住房公积金等。

## 12.1.2　材料费

材料费是指施工过程中耗费的构成工程实体的原材料、辅助材料、构配件、零件、半成品的费用，内容如下。

（1）材料原价（或供应价格）。

（2）不能抵扣的增值税额。

（3）材料运杂费是指材料自来源地运至工地仓库或指定堆放地点所发生的全部费用。

（4）运输损耗费是指材料在运输装卸过程中不可避免的损耗。

（5）采购及保管费是指为组织采购、供应和保管材料过程中所需要的各项费用。包括：采购费、仓储费、工地保管费、仓储损耗。

（6）检验试验费是指对建筑材料、构件和建筑安装物进行一般鉴定、检查所发生的费用，包括自设试验室进行试验所耗用的材料和化学药品等费用。不包括新结构、新材料的试验费和建设单位对具有出厂合格证明的材料进行检验，对构件做破坏性试验及其他特殊要求检验试验的费用。

## 12.1.3　施工机械使用费

施工机械使用费是指施工机械作业所发生的机械使用费以及机械安拆费和场外运费。施工机械台班单价应由下列 7 项费用组成。

（1）折旧费是指施工机械在规定的使用年限内，陆续收回其原值及购置资金的时间价值。

（2）大修理费是指施工机械按规定的大修理间隔台班进行必要的大修理，以恢复其正常功能所需的费用。

（3）经常修理费是指施工机械除大修理以外的各级保养和临时故障排除所需的费用。包括为保障机械正常运转所需替换设备与随机配备工具附具的摊销和维护费用，机械运转中日常保养所需润滑与擦拭的材料费用及机械停滞期间的维护和保养费用等。

（4）安拆费及场外运费。安拆费是指施工机械在现场进行安装与拆卸所需的人工、材料、机械和试运转费用以及机械辅助设施的折旧、搭设、拆除等费用；场外运费是指施工机械整体或分体自停放地点运至施工现场或由一施工地点运至另一施工地点的运输、装卸、辅助材料及架线等费用。

（5）人工费是指机上司机（司炉）和其他操作人员的工作日人工费及上述人员在施工机械规定的年工作台班以外的人工费。

（6）燃料动力费是指施工机械在运转作业中所消耗的固体燃料（煤、木柴）、液体燃料（汽油、柴油）及水、电等。

（7）养路费及车船使用税是指施工机械按照国家规定和有关部门规定应缴纳的养路费、车船使用税、保险费及年检费等。

设置了"机械作业"科目的机械使用费为企业设备管理部门向各工程项目部收取的机械台班费，以上内容只需在"机械作业"科目中核算即可。

以上项目所取得的进项但不能抵扣的增值税。

例 12-1　2016 年 10 月份 A 建筑施工企业共发生机械使用费 150 000 元，为仓库工程、住宅工程所用，其中，仓库工程预算机械使用费为 1 000 000 元，住宅工程 80 000 元，则：

（1）本月机械使用费分配率=150 000/180 000=0.83

（2）本月机械使用费的分配：

仓库工程应负担的机械使用费=1 000 000×0.83=833 333（元）

住宅工程应负担的机械使用费=80 000×0.83=66 400（元）

编制会计分录如下：

借：工程施工——仓库工程合同成本——机械使用费　　833 333

　　工程施工——住宅工程合同成本——机械使用费　　66 400

　　贷：机械作业　　　　　　　　　　　　　　　　　　150 000

## 12.1.4　其他直接费

其他直接费（在预算上被称为措施费）是指为完成工程项目施工，发生于该工程施工前和施工过程中非工程实体项目的费用。其内容如下。

（1）环境保护费是指施工现场为达到环保部门要求所需要的各项费用。

（2）文明施工费是指施工现场文明施工所需要的各项费用。

（3）安全施工费是指施工现场安全施工所需要的各项费用。

（4）临时设施费是指施工企业为进行建筑工程施工所必须搭设的生活和生产用的临时建筑物、构筑物和其他临时设施费用等。临时设施包括：临时宿舍、文化福利及公用事业房屋与构筑物，仓库、办公室、加工厂以及规定范围内道路、水、电、管线等临时设施和小型临时设施。临时设施费用包括：临时设施的搭设、维修、拆除费或摊销费。

（5）夜间施工费是指因夜间施工所发生的夜班补助费、夜间施工降效、夜间施工照明设备摊销及照明用电等费用。

（6）二次搬运费是指因施工场地狭小等特殊情况而发生的二次搬运费用。

（7）大型机械设备进出场及安拆费是指机械整体或分体自停放场地运至施工现场或由一个施工地点运至另一个施工地点，所发生的机械进出场运输及转移费用及机械在施工现场进行安装、拆卸所需的人工费、材料费、机械费、试运转费和安装所需的辅助设施的费用。

（8）混凝土、钢筋混凝土模板及支架费是指混凝土施工过程中需要的各种钢模板、木模板、支架等的支、拆、运输费用及模板、支架的摊销（或租赁）费用。

（9）脚手架费是指施工需要的各种脚手架搭、拆、运输费用及脚手架的摊销（或租赁）费用。

（10）已完工程及设备保护费是指竣工验收前，对已完工程及设备进行保护所需费用。

（11）施工排水、降水费是指为确保工程在正常条件下施工，采取各种排水、降水措施所发生的各种费用。

以上项目均包含所取得的进项但不能抵扣的增值税。

**例 12-2**　A 建筑施工公司本月辅助生产部门分配工程施工甲、乙工程的水电费分别为 15 000 元，8 800 元。

|  | 甲工程 | 乙工程 |
|---|---|---|
| 水电费 | 15 000 | 8 800 |
| 运输费 | 3 000 | 2 000 |
| 生产工具摊销费 | 3 800 | 2 000 |

借：工程施工——甲工程合同成本——其他直接费　　15 000
　　工程施工——乙工程合同成本——其他直接费　　8 800
　　　贷：辅助生产　　　　　　　　　　　　　　　　　　23 800
借：工程施工——甲工程合同成本——其他直接费　　3 000
　　工程施工——乙工程合同成本——其他直接费　　2 000
　　　贷：辅助生产　　　　　　　　　　　　　　　　　　5 000
借：工程施工——甲工程合同成本——其他直接费　　3 800
　　工程施工——乙工程合同成本——其他直接费　　2 000
　　　贷：辅助生产　　　　　　　　　　　　　　　　　　5 800

## 12.1.5　不计入成本的费用

涉及以下各项费用不计入合同成本：

❑　企业行政管理部门为组织和管理生产经营活动所发生的管理费用；

❑　船舶等制造企业的销售费用；

❑　企业为建造合同借入款项所发生的、不符合 CAS17（借款费用准则）规定的资本化条件的借款费用；

❑　因订立合同而发生的有关费用；

❑　能抵扣的进项税额。

例 12-3　A 建筑施工企业 9 月份，公司行政管理部门人员工资为 9 000 元；

借：工程施工——管理费用　　　　　　　　　　　9 000

　　贷：应付职工薪酬——工资　　　　　　　　　　　　9 000

# 12.2　工程成本的核算

上节介绍了工程成本的内容，本节将介绍各个成本是如何进行准确核算的。企业应根据本企业的生产经营需求，合理抉择本企业的成本核算对象、成本分类以及计算方法。

## 12.2.1　核算对象的确定

成本核算对象是生产费用归集和分配的对象，是生产费用的直接作用者。企业应根据施工合同的内容、施工项目的特点、生产费用的特点、成本的付款方式以及管理需求，确定成本核算对象。根据企业会计制度的规定，成本核算对象的确定应遵循的一般原则如下：

❑　将所签订的单项建造合同作为施工工程成本核算对象；

❑　将单项工程划分为几部分，分别作为核算对象。对于大型、长期或者复杂的工程，可以分部进行核算；

❑　将若干个小规模的工程合同合为一个成本核算对象。对于在同一地点、同一时间、工期相近、由同一单位施工的同一项目的较小型的工程，可以合并为一个核算对象，以简化核算。

工程成本核算对象一经确定，一定期限内不得随意更改，如若更改应及时通知有关部门，避免造成成本核算误差。

## 12.2.2 工程成本核算流程

为了保证工程成本准确且统一的核算，建筑施工企业在实际操作中，应按照一定的步骤和方法进行成本的核算。

### 1．确定成本项目

成本项目即成本不同的分类。在企业在生产经营过程中，发生各种费用，然而各种费用的作用对象是不同的，作用时间也是不同的，从而形成各种不同的用途。企业在审核生产费用的同时，将生产费用根据用途的不同进行分为五类，即人工费、材料费、机械使用费、其他直接费用和间接费用等五个成本项目。人工费、材料费、机械使用费、其他直接费用构成工程成本的直接成本；间接费用为工程成本的间接成本。

### 2．确定成本计算期

成本计算期是指将成本核算期间分段，一般按照会计期间进行核算。对每个会计期间的成本进行分配、归类计入相应会计期间。

### 3．登记成本明细账

根据成本核算对象和成本项目设置"工程施工"明细账如表 12.1 和表 12.2 所示，建筑企业的工程施工明细账一般采用多栏式账，发生费用时逐项计入该明细账。

表 12.1             "工程施工"明细账（一）

| 年 | | 凭证 | | 摘要 | 合同成本（实际成本发生额） | | | | 合同毛利 | 贷方 | 余额 | 补充资料 | |
| --- | --- | --- | --- | --- | --- | --- | --- | --- | --- | --- | --- | --- | --- |
| 月 | 日 | 种类 | 号数 | | 材料费 | 人工费 | 机械使用费 | 其他间接费用 | | | | 已完工程预算成本 | 降低额 |
| | | | | | | | | | | | | | |
| | | | | | | | | | | | | | |

表 12.2             "工程施工"明细账（二）

| 年 | | 凭证编号 | 摘要 | 费用项目 | | | | | | | | | 合计 |
| --- | --- | --- | --- | --- | --- | --- | --- | --- | --- | --- | --- | --- |
| 月 | 日 | | | 工资 | 办公费 | 差旅费 | 固定资产使用费 | 物料消耗 | 低值易耗品 | 财产保险费 | 水电费 | 检验试验费 | |
| | | | | | | | | | | | | | |

### 4．核算直接费用

### 5．分配间接费用

间接费用是在各个施工工程进行时发生的管理性费用，费用发生时计入在间接费用明细账中，期末按照一定方法分配到每个核算对象"间接费用"科目中。

### 6．确定未完工工程成本

由统计人员月末到施工现场实地丈量盘点未完施工丈量，并按其完成施工的程度折合为已完工工程数量，根据预算单价计算未完工程成本。期末未完工程成本一般不负担管理费，如果未完成施工量占当期全部工程量的比重很小或期初数量相差不大，可以不计算未完工程成本。

根据计算结果填制"未完施工盘点单"，并计入"工程成本计算单"，即可据以结转已完工程实际成本。

### 7．结转竣工工程成本（或本期已完工工程成本）

将本期已完工工程的实际成本，转到"工程结算"账户中。

## 12.2.3　工程成本核算要求

建筑企业应遵循下列要求，确定各个项目的费用标准，控制成本开支，有序地组织工程成本的核算。

### 1．严格遵守成本开支范围

国家对允许计入成本开支的费用，做了统一规定，遵守财经法规，是企业首要责任。

### 2．确定各项费用开支界限

❑　成本与期间费用的开支界限；

❑　各个期间之间的界限；

❑　各个成本对象之间的界限；

❑　成本开支与在建工程的界限；

❑　各个成本项目之间的界限。

# 12.3　辅助生产成本的核算

为了辅助生产部门而设立的辅助生产部门，辅助生产部门生产材料、修理工具等和提供劳务等形成辅助生产成本。比如直接人工、直接材料。

## 12.3.1 辅助生产成本的核算内容

辅助生产成本的核算对象，根据生产的材料、提供劳务的类别来确定。辅助生产成本核算的成本项目一般分为以下几项。

❑ 人工费：直接从事生产材料、构件和提供劳务服务的生产工人的工资和福利费。

❑ 材料费：生产材料、部件和提供服务过程中实际使用的原材料、辅助材料等。

❑ 机械使用费：企业辅助生产部门固定资产的折旧费、大小修理费等。

❑ 其他直接费用：企业辅助生产部门的低值易耗品摊销、废品损失、次品修复费等。

❑ 间接费用：辅助生产部门直接管理生产而发生的所有支出。

## 12.3.2 辅助生产成本的成本核算

企业应设置"辅助生产"账户，以便核算辅助生产部门为工程施工、生产产品、机械作业等生产材料、提供服务所产生的各项费用。借方记发生的各项辅助生产费用，贷方登记月末按作用对象分配出去的辅助生产费用。期末余额一定在借方，反映辅助生产部门的在产品实际成本。

"辅助生产"账户应按车间、部门和成本核算对象设置明细账，明细账中按成本项目设立专栏，进行明细核算。

### 1．汇总发生的辅助生产费用

辅助生产费用根据核算对象、成本项目按一定分配方法，分配计入辅助生产相关的明细账及成本项目。

### 2．辅助生产成本的分配方法

对于辅助生产单位汇总的生产费用，月末按作用对象进行分配的方法有以下几种。

（1）直接分配法

**概念：** 直接分配法是指将实际发生的生产费用，直接在辅助部门之外的各个作用对象进行分配的方法。

**计算公式：**

辅助生产费用（单位成本）分配率=待分配辅助生产费用÷（辅助车间外部各

受益单位耗用劳务总量）

某作用对象应负担的辅助生产费用=该受益对象的耗用劳务量（接受的劳务量）×辅助生产费用（单位成本）分配率

**适用范围：** 辅助生产之间不相互提供产品或劳务的情况较小时，计算简单，但是不准确。

（2）交互分配法

**概念：** 交互分配法是指辅助生产之间相互提供产品或劳务时，将辅助生产费用先在辅助生产部门内部进行交叉分配，后再分到其他部门的各个作用对象中。

**分配步骤：**

❑　辅助生产部门内部交叉分配；

❑　辅助生产部门以外的作用对象进行分配。

**适用范围：** 辅助生产之间相互提供产品或劳务的情况较多时。

（3）代数分配法

**概念：** 代数分配法是指通过建立多元一次方程并求解的方法。取得各种辅助生产产品或劳务的单位成本，进而进行辅助生产费用分配的一种辅助生产费用分配方法。

**优点：** 计算较为准确。

# 12.4　建筑施工企业机械作业的核算

企业和内部独立核算的施工单位、机械站和运输队，使用本单位的施工机械和运输设备进行的机械施工和运输作业，所产生的各项费用形成机械作业成本。一般按照成本核算对象和成本项目对其进行归集。

## 12.4.1　机械作业成本的核算内容

机械作业成本对象一般根据施工机械或运输设备的种类来确定。机械施工和运输作业的成本项目分为以下几类：

❑　人工费（机上操作人员的工资及福利费）；

❑　燃料及动力费（施工机械和运输设备实际使用的燃料费和动力费）；

❑　折旧及修理费（施工机械、运输设备、设备使用的部件和备件的折旧费、修理费用摊销、发生的经常性修理费等）；

❑　其他直接费用；

❑　间接费用。

以上项目在第一节介绍成本包含内容时，已经详细介绍过。需要注意的是：

❑ 人工费、燃料及动力费、折旧及修理费和其他直接费用归集为机械作业成本的直接成本；

❑ 当机械设备直接归土建部门使用管理并承担工程中的机械作业任务时，在核算时为简化核算程序，一般只核算管理机械作业所发生的间接费用；

❑ 企业及内部独立核算的施工部门，租入的施工机械（包括从外和本企业其他部门的机械站租入），其规定所支付的机械租赁费，直接计入与之相关的受益对象的"机械使用费"项目中。

## 12.4.2 设置会计账户

### 1. 设置"机械作业"账户

借方记发生的各项机械作业费用，贷方记机械作业费用向各个受益对象的结转，月末无余额。账户下设三级科目：

❑ "机械作业——承包工程"（核算施工单位、运输部门为本单位承包工程的发生机械作业成本，月末转入"工程施工"账户）；

❑ "机械作业——机械出租"（核算租赁设备等所发生的机械作业成本和企业承担专项工程的机械作业成本，月末转入"劳务成本"或"在建工程"账户中）；

❑ "机械作业——间接费用"（按成本受益对象分配间接费用前的中转科目，即发生时先在此进行记录，月末时再分配至各个成本受益对象的"间接费用"中）。

### 2. 设置"劳务成本"账户

核算施工企业对外提供劳务发生的成本。借方记企业对外单位、在建工程等提供机械作业（包括运输设备）的各项劳务成本；贷方记结转来的劳务成本，期末余额在借方，反映企业尚未完成或尚未结转的劳务成本。

## 12.4.3 机械作业成本分配

机械作业发生的各项费用，可以直接确定其受益对象和项目目标的，期末转入受益对象机械作业成本账户；除了可以直接计入机械作业账户及相关明细账的，一些不清楚其成本核算对象和成本项目的，如有两个或以上的受益对象，需按照一定的分配方法，分配后计入机械作业成本账户及相关明细账。

机械作业成本的分配方法一般有以下几种方法。

## 1．台班分配法

根据机械、设备每台班实际成本与各受益对象使用该机械设备的台班数量，计算该机械设备所承担费用。计算公式：某机械台班实际成本=该机械作业成本合计/该机械作业台班数

## 2．完成产量分配法

根据某机械设备单位产量实际成本与各个受益对象使用该机设备械设备完成的产量，计算得出该机械产生的费用。计算公式：

机械单位产量实际成本=该机械作业成本合计/机械实际完成产量

受益对象从该机械设备分配的作业成本=受益对象使用该机械设备完成的产量×该种机械单位产量实际成本

## 3．工料成本分配法

以使用机械设备的受益对象的人工费、材料费为分配标准，计算和分配该受益对象应承担的该机械设备的费用。计算公式：

机械作业成本分配率=机械作业成本合计/使用该机械设备的各受益对象的工料成本之和

受益对象应承担的该机械设备作业成本=该受益对象工料成本×该类机械作业成本分配率

**例 12-4** A 建筑公司的机械站根据租赁合同承担了一项机械施工任务，本月发生以下费用：

（1）应付机上操作人员工资 4 500 元及福利费 630 元，机械设备管理人员工资 2 500 元及福利费 300 元；

（2）机上领用燃料实际成本 1 500 元，停机棚修理用料实际成本为 500 元；

（3）应分配大型机械发生的长期摊销费用为 600 元；

（4）机械折旧费 3 000 元和停机棚的折旧与修理费 1 800 元；

（5）应付动力费 1 100 元。

账务处理如下：

借：机械作业——机械出租——人工费　　　　　　　5 130

机械作业——机械出租——燃料及动力费　　　　2 600

机械作业——机械出租——折旧及修理费　　　　5 400

机械作业——机械出租——其他直接费用　　　　　500

机械作业——机械出租——间接费用　　　　　　　500

| | | |
|---|---|---|
| 贷：应付职工薪酬 | | 5 130 |
| 原材料 | | 2 000 |
| 累计折旧 | | 4 800 |
| 长期待摊费用 | | 600 |
| 应付账款 | | 1 100 |

## 实战训练

【训练一】　　　　　　　　复习思考题

1. 工程成本的内容包括哪些？
2. 工程成本核算的要求有哪些？
3. 辅助生产成本的核算内容包括哪些？
4. 机械作业成本分配方法有哪些？

【训练二】　　　　　　　　工程成本的核算

A 建筑施工公司为一般纳税人，2016 年 10 月份，A 公司发生以下经济事项：

（1）材料仓库发出原材料供给 80 000 元，其中承包工程的仓库工程 40 000 元，住宅工程 30 000 元，现场项目部一起设备维修 4 000 元，公司办公楼维修 6 000 元；

（2）应付机械租赁公司塔吊租赁费 85 000 元，其中仓库工程 45 000 元，住宅工程 40 000 元；

（3）应付职工工资为 100 000 元，其中仓库工程 30 000 元，住宅工程 40 000 元，材料供应部门 5 000 元，现场项目部门 25 000 元；

（4）现场材料及物品的搬运费用 5 000 元，其中：仓库工程 3 000 元，住宅工程 2 000 元；

（5）现场项目部施工管理费用，其中：差旅费 2 000 元，办公费 3 000 元，财产保险费 3 000 元，均由银行存款付讫；

（6）应付本月水电费合计 8 000 元，其中：仓库工程占 40%，住宅工程 40%，现场项目部 10%，材料供应部门 5%，公司管理部门 5%；

（7）工地工具用具摊销费用 2 000 元，其中：仓库工程 1 000 元，住宅工程 1 000 元；

（8）本月固定资产计提折旧 7 500 元，其中：材料供应部门固定资产的折旧费 1 500 元，现场项目部门固定资产的折旧费 4 300 元，公司管理部门固定资产的折旧费 1 700 元。

根据以上经济事项，列出会计分录。

**【训练三】** 辅助生产成本的核算

A 建筑施工公司为一般纳税人，2016 年 9 月份时承包一项目，A 公司下属的运输部门和生产部门为该施工现场提供构件制作和材料扬资的运输服务。本月发生以下相关费用：

（1）辅助生产工人的工资为 10 000 元，并按 30% 发放福利费，运输部门为40%，生产部门为 60%；

（2）辅助生产管理人员的工资为 5 000 元，福利费 1 500 元；

（3）生产部门领用燃料实际成本 55 000 元，设备修理用料实际成本 800 元；

（4）本月计提生产及运输设备折旧费 6 000 元，其中：生产部门占 40%，运输队占 60%；

（5）应付燃料及动力费 3 520 元，其中：生产部门占 30%，运输队占 70%；

（6）办公费 200 元，差旅费 300 元，现金付讫；

（7）月末，按施工统计运输部门工作 25 台班，其中：工程施工用 20 台班，生产队 5 台班，分配运输部门的运输成本；

（8）生产部门本月制造材料 400 件，本月全部完工，单位成本 100 元每件，其中 300 件由工程施工直接使用，剩余验收入库，结转本月生产部门完工产品成本。

列出上述经济业务的会计分录并登记"辅助生产"总分类账户及相关明细账，并结转。

**【训练四】** 机械作业成本分配

C 建筑施工公司为一般纳税人，公司机械部门根据与内部独立核算单位签订的机械租赁合同，将一台施工机械出租给施工单位，并按月收取租金。本月发生以下相关经济业务：

（1）机上操作人员工资 10 000 元及福利费 2 000 元，机械设备管理人员的工资 5 000 元及福利费 700 元；

（2）机上领用燃料实际成本为 2 300 元，设备修理用料实际成本为 700 元；

（3）机械设备计提本月折旧费 5 500 元；

（4）应付本月动力费 2 000 元；

（5）月末按施工记录统计发生 24 个工作台班，计算台班实际单位成本，结转本月发生的各项费用；

（6）结转本月发生的机械出租劳务成本。

列出以上经济事项的会计分录。

# 第13章 建筑施工企业税金 如何计算和核算

纳税活动是每个企业一项重要的事项，正确理解税收法律精神、依法纳税，是企业的天职和义务；要做好企业的纳税工作，首先必须清楚各税法最基本的知识，对常用税种会熟练地计算与核算。

# 13.1 建筑施工企业应缴税金的计算

建筑施工企业应缴纳的税费种类很多，对于涉及的税种，会计人员应该很好地掌握其计算，首先要了解建筑施工企业征税范围，然后才能正确计算应缴纳的税款。

## 13.1.1 建筑施工企业税目的征税范围

建筑施工企业税目的征税范围是，在中华人民共和国境内提供的建筑、修缮、安装、装饰和其他工程作业的劳务。

❑ 建筑是指新建、改建、扩建各种建筑物、构筑物的工程作业。包括与建筑物相连的各种设备或支柱、操作平台、窑炉及金属结构工程作业在内。

❑ 修缮是指对建筑物、构筑物进行修补、加固、养护、改善，使之恢复原来的使用价值或延长其使用期限的施工作业。

❑ 安装是指生产设备、动力设备、起重设备、运输设备、传动设备、医疗实验设备及其他各种设备的装配、安置工程作业，包括与设备相连的工作台、梯子、栏杆的装设工程作业和被安装设备的绝缘、防腐、保温、油漆等工程作业在内。

❑ 装饰是指对建筑物、构筑物进行装饰，使之美观或具有特定用途的工程作业。

❑ 其他工程作业是指建筑、修缮、安装、装饰以外的各种工程作业，如代办电信工程、疏浚、钻井（打井）、拆除建筑物、水利工程、道路修建、平整土地、搭脚手架、爆破等工程作业。

建筑施工企业涉及的税种有城建税、教育费附加、地方教育附加、印花税、个人所得税、企业所得税、房产税、土地使用税、车船税等。

建筑施工企业税款的核算准确性取决于税款的计算的正确性，所以作为建筑施工企业会计人员必须懂得建筑施工企业各种税金的计算方法，这里介绍建筑施工企业的几种主要税种的计算。

## 13.1.2  建筑施工企业增值税的计算

### 1. 一般计税方法的概念和内容

纳税人年应税销售额超过财政部、国家税务总局规定或会计核算健全，能够准确核算销项税额和进项税额，适用一般计税方法计税。如果一般纳税人按照相关规定选择简易计税方法，或者一般纳税人的纳税项目适用简易计税方法的，不适用一般计税方法。

按照相关规定，一般计税方法采用抵扣的法师计算企业当期应纳增值税，其计算公式为：

$$应纳税额=当期销项税额-当期进项税额$$

$$销项税额=销售额（不含税）×税率$$

$$销售额（不含税）=含税销售额÷（1+税率）$$

进项税额的申报抵扣应当同时满足两个条件：

❑  属于税法规定允许抵扣的进项税额；

❑  取得增值税专用发票或其他扣税凭证。

当期可申报抵扣的进项税额由三部分组成：

❑  上期留底税额；

❑  当期认证相符的增值税扣税凭证；

❑  本期进项税额转出额。

### 2. 会计处理

（1）一般计税方法下，当期销项税额大于当期进项税额时，月底借记"应交税费——应交增值税（转出未交增值税）"，贷记"应交税费——未交增值税"。下月交纳时，借记"应交税费——未交增值税"，贷记"银行存款"。

（2）当期销项税额小于当期进项税额时，当期应纳增值税额为零。当期销项税额小于当期进项税额的部分结转下期继续抵扣，不作账务处理。

（3）建筑施工企业"营改增"前，已取得增值税一般纳税人资格的建筑企业，在实行"营改增"当月月初，应当将增值税留抵税额转出，借记"应交税费——增值税留抵税额"，贷记"应交税费——应交增值税（进项税额转出）"。当增值税留抵税额对应的业务有销项税额发生时，按发生当月允许抵扣的金额，借记"应交税费——应交增值税（进项税额）"，贷记"应交税费——增值税留抵税额"。

### 13.1.3　城建税和教育费附加的计算

城建税和教育费附加的计提基数是一样的，只是计提税（征收）率不同。

#### 1．建筑施工企业城市维护建设税的计算

城市维护建设税，简称城建税，是我国为了加强城市的维护建设，扩大和稳定城市维护建设资金的来源，对有经营收入的单位和个人征收的一个税种。

（1）城市维护建设税是以增值税、消费税为计税依据征收的一种税。

（2）城建税税率：

❑　在市区的，税率为7%；

❑　在县城、镇的，税率为5%；

❑　不在市区、县城或镇的，税率为1%。

🛸　**例 13-1**　建安建筑公司属于市属单位，计算 2016 年教学实训楼工程应缴纳的城市维护建设税。

应交城建税=6.30×7%=0.441（万元）

#### 2．建筑施工企业教育费附加的计算

教育费附加是为了发展教育事业而向企业征收的附加费用，企业按应交流转税的一定比例计算交纳。

#### 3．地方教育费附加的计算

地方教育附加是指各省、自治区、直辖市根据国家有关规定，为实施"科教兴省"战略，增加地方教育的资金投入，促进本各省、自治区、直辖教育事业发展，开征的一项地方政府性基金。该收入主要用于各地方的教育经费的投入补充。

（1）地方教育费附加，以单位和个人实际缴纳的增值税、消费税的税额为计征依据，与增值税、消费税同时计算征收。

（2）地方教育费附加的征收率为2%。

### 13.1.4　房产税的计算

房产税是以房屋为征税对象，按房价或出租租金收入征收的一种税。房产税属于财产税中的个别财产税，其征税对象只是房屋；征收范围限于城镇的经营性

房屋。

## 1．房产税征收标准有从价或从租两种情况

从价计征的，其计税依据为房产原值一次减去 10%～30% 后的余值，对按照房产原值计税的房产，无论会计上如何核算，房产原值均应包含地价，包括为取得土地使用权支付的价款、开发土地发生的成本费用等。宗地容积率低于 0.5 的，按房产建筑面积的 2 倍计算土地面积并据此确定计入房产原值的地价。从价计征 10%～30% 的具体减除幅度由省、自治区、直辖市人民政府确定。如河北省规定具体减除幅度为 30%。

从租计征的（即房产出租的），以房产租金收入为计税依据。

## 2．房产税税率采用比例税率

房产税从价和从租计征的税率也不一样：

❑ 按照房产余值计征的，年税率为 1.2%；

❑ 按房产租金收入计征的，年税率为 12%。

## 3．房产税应纳税额的计算分为两种情况

房产税从价和从租计征的计税依据和税率不一样，那么其计算方法也不一样：

① 以房产原值为计税依据的：

应纳税额=（房产原值+房产建筑面积×2×土地单位价值）×（1-10% 或 30%）×1.2%

若房产建筑面积×2 > 土地面积，则上述公式变为：

应纳税额=（房产原值+土地价值）×（1-10% 或 30%）×1.2%

② 以房产租金收入为计税依据的：

应纳税额=房产租金收入×12%

例 13-2　建安建筑公司有办公楼一幢，建筑面积为 2 000 平方米，原值为 100 万元，土地面积为 8 000 平方米，价值 1 000 万元，所属税务局规定房产税计算按 30% 扣除，每半年申报一次。计算 2016 年上半年应缴纳的房产税。

2016 年上半年应缴纳的房产税=（1 000 000+2 000×2×10 000 000/8 000）×（1-30%）×1.2%÷2=25 200（元）

若房屋建筑面积为 4 500 平方米，由于 4 500×2 >8 000，所以

2016 年上半年应缴纳的房产税=（1 000 000+10 000 000）×（1-30%）×1.2%÷2=46 200（元）

例 13-3　接【例 13-2】，假如 2016 年 1 月建安建筑公司把一楼 500 平方

米房屋出租，年租金 10 万元，计算 2016 年上半年应缴纳房产税。

2016 年上半年按原值应缴纳的房产税=（1 000 000/2 000×1 500+1 500×2×10 000 000/8 000）×（1-30%）×1.2%÷2=18 900（元）

2016 年上半年按租金应缴纳的房产税=100 000×12%÷2=6 000（元）

2016 年上半年应缴纳的房产税=18 900+6 000=24 900（元）

## 13.1.5　土地使用税的计算

土地使用税，是指在城市、县城、建制镇、工矿区范围内使用土地的单位和个人，以实际占用的土地面积为计税依据，依照规定由土地所在地的税务机关征收的一种税赋。由于土地使用税只在县城以上城市征收，因此也称城镇土地使用税。

### 1．土地使用税的计税依据

土地使用税以纳税人实际占用的土地面积为计税依据，依照规定税额计算征收。对于公园、名胜、寺庙及文教、卫生、社会福利等单位使用的土地，城镇、街道、公共设施用地、铁路、机场、港区、车站、管理交通运输用地及水利工程，农、林、牧、渔、果生产基地用地，以及个人非营业建房用地等，均免征土地使用税。为了鼓励利用荒地、滩涂等土地，对经过批准整治的土地和改造的荒废土地，给予 10 年期限的免税。

### 2．土地使用税的单位税额

土地使用税，一般规定每平方米的年税额，土地使用税每平方米年税额如下：

- ❑ 大城市 1.5 元至 30 元；
- ❑ 中等城市 1.2 元至 24 元；
- ❑ 小城市 0.9 元至 18 元；
- ❑ 县城、建制镇、工矿区 0.6 元至 12 元。

### 3．土地使用税的计算

城镇土地使用税根据实际使用土地的面积，按税法规定的单位税额交纳。其计算公式如下：

应纳城镇土地使用税额=应税土地的实际占用面积×适用单位税额

房产税、车船使用税和城镇土地使用税均采取按年征收，分期交纳的方法。

### 4．土地使用税特例

新征用的土地，依照下列规定缴纳土地使用税：

- ❑ 征用的耕地，自批准征用之日起满 1 年时开始缴纳土地使用税；

❑ 征用的非耕地，自批准征用次月起缴纳土地使用税。

例 13-4　建安建筑公司占用土地面积为 8 000 平方米，每平方米年税额为 6 元，税务部门规定对城镇土地使用税在季末后 10 日内交纳，2016 年 3 月计算申报 2016 年 1 季度应交纳的土地使用税。

月应纳城镇土地使用税额=8 000×6÷4=12 000（元）

# 13.1.6　车船税的计算

车船税是以车船为征税对象，向拥有车船的单位和个人征收的一种税。

车辆，包括机动车辆和非机动车辆。

❑ 机动车辆是指依靠燃油、电力等能源作为动力运行的车辆，如汽车、拖拉机、无轨电车等；

❑ 非机动车辆是指依靠人力、畜力运行的车辆，如三轮车、自行车、畜力驾驶车等；

船舶，包括机动船舶和非机动船舶。

❑ 机动船舶是指依靠燃料等能源作为动力运行的船舶，如客轮、货船、气垫船等；

❑ 非机动船舶是指依靠人力或者其他力量运行的船舶，如木船、帆船、舢板等。

## 1．计税标准

车船税是对车和船征收的一种税，车和船的计税标准是不一样的。

（1）乘用车按排气量分 7 个档次征收：

❑ 1.0 升（含）以下 60 元至 360 元；

❑ 1.0 升以上至 1.6 升（含）300 元至 540 元；

❑ 1.6 升以上至 2.0 升（含）360 元至 660 元；

❑ 2.0 升以上至 2.5 升（含）660 元至 1 200 元；

❑ 2.5 升以上至 3.0 升（含）1200 元至 2 400 元；

❑ 3.0 升以上至 4.0 升（含）2400 元至 3 600 元；

❑ 4.0 升以上 3 600 元至 5 400 元。

发动机排气量以如下凭证相应项目所载数额为准：

❑ 车辆登记证书；

❑ 车辆行驶证书；

❑ 车辆出厂合格证明；

❑ 车辆进口凭证。

（2）船舶

《车船税税目税额表》中的船舶，具体适用税额为：

❑ 净吨位小于或者等于 200 吨的，每吨 3 元；

❑ 净吨位 201～2 000 吨的，每吨 4 元；

❑ 净吨位 2 001～10 000 吨的，每吨 5 元；

❑ 净吨位 10 001 吨及其以上的，每吨 6 元。

## 2．车船税的计算与缴纳

从 2007 年 7 月 1 日开始，有车族需要在投保交强险时缴纳车船税，机动车车船税扣缴义务人在代收车船税时，应当在机动车交通事故责任强制保险的保险单以及保费发票上注明已收税款的信息和减免税信息，作为代收税款凭证，不用企业再在税务部门申报缴纳；没有扣缴义务人的，纳税人应当向地方税务机关自行申报缴纳车船税。

纳税人可于公历年度内的任一征收期缴纳车船税。依法应当参加机动车交通事故责任强制保险的车辆，纳税人申报缴纳车船税的截止期限为购买机动车交通事故责任强制保险的当日。

各地车船税的税额不一定一样，以河北省为例看一下车船税的计算。

**例 13-5** 2016 年 3 月，建安建筑公司拥有 2 辆小轿车，车排气量分别为 2.0 升、2.4 升，单位缴纳交强险时，缴纳车船税 480 元和 840 元（见表 13.1）。

表 13.1　　　　　　　　　　河北省车船税税目税额表

单位：元

| 税目 | | 计税单位 | 年税额 | 备注 |
|---|---|---|---|---|
| 乘用车[按发动机气缸容量（排气量）分档] | 1.0 升（含）以下的 | 每　辆 | 120 | 核定载客人数 9 人（含）以下 |
| | 1.0 升以上至 1.6 升（含）的 | | 300 | |
| | 1.6 升以上至 2.0 升（含）的 | | 480 | |
| | 2.0 升以上至 2.5 升（含）的 | | 840 | |
| | 2.5 升以上至 3.0 升（含）的 | | 1 800 | |
| | 3.0 升以上至 4.0 升（含）的 | | 3 000 | |
| | 4.0 升以上的 | | 4 500 | |
| 商用车 | 客车 | 核定载客人数 10 至 19 人 | 每　辆 | 516 | 包括电车 |
| | | 核定载客人数 20 人（含）以上 | | 540 | |

| 税目 | | 计税单位 | 年税额 | 备注 |
|---|---|---|---|---|
| 商用车 | 货车 | 整备质量每吨 | 60 | 包括半挂牵引车 |
| | 三轮汽车 | | 30 | |
| | 低速货车 | | 30 | |
| 挂车 | | 整备质量每吨 | 30 | |
| 其他<br>车辆 | 专用作业车 | 整备质量每吨 | 60 | 不包括拖拉机 |
| | 轮式专用机械车 | | 60 | |
| 摩托车 | | 每　辆 | 36 | |
| 船舶 | 净吨位不超过 200 吨的 | 每　吨 | 3 | 拖船按照发动机功率每 1 千瓦折合净吨位 0.67 吨计算；拖船和非机动驳船分别按机动船舶税额的 50% 计算 |
| | 净吨位超过 200 吨<br>但不超过 2 000 吨的 | | 4 | |
| | 净吨位超过 2 000 吨<br>但不超过 10 000 吨的 | | 5 | |
| | 净吨位超过 10 000 吨的 | | 6 | |
| 游艇 | 艇身长度不超过 10 米的 | 每　米 | 600 | |
| | 艇身长度超过 10 米<br>但不超过 18 米的 | | 900 | |
| | 艇身长度超过 18 米<br>但不超过 30 米的 | | 1 300 | |
| | 艇身长度超过 30 米的 | | 2 000 | |
| | 辅助动力帆艇 | | 600 | |

## 13.1.7　印花税的计算

印花税是以经济活动中签立的各种合同、产权转移书据、营业账簿、权利许可证照等应税凭证文件为对象所征的税。印花税由纳税人按规定应税的比例和定额自行购买并粘贴印花税票，即完成纳税义务。

印花税的税率有 2 种形式，即比例税率和定额税率，印花税税目税率如表13.2 所示。

表 13.2　　　　　　　　　印花税税目税率

| 税目 | 范围 | 税率 | 纳税人 | 说明 |
|---|---|---|---|---|
| 购销合同 | 包括供应、预购、采购、购销、结合及协作、调剂等合同 | 按购销金额 0.3‰ 贴花 | 立合同人 | |

| 税目 | 范围 | 税率 | 纳税人 | 说明 |
|---|---|---|---|---|
| 加工承揽合同 | 包括加工、定作、修缮、修理、印刷广告、测绘、测试等合同 | 按加工或承揽收入0.5‰贴花 | 立合同人 | |
| 建设工程勘察设计合同 | 包括勘察、设计合同 | 按收取费用0.5‰贴花 | 立合同人 | |
| 建筑安装工程承包合同 | 包括建筑、安装工程承包合同 | 按承包金额0.3‰贴花 | 立合同人 | |
| 财产租赁合同 | 包括租赁房屋、船舶、飞机、机动车辆、机械、器具、设备等合同 | 按租赁金额1‰贴花。税额不足1元，按1元贴花 | 立合同人 | |
| 货物运输合同 | 包括民用航空运输、铁路运输、海上运输、联运合同 | 按运输费用0.5‰贴花 | 立合同人 | 单据作为合同使用的，按合同贴花 |
| 仓储保管合同 | 包括仓储、保管合同 | 按仓储保管费用1‰贴花 | 立合同人 | 仓单或栈单作为合同使用的，按合同贴花 |
| 借款合同 | 银行及其他金融组织和借款人 | 按借款金额0.05‰贴花 | 立合同人 | 单据作为合同使用的，按合同贴花 |
| 财产保险合同 | 包括财产、责任、保证、信用等保险合同 | 按投保金额0.03‰贴花 | 立合同人 | 单据作为合同使用的，按合同贴花 |
| 技术合同 | 包括技术开发、转让、咨询、服务等合同 | 按所载金额0.3‰贴花 | 立合同人 | |
| 产权转移书据 | 包括财产所有权和版权、商标专用权、专利权、专有技术使用权等 | 按所载金额0.5‰贴花 | 立据人 | |
| 营业账簿 | 生产、经营用账册 | 记载资金的账簿，按实收资本和资本公积的合计金额0.5‰贴花 | 立账簿人 | |
| 权利、许可证照 | 包括政府部门发给的房屋产权证、工商营业执照、商标注册证 | 按件贴花5元 | 领受人 | |

印花税以应纳税凭证所记载的金额、费用、收入额和凭证的件数为计税依据，按照适用税率或者税额标准计算应纳税额。

应纳税额计算公式：

（1）应纳税额=应纳税凭证记载的金额（费用、收入额）×适用税率

（2）应纳税额=应纳税凭证的件数×适用税额标准

**例 13-6**　建安建筑公司 2016 年初建完账后，一共建了 6 本账，1 月 3 日签订了一份建筑承包合同，标的额为 100 万元。

账簿应纳印花税=6×5=30（元）

承包合同应纳印花税=1 000 000×0.03%=300（元）

建安建筑公司 1 月份应该去当地地税局购买 330 元的印花税票进行贴花。

## 13.1.8　个人所得税的计算

个人所得税是对个人（自然人）取得的各项所得征收的一种所得税。

### 1．个人所得税计税依据

下列各项个人所得，应纳个人所得税：

❑　工资、薪金所得；

❑　个体工商户的生产、经营所得；

❑　对企事业单位的承包经营、承租经营所得；

❑　劳务报酬所得；

❑　稿酬所得；

❑　特许权使用费所得；

❑　利息、股息、红利所得；

❑　财产租赁所得；

❑　财产转让所得；

❑　偶然所得；

❑　经国务院财政部门确定征税的其他所得。

### 2．个人所得税的税率

❑　工资、薪金所得，适用超额累进税率，税率为 3%～45%，如表 12.3 所示。

表 13.3　　　个人所得税税率表 1（工资、薪金所得适用）

| 级数 | 全月应纳税所得额 | 税率（%） | 速算扣除数 |
|---|---|---|---|
| 1 | 不超过 1 500 元的 | 3 | 0 |
| 2 | 超过 1 500 元至 4 500 元的部分 | 10 | 105 |
| 3 | 超过 4 500 元至 9 000 元的部分 | 20 | 555 |
| 4 | 超过 9 000 元至 35 000 元的部分 | 25 | 1 005 |

续表

| 级数 | 全月应纳税所得额 | 税率（％） | 速算扣除数 |
|------|------------------|-----------|------------|
| 5 | 超过 35 000 元至 55 000 元的部分 | 30 | 2 755 |
| 6 | 超过 55 000 元至 80 000 元的部分 | 35 | 5 505 |
| 7 | 超过 80 000 元的部分 | 45 | 13 505 |

（注：本表所称全月应纳税所得额是指依照本法第六条的规定，以每月收入额减除费用 3 500 元以及附加减除费用后的余额。）

❑ 个体工商户的生产、经营所得和对企事业单位的承包经营、承租经营所得，适用 5%～35% 的超额累进税率，如表 13.4 所示。

表 13.4 　　　　　　　　　　个人所得税税率表 2

（个体工商户的生产、经营所得和对企事业单位的承包经营、承租经营所得适用）

| 级数 | 含税级距 | 不含税级距 | 税率（％） | 速算扣除数 |
|------|----------|------------|-----------|------------|
| 1 | 不超过 15 000 元的 | 不超过 14 250 元的 | 5 | 0 |
| 2 | 超过 15 000 元至 30 000 元的部分 | 超过 14 250 元至 27 750 元的部分 | 10 | 750 |
| 3 | 超过 30 000 元至 60 000 元的部分 | 超过 27 750 元至 51 750 元的部分 | 20 | 3 750 |
| 4 | 超过 60 000 元至 100 000 元的部分 | 超过 51 750 元至 79 750 元的部分 | 30 | 9 750 |
| 5 | 超过 100 000 元的部分 | 超过 79 750 元的部分 | 35 | 14 750 |

（注：本表所称全年应纳税所得额是指依照本法第六条的规定，以每一纳税年度的收入总额减除成本、费用以及损失后的余额。）

❑ 稿酬所得，适用比例税率，税率为 20%，并按应纳税额减征 30%。

❑ 劳务报酬所得，适用比例税率，税率为 20%。对劳务报酬所得一次收入畸高的，可以实行加成征收，具体办法由国务院规定。

❑ 特许权使用费所得，利息、股息、红利所得，财产租赁所得，财产转让所得，偶然所得和其他所得，适用比例税率，税率为 20%。

### 3．应纳税所得额的计算

❑ 工资、薪金所得，以每月收入额减除费用 3 500 元后的余额，为应纳税所得额。

❑ 个体工商户的生产、经营所得，以每一纳税年度的收入总额减除成本、费用以及损失后的余额，为应纳税所得额。

❑ 对企事业单位的承包经营、承租经营所得，以每一纳税年度的收入总额，减除必要费用后的余额，为应纳税所得额。

❑ 劳务报酬所得、稿酬所得、特许权使用费所得、财产租赁所得，每次收入不超过四千元的，减除费用八百元；四千元以上的，减除百分之二十的费用，其余额为应纳税所得额。

❑ 财产转让所得，以转让财产的收入额减除财产原值和合理费用后的余额，为应纳税所得额。

❑ 利息、股息、红利所得，偶然所得和其他所得，以每次收入额为应纳税所得额。

例 13-7 建安建筑公司 2016 年 1 月份实发工资中李发工资总额为 4 500 元，扣除三险一金 600 元；王彦兵工资总额为 3 900 元，扣除三险一金 480 元，其余人员工资都不够 3 500 元。计算本月应缴纳的个人所得税。

李发应交个人所得税=（4 500-3 500-600）×3%=12（元）

王彦兵应纳税所得额=3 900-3 500-480=-80（元）<0，所以不用缴纳个人所得税。

## 13.1.9 企业所得税的计算

企业所得税是指对中华人民共和国境内的企业（居民企业及非居民企业）和其他取得收入的组织以其生产经营所得为课税对象所征收的一种所得税。个人独资企业、合伙企业不计算征收企业所得税，这两类企业征收个人所得税即可，这样能消除重复征税。

### 1．企业所得税的计税依据

企业所得税的征税对象是纳税人取得的所得。包括销售货物所得、提供劳务所得、转让财产所得、股息红利所得、利息所得、租金所得、特许权使用费所得、接受捐赠所得和其他所得。

### 2．企业所得税税率

企业所得税的税率为 25% 的比例税率。内资企业和外资企业一致，国家需要重点扶持的高新技术企业为 15%，小型微利企业为 20%，非居民企业为 20%。

### 3．企业所得税的计算

一般情况下，对当期发生的交易或事项，会计处理与税收处理是不一致的，企业应在会计利润的基础上，按照税法的要求进行调整，计算出当期应纳税所得额，然后用应纳税所得额乘以企业所得税率计算当期应交纳的所得税。企业所得税计算公式如下：

$$企业应纳所得税额=当期应纳税所得额×适用税率$$

$$应纳税所得额=税前会计利润+纳税调整增加额-纳税调整减少额$$

纳税调整增加额主要包括下列项目：税法规定允许扣除项目中，企业已计入当期费用但超过税法规定扣除标准的金额（超过税法规定标准的职工福利费、工会经费、职工教育经费、公益性捐赠支出、广告费和业务宣传费等），以及企业已计入当期损失但税法规定不允许税前扣除的项目金额（如税收滞纳金、罚款）。

纳税调整减少额主要包括下列项目：按税法规定允许弥补的亏损和准予免税的收入，如近 5 年内未弥补的亏损和国债利息收入。

### 4．企业所得税的缴纳

企业所得税分月或者分季预缴：企业应当自月份或者季度终了之日起 15 日内，向税务机关报送预缴企业所得税纳税申报表，预缴税款。

企业应当自年度终了之日起 5 个月内，向税务机关报送年度企业所得税纳税申报表，并汇算清缴，结清应缴应退税款。

**例 13-8** 建安建筑公司企业所得税采用按季预缴方式，2016 年 10 月至 12 月共实现利润 10 万元，"应付职工薪酬——福利费"账户贷方余额 5 000 元，非公益性捐赠支出 10 000 元，滞纳金 500 元；国债利息收入 10 000 元，计算 4 季度的应交所得税。

应纳税所得额=100 000+5 000+10 000+500-10 000=105 500（元）

四季度应纳所得税额=105 500×25%=26 375（元）

# 13.2  建筑施工企业税金的核算

建筑施工税金的核算一般包括税金的计提与缴纳两个方面。

## 13.2.1  建筑施工企业税金计提的核算

建筑施工企业税金一般在月末计提，在下月初进行缴纳，在计提的时候，税种不同，账务处理也不尽相同。

### 1．房产税计提的核算

房产税计提时，房产税计入"管理费用——税金"。按照本章第 2 个例子的计算结果，2016 年上半年计提房产税的账务处理为：

借：管理费用——税金      25 200

    贷：应交税费——应交房产税      25 200

## 2．土地使用税计提的核算

土地使用税计入"管理费用——税金"账户。按本章第 4 个例子计算结果，2016 年 1 季度计提土地使用税的账务处理为：

借：管理费用——税金      12 000

    贷：应交税费——应交土地使用税      12 000

## 3．所得税计提的核算

所得税计入"所得税费用"账户。

按照本章第 8 个例子的计算结果，2016 年 4 季度计提所得税的账务处理为：

借：所得税费用      26 375

    贷：应交税费——应交所得税      26 375

# 13.2.2 建筑施工企业税金缴纳的核算

例 13-9   2016 年 1 月 10 日，建安建筑公司网上申报补交 2015 年 4 季度所得税 5 000 元，根据网上打印的电子缴款凭证做账务处理。附单据如下：电子缴款凭证，如图 13.1 所示。

### 电子缴款凭证

地

打印日期：2016 年 1 月 21 日      凭证编号：201109132542

| 纳税人识别号 | 1101051210000000 | | 税务征收机关 | 北京市地方税务局 | |
|---|---|---|---|---|---|
| 纳税人全称 | 建安建筑有限公司 | | 银行账号 | 5010245 | |
| 系统税票号 | 税（费）种 | 品目名称 | 所属时期 | 缴款日期 | 实缴金额 |
| 略 | 企业所得税 | 企业所得税 | 2015-10-01 ～2015-12-31 | 2016-01-10 | 5 000.00 |
| | | | | | |
| | | | | | |
| 金额合计 | （大写）伍仟元整 | | | | ￥5 000.00 |
| 本缴款凭证仅作为纳税人记账核算凭证使用，需与银行对账单电子划缴记录核对一致方有效。纳税人如需开具正式完税凭证，请凭税务登记证副本到主管税务机关开具。 | | | 税务机关（电子章） | 备注：第一次打印 | |

图 13.1 企业所得税电子缴款凭证

编制会计分录如下：

借：应交税费——应交所得税　　　　　　　　　　　　　　5 000

　　贷：银行存款　　　　　　　　　　　　　　　　　　　　　5 000

例 13-10　2016 年 1 月 10 日缴纳个人所得税、土地使用税、房产税附单据如下：电子缴款凭证如图 13.2 所示。

## 电子缴款凭证

打印日期：2016 年 1 月 21 日　　　　　　　凭证编号：201109132543

| 纳税人识别号 | | 1101051210000000 | | 税务征收机关 | 北京市地方税务局 | |
|---|---|---|---|---|---|---|
| 纳税人全称 | | 建安建筑有限公司 | | 银行账号 | 5010245 | |
| 系统税票号 | 税（费）种 | 品目名称 | 所属时期 | 缴款日期 | 实缴金额 | |
| 略 | 个人所得税 | 工资薪金所得 | 2015-12-01～2015-12-31 | 2016-01-10 | 12 | |
| | 房产税 | 房屋原值 | 2015-7-01～2015-12-31 | 2016-01-10 | 25 200 | |
| | 房产税 | 租金收入 | 2015-12-01～2015-12-31 | 2016-01-10 | 100 | |
| | 土地使用税 | 市级 | 2015-10-01～2015-12-31 | 2016-01-10 | 12 000 | |
| 金额合计 | | （大写）叁万柒仟叁佰壹拾贰元整 | | | ￥37 312.00 | |
| 本缴款凭证仅作为纳税人记账核算凭证使用，需与银行对账单电子划缴记录核对一致方有效。纳税人如需开具正式完税凭证，请凭税务登记证副本到主管税务机关开具。 | | | | 备注：第一次打印 | | |
| | | | 税务机关（电子章） | | | |

图 13.2　个人所得税、土地使用税和房产税电子缴款凭证

编制会计分录如下：

借：应交税费——应交个人所得税　　　　　　　　　　　　12

　　　　　　——应交房产税　　　　　　　　　　　　　　25 300

　　　　　　——应交土地使用税　　　　　　　　　　　　12 000

　　贷：银行存款　　　　　　　　　　　　　　　　　　　　37 312

例 13-11　2016 年 3 月 15 日，建安建筑公司缴纳交强险时缴纳车船税 1 320 元。附单据如下：交强险发票，如图 13.3 所示，工行转账支票存根，如图 13.4 所示。

## 地方税务局通用机打发票02（平推二联）

### 发票联

发票代码：113001110055

发票号码：04408286

发票密码：11166659

开票日期：2016 年 3 月 15 日

| | |
|---|---|
| 付款人：建安建筑有限公司 | |
| 承保险种：机动车交通事故责任强制险 | |
| 保险单号：105078015445125622 | |
| 保险费金额（大写）：人民币壹仟元整 | （小写）：CNY1 000.00 |
| 代收车船税（小写）：　CNY 1,320.00 | 滞纳金（小写）：CNY　0.00 |
| 合计（大写）：人民币 贰仟叁佰贰拾元整 | （小写）：　CNY 2 320.00 |

附注：代收车船税：壹仟叁佰贰拾元整（往年 0.00 元，当年 1 320.00 元，小计 1 320.00 元）

　　　代收滞纳金：0.00 元，总计：贰仟叁佰贰拾元整（2 320.00 元）业务流水号：20130315129040

　车牌号：103212

| | |
|---|---|
| 经手人：马树东 | 保险公司签章： |
| 复　核：马树东 | 电话：95519 |
| | 地址：北京市海淀区谈话大街 54 号 |

| 合计（大写） | 贰仟贰佰叁拾元整 | （小写）　2 230.00 |
|---|---|---|

（手写无效）

图 13.3　交强险发票

中国工商银行

转账支票存根

No.33888994

附加信息＿＿＿＿＿＿＿＿＿＿＿

＿＿＿＿＿＿＿＿＿＿＿＿＿＿＿＿＿

＿＿＿＿＿＿＿＿＿＿＿＿＿＿＿＿＿

出票日期 2016 年 3 月 15 日

| | |
|---|---|
| 收款人：中国人寿保险公司 | |
| 金　额：￥2 320.00 | |
| 用　途：强制险 | |

单位主管　×× 　　会计×× 

图 13.4　转账支票存根

编制会计分录如下：

借：管理费用——税金　　　　　　　　　　　　　　1 320

　　　　——汽车费用　　　　　　　　　　　　　　1 000

　　贷：银行存款　　　　　　　　　　　　　　　　　2 320

## 实战训练

**【训练一】**               复习思考题

1. 建筑施工企业税目的征税范围是什么？

2. 建筑施工企业增值税如何计算？

3. 建筑施工企业税金计提如何核算？

4. 建筑施工企业税金缴纳如何核算？

**【训练二】**         建筑施工企业增值税的计算

20×6 年 9 月 1 日，甲建筑企业为一般纳税人，20×6 年 9 月甲建筑企业当期销项税额为 1 000 000 元，当期认证抵扣的进项税额为 1 500 000 元，计算甲企业 9 月应纳增值税额。

**【训练三】**       建筑施工企业增值税及附加税的计算

20×6 年 9 月 1 日，某建筑企业为一般纳税人，20×6 年 10 月初，企业留低税额为 500 000 元，10 月销项税额为 3 000 000 元，当期认证抵扣的进项税额为 2 500 000 元，因部分钢材被盗需要转出的进项税额为 600 000 元，11 月 8 日，将 10 月的增值税及相关附加申报缴纳。假设城市维护建设税税率为 7%、教育费附加为 3%、地方教育费附加为 2%。根据上述材料编制以下会计分录。

（1）进项税额转出的会计分录。

（2）计算 10 月应纳增值税额并编制相关会计分录。

（3）计提 10 月附加税费，并编制会计分录。

（4）11 月 8 日，申报缴纳 10 月增值税及附加税。

**【训练四】**       建筑施工企业增值税及附加税的计算

光明建筑企业为小规模纳税人，20×6 年 11 月 1 日，光明建筑企业于客户实现工程结算金额 1 030 000 元，并开具增值税普通发票。12 月 4 日，将 11 月的增值税及相关附加税申报缴纳。假设城市维护建设税税率为 7%、教育费附加为 3%、地方教育费附加为 2%。根据上述材料编制以下会计分录。

（1）计算光明建筑企业 11 月应纳增值税额并编制相关会计分录。

（2）计提 11 月附加税费。

（3）编制 12 月 4 日，缴纳 11 月份增值税及相关附加税的会计分录。

# 第 14 章　建筑施工企业财务会计报告

　　财务报告是反映企业财务状况和经营成果的书面文件，包括财务报表和其他应当在财务报告中披露的相关信息和资料。财务报表是财务报告的核心内容，是企业的投资者、经营者、债权人、管理机构、政府部门、客户以及其他利益相关者获取企业信息，从而进行决策的重要依据之一。

# 14.1　财务报告概述

　　财务报告是指对企业财务状况、经营成果和现金流量的结构性描述，是反映企业某一特定日期财务状况和某一会计期间经营成果、现金流量的书面文件。

## 14.1.1　财务报表的构成

　　根据现行会计准则的规定，财务报表至少应当包括资产负债表、利润表、现金流量表、所有者权益（或股东权益）变动表和附注。

　　❑　资产负债表是反映企业在某一特定日期财务状况的报表。由于资产负债表反映的是某一时点的财务状况，这一时点一般是企业月末、季末、半年末、年末，所以它是一种静态报表。

　　❑　利润表是反映企业在一定会计期间的经营成果的财务报表。利润表把一定期间的营业收入与其同一会计期间相关的营业费用进行配比，以计算出企业一定时期的净利润（或净亏损）。利润表是以"收入−费用＝利润"这一会计等式为依据，按照一定的步骤计算出构成利润（或亏损）总额的各项要素编制而成的，它属于动态报表。

　　❑　现金流量表是反映企业一定会计期间现金和现金等价物流入和流出的财务报表，它属于动态的财务报表。这里的现金是指库存现金以及可以随时用于支付的存款；现金等价物是指企业持有的期限短、流动性强、易于转换为已知金额现金、价值变动风险很小的投资。

❑ 所有者权益（或股东权益）变动表是反映构成所有者权益（或股东权益）的各组成部分当期增减变动情况的财务报表。《企业会计准则（2006）》将其列为与资产负债表、利润表、现金流量表并列的财务报表。

## 14.1.2 财务报表附注

财务报表附注是对在资产负债表、利润表、现金流量表和所有者权益变动表等报表中列示项目的文字描述或明细资料，以及对未能在这些报表中列示项目的说明等。《企业会计准则（2006）》规定，附注应当披露财务报表的编制基础。附注一般按下列顺序披露：

❑ 财务报表的编制基础；

❑ 遵循企业会计准则的声明；

❑ 重要会计政策的说明，包括财务报表项目的计量基础和会计政策的确定依据等；

❑ 重要会计估计的说明，包括下一会计期间内很可能导致资产、负债账面价值重大调整的会计估计的确定依据等；

❑ 会计政策和会计估计变更以及差错更正的说明；

❑ 对已在资产负债表、利润表、现金流量表和所有者权益变动表中列示的重要项目的进一步说明，包括终止经营税后利润的金额及其构成情况等；

❑ 或有和承诺事项、资产负债表日后非调整事项、关联方关系及其交易等需要说明的事项。

## 14.1.3 财务报表的分类

一般来说，财务报表按照不同的标准有不同的分类。

### 1. 按财务报表编报期间的不同，可以分为中期财务报表和年度财务报表

中期财务报表是以短于一个完整会计年度的报告期间为基础编制的财务报表，包括月报、季报和半年报等。中期财务报表至少应当包括资产负债表、利润表、现金流量表和附注。

年度财务报表，简称年报，又称年度决算报告，是指企业每年末编报的财务报表，包括资产负债表、利润表、现金流量表和所有者权益变动表。于年度终了后 5 个月内对外提供。企业至少应当编制年度财务报表。

**2．按财务报表编报主体的不同分类，可分为个别财务报表和合并财务报表**

个别财务报表是由企业自身编制，反映企业自身的财务状况、经营成果和现金流量和所有者权益变动等情况的报表。

合并财务报表是以母公司和子公司组成的企业集团为会计主体，根据母公司和所属子公司的财务报表，由母公司编制的综合反映企业集团财务状况、经营成果及现金流量的财务报表。

## 14.1.4 财务报表的编制要求

为了保证财务报表的质量，充分发挥财务报表在经营管理中的重要作用，在编制财务报表时，应做到以下四点。

### 1．数字真实

企业财务报表提供的数据必须客观、真实、正确，能准确的反映企业的财务状况和经营成果。企业必须按照国家统一的会计制度规定编制财务报表，以保证财务报表的真实性，不能用预计数、估计数代替实际数，更不能弄虚作假，篡改数字，隐瞒谎报，伪造报表数字。

### 2．内容完整

会计报表所提供的的会计信息的内容必须全面、系统、综合的反映出企业经营活动的全部情况，所以要求每个单位都必须按照国家统一规定的报表种类、格式和内容编制财务报表，以保证其完整性不得漏编、漏报；对不同的会计期间（月、季、半年、年）应当编报的各种财务报表，必须填列完整；应当填列的报表指标，无论是表内项目，还是补充资料，必须填列完整。

### 3．说明清楚

财务报表中需要加以说明的项目，在财务报表附注中用简要的文字和数字加以说明，对财务报表中主要指标的构成和计算方法，本报告期发生的特殊情况，如经营范围变化、经营结构变更以及本报告期经济效益影响较大的各种因素都必须加以说明。

### 4．报送及时

时效性是会计信息的一大特征，如果会计信息的报告期被不适当地拖延，即使是最真实最完整的财务报表也将失去其效用。所以财务报表必须遵照国家或上级主管部门规定的期限和程序，及时编制，及时报送，以保证报表的及时性。但不能为赶编财务报表而提前结账，更不应为了提前报送而影响报表质量。

此外，财务报表应当由单位负责人和主管会计工作的负责人、会计机构负责人签名并盖章；设置总会计师的单位还须由总会计师签名并盖章。分别对财务报表的真实性、合法性负责。单位负责人是本单位会计行为的第一责任人，对本单位财务报表的真实性、合法性负责；有关会计负责人员也应承担相应的责任。

# 14.2　建筑施工企业资产负债表的编制

资产负债表是反映企业在某一特定日期财务状况的报表。它是根据资产、负债、所有者权益之间的关系，即"资产=负债+所有者权益"，按照一定的分类标准和顺序，把企业一定日期的资产、负债和所有者权益各项目进行适当排列。因此，资产负债表的主要内容包括企业资产、负债以及所有者权益的总体规模和结构。

## 14.2.1　资产负债表的结构

我国资产负债表采用账户式结构，分为左右两方，左方为资产类项目，按照资产的流动性（即把资产转换成现金所需要的时间）由大到小排列，分为流动资产和非流动资产列示；右方为负债及所有者权益项目，一般按要求清偿的时间的先后顺序排列，分流动负债、非流动负债和所有者权益列示。同时，为了便于报表项目的比对和报表使用者掌握和分析企业财务状况的变化及发展趋势，资产负债表提供"年初余额"和"期末余额"两栏。

常用的资产负债表，如图 14.1 所示。

**资产负债表**

会企 01 表

编制单位：　　　　　　　　　　年　月　日　　　　　　　　　　　单位：元

| 资产 | 期初余额 | 期末余额 | 负债和所有者权益（或股东权益） | 期初余额 | 期末余额 |
|---|---|---|---|---|---|
| **流动资产：** | | | **流动负债：** | | |
| 货币安全 | | | 短期借款 | | |
| 交易性金融资产 | | | 交易性金融负债 | | |
| 应收票据 | | | 应付票据 | | |
| 应收账款 | | | 应付账款 | | |
| 预付款项 | | | 预收款项 | | |

图 14.1　资产负债表的样式

| 资产 | 期初余额 | 期末余额 | 负债和所有者权益（或股东权益） | 期初余额 | 期末余额 |
|---|---|---|---|---|---|
| 应收股利 | | | 应付职工薪酬 | | |
| 应收股息 | | | 应交税费 | | |
| 其他应收款 | | | 应付利息 | | |
| 存货 | | | 应付股利 | | |
| 一年内非到期的流动资产 | | | 其他应付款 | | |
| 其他流动资产 | | | 一年内到期的非流动负债 | | |
| 　流动资产合计 | | | 其他流动负债 | | |
| **非流动负债：** | | | 　流动负债合计 | | |
| 可供出售金融资产 | | | **非流动负债：** | | |
| 持有至到期投资 | | | 长期借款 | | |
| 长期应收款 | | | 应付债券 | | |
| 长期股权投资 | | | 长期应付款 | | |
| 投资性房地产 | | | 专项应付款 | | |
| 固定资产 | | | 预计负债 | | |
| 在建工程 | | | 递延所得税负债 | | |
| 工程物资 | | | 其他非流动负债 | | |
| 固定资产清理 | | | 　非流动负债合计 | | |
| 生产性资产 | | | 　负债合计 | | |
| 油气资产 | | | **所有者权益（或股东权益）：** | | |
| 无形资产 | | | 实收资本（或股本） | | |
| 开发支出 | | | 资本公积 | | |
| 商誉 | | | 减：库存股 | | |
| 长期待摊费用 | | | 盈余公积 | | |
| 递延所得税资产 | | | 未分配利润 | | |
| 其他非流动资产 | | | 所有者权益（或股东权益）合计 | | |
| 　非流动资产合计 | | | | | |
| **资产总计** | | 0.00 | **负债和所有者权益总计** | | 0.00 |

图 14.1　资产负债表的样式（续）

## 14.2.2　资产负债表的编制方法

财务报表的重点是金额的填制，了解了资产负债表的基本结构，下面介绍具体填制方法。

资产负债表"期末余额"的填列："期末余额"栏各项目一般应根据资产、负债、所有者权益和成本类科目的期末余额填列，填列方法主要有直接填列和分析计算填列。

资产负债表"年初余额"的填列："年初余额"栏内各项数字，应根据上年末资产负债表"期末余额"栏内所列数字填列。如果本年度资产负债表规定的各个项目的各个名称和内容同上年度不相一致，应对上年年末资产负债表各项目的名称和数字按照本年度的规定进行调整，填入"年初余额"栏内。

## 1．根据总账余额直接计算填列

资产负债表的有些项目，应根据若干个相关账户的期末余额分析计算填列。如下：

- ❑ 货币资金项目；
- ❑ 存货项目；
- ❑ 固定资产项目；
- ❑ 无形资产项目；
- ❑ 未分配利润项目。

以下，用实例来说明上述项目的填列过程。

例 14-1 诚信邦公司 2016 年 11 月 30 日结账后总账部分账户余额如表 14.1 所示。

表 14.1 总账账户余额表

| 账户名称 | 期末借方余额 | 账户名称 | 期末贷方余额 |
|---|---|---|---|
| 库存现金 | 1 000 | 存货跌价准备 | 50 000 |
| 银行存款 | 100 500 | 累计折旧 | 70 000 |
| 其他货币资金 | 20 000 | 固定资产减值准备 | 10 000 |
| 原材料 | 568 000 | 累计摊销 | 50 000 |
| 周转材料 | 78 000 | 利润分配 | 100 000 |
| 固定资产 | 600 000 | 本年利润 | 1 540 000 |
| 无形资产 | 100 000 | | |

11 月末编制资产负债表时期末余额栏按下列数值填列。

（1）货币资金项目填列

"货币资金"项目，根据"库存现金""银行存款""其他货币资金"3 个总账账户的期末余额加总计算填列。其计算公式，如下：

货币资金=1 000+100 500+20 000=121 500（元）

将计算结果，填列在资产负债表的相应项目中，填列完成后，如图14.2所示。

## 资 产 负 债 表

会企01表
单位：元

编制单位：北京诚信邦建筑工程有限公司　　　　　2016年11月30日

| 资　　产 | 期末余额 | 期初余额 | 负债和所有者权益（或股东权益） | 期末余额 | 期初余额 |
|---|---|---|---|---|---|
| 流动资产： | | | 流动负债： | | |
| 货币资金 | 121 500 | | 短期借款 | | |
| 交易性金融资产 | | | 交易性金融负债 | | |
| 应收票据 | | | 应付票据 | | |
| 应收账款 | | | 应付账款 | | |

图14.2　货币资金项目填列完成

（2）存货项目填列

"存货"项目根据"材料采购""原材料""周转材料""库存商品""委托加工物资""生产成本""委托加工物资""消耗性生物资产""受托代销商品""材料成本差异"（借方，贷方则为负数）等账户的期末余额合计扣除"存货跌价准备"后的余额填列。其计算公式，如下：

存货=568 000+78 000-50 000=596 000（元）

将计算结果，填列在资产负债表的相应项目中，填列完成后，如图14.3所示。

## 资 产 负 债 表

会企01表
单位：元

编制单位：北京诚信邦建筑工程有限公司　　　　　2016年11月30日

| 资　　产 | 期末余额 | 期初余额 | 负债和所有者权益（或股东权益） | 期末余额 | 期初余额 |
|---|---|---|---|---|---|
| 流动资产： | | | 流动负债： | | |
| 货币资金 | 121 500 | | 短期借款 | | |
| 交易性金融资产 | | | 交易性金融负债 | | |
| 应收票据 | | | 应付票据 | | |
| 应收账款 | | | 应付账款 | | |
| 预付款项 | | | 预收款项 | | |
| 应收股利 | | | 应付职工薪酬 | | |
| 应收股息 | | | 应交税费 | | |
| 其他应收款 | | | 应付利息 | | |
| 存货 | 596 000 | | 应付股利 | | |
| 一年内非到期的流动资产 | | | 其他应付款 | | |

图14.3　存货项目填列完成

（3）固定资产项目填列

"固定资产"项目是根据"固定资产"扣除"累计折旧"和"固定资产减值准备"后的余额填列。其计算公式，如下：

固定资产=600 000-70 000-10 000=520 000（元）

计算完成后，将计算结果填列在资产负债表的相应项目中。（图略）

（4）无形资产项目填列

"无形资产"项目是根据"无形资产"扣除"累计摊销"和"无形资产减值准备"后的余额填列。其计算公式，如下：

无形资产=100 000-50 000=50 000（元）

计算完成后，将计算结果填列在资产负债表的相应项目中。（图略）

（5）未分配利润项目填列

"未分配利润"应根据"本年利润"科目和"利润分配"账户的期末余额加总计算填列。其计算公式，如下：

未分配利润=100 000+1 540 000=1 640 000（元）

计算完成后，将计算结果填列在资产负债表的相应项目中。（图略）

## 2. 根据明细账余额分析计算填列

资产负债表中的填列项目里，还有一些需要根据明细账余额分析计算填列，如：

- ❏ 应收账款项目；
- ❏ 预付账款项目；
- ❏ 应付账款项目；
- ❏ 预收账款项目。

**例 14-2** 诚信邦公司 2016 年 9 月 30 日有关账户余额所属明细账余额如表 14.2 所示。

2016 年 9 月末资产负债表中相关项目金额如下。

（1）应收账款项目填列

"应收账款"项目，应根据"应收账款"和"预收账款"账户所属相关明细账户的期末借方余额合计扣除据应收账款计提的"坏账准备"。

"应收账款"项目金额=1 000 000+2 000 000-15 000=2 985 000（元）

计算完成后，将计算结果填列在资产负债表的相应项目中。

（2）预付账款项目填列

"预收账款"项目，应根据"应收账款"和"预收账款"账户所属相关明细账户的期末贷方余额合计数计算填列。

"预收账款"项目金额=400 000+800 000=1 200 000（元）

计算完成后，将计算结果填列在资产负债表的相应项目中。

（3）应付账款项目填列

"应付账款"项目，应根据"应付账款"和"预付账款"账户所属相关明细账户的期末贷方余额合计数填列。

"预付账款"项目金额=280 000+320 000+580 000=1 180 000（元）

计算完成后，将计算结果填列在资产负债表的相应项目中。

表14.2　　　　　　　　　　明细账户余额表

| 账户名称 | 明细账户 | 借方余额 | 贷方余额 |
|---|---|---|---|
| 应收账款 | | 2 600 000 | |
| | 甲公司 | 1 000 000 | |
| | 乙公司 | | 400 000 |
| | 丙公司 | 2 000 000 | |
| 预付账款 | | 600 000 | |
| | 华鑫建材公司 | 280 000 | |
| | 广袤商贸公司 | 320 000 | |
| 应付账款 | | | 2 000 000 |
| | 永和水泥厂 | 580 000 | |
| | 挖掘机经销部 | | 2 580 000 |
| 预收账款 | | | 800 000 |
| | A公司 | | 800 000 |
| 坏账准备 | | | 16 000 |
| | 应收账款 | | 15 000 |
| | 其他应收款 | | 1 000 |

（4）预收账款项目填列

"预付账款"项目，应根据"应付账款"和"预付账款"账户所属相关明细账户的期末借方余额合计数填列。

"应付账款"项目金额=2 580 000（元）

计算完成后，将计算结果填列在资产负债表的相应项目中。

### 3．根据剩余时间分析填列

（1）一年内到期的非流动资产

"持有至到期投资""长期待摊费用"和"长期应收款"项目，应根据"持有至到期投资""长期待摊费用"和"长期应收款"账户的明细账余额和备查账分析计算填列，如果有一年内将到期的，填入"一年内到期的非流动资产"项目，剩余金额分别填入此几项。

（2）一年内到期的非流动负债填列

"长期借款""应付债券"项目，应分别根据"长期借款""应付债券"账户的明细账余额和备查账分析填列，如果有一年内将到期的，填入"一年内到期的非流动负债"，剩余金额分别填入此两项。

例 14-3　2016 年 9 月 30 日长期借款账户明细情况（见表 14.3），计算资产负债表中"长期借款"填列数。

表 14.3　　　　　　　　2016 年 9 月末长期借款明细表

| 借款起始日期 | 借款期限（年） | 金额 |
| --- | --- | --- |
| 2015 年 1 月 1 日 | 3 | 3 000 000 |
| 2013 年 1 月 1 日 | 5 | 2 000 000 |
| 2013 年 6 月 1 日 | 4 | 1 000 000 |

其中，2013 年 6 月 1 日借入的贷款离到期日还不到一年了，所以：

一年内到期的非流动负债=1 000 000（元）

长期借款=3 000 000+2 000 000=5 000 000（元）

计算完成后，将计算结果填列在资产负债表的相应项目中。

（3）根据总账期末余额直接填列

资产负债表的有些项目，可以根据各总账账户的期末余额直接填列。如"交易性金融资产""工程物资""固定资产清理""短期借款""交易性金融负债""应付票据""应付职工薪酬""应交税费""应付利息""应付股利""其他应付款""专项应付款""实收资本""资本公积""盈余公积"等项目，应根据有关各总账的期末余额直接填列，也就是除了上面介绍的需计算填列的以外都根据有关各总账的期末余额直接填列。

例 14-4　诚信邦公司 2016 年 3 月 5 日向工行借入 6 个月的借款 500 000 元，到 7 月 1 日因工程款未到位，向农行借入临时周转借款 100 000 元，假如公司没有其他短期借款业务。

2016 年 3 月末"短期借款"账户的余额为 500 000 元，则资产负债表中"短期借款"项目金额为：500 000 元；

2016 年 7 月末"短期借款"账户的余额为 600 000 元，则资产负债表中"短期借款"项目金额为：600 000 元。

特例：如果"工程施工"账户余额大于"工程结算"账户余额，那企业应该用"工程施工"账户余额减去"工程结算"账户余额的金额，相应的数据反映出施工企业建造合同已完工部分但尚未办理结算的价款总额。其应该作为一项流动资产，通过在资产负债表的"存货"项目中增设的"已完工尚未结算款"项目列示。如果"工程结算"账户余额大于"工程施工"账户余额，那企业应该用"工程结算"账户余额减"工程施工"账户余额后的金额，相应的数据反映出施工企业建造合同未完工部分但已办理了结算的价款总额。其应该作为一项流动负债，通过在资产负债表的"预收账款"项目中增设的"已结算尚未完工工程"项目列示。

## 14.2.3 资产负债表编制实例

例 14-5 诚信邦公司 2016 年 12 月 31 日总账及明细账余额如表 14.4 所示，编制 12 月资产负债表。

表 14.4　　　　　　　　诚信邦公司总账及明细账期末余额表

| 资产账户 | 总账及明细账期末余额 | | 权益账户 | 总账及明细账期末余额 | |
|---|---|---|---|---|---|
| | 借方余额 | 贷方余额 | | 借方余额 | 贷方余额 |
| 库存现金 | 4 600 | | 短期借款 | | 8 000 000 |
| 银行存款 | 11 513 600 | | 应付票据 | | 585 000 |
| 工行 | 7 310 000 | | 应付账款 | | 500 000 |
| 农行 | 4 203 600 | | 华兴公司 | | 1 100 000 |
| 其他货币资金 | 1 064 000 | | 永兴公司 | 600 000 | |
| 外埠存款 | 1 064 000 | | 预收账款 | | |
| 应收票据 | 100 000 | | 应付职工薪酬 | | 160 000 |
| 应收账款 | 3 200 000 | | 应付利息 | | 27 850 |
| 甲公司 | 3 500 000 | | 其他应付款 | | 30 000 |
| 乙公司 | 1 200 000 | | 应交税费 | | 122 820 |
| 丙公司 | | 1 500 000 | 长期借款 | | 400 000 |
| 预付账款 | 122 000 | | 工程结算 | | 10 000 000 |
| A 公司 | 150 000 | | 实收资本 | | 20 000 000 |
| B 公司 | | 28 000 | 盈余公积 | | 448 021.10 |
| 坏账准备 | | 16 100 | 利润分配 | | 3 287 600 |

| 资产账户 | 总账及明细账期末余额 | | 权益账户 | 总账及明细账期末余额 | |
|---|---|---|---|---|---|
| | 借方余额 | 贷方余额 | | 借方余额 | 贷方余额 |
| 应收账款 | | 16 000 | | | |
| | | 100 | | | |
| 其他应收款 | 20 000 | | | | |
| 工程施工 | 11 865 371.10 | | | | |
| 原材料 | 1 640 000 | | | | |
| 库存商品 | 157 200 | | | | |
| 周转材料 | 780 000 | | | | |
| 固定资产 | 13 022 000 | | | | |
| 累计折旧 | | 954 180 | | | |
| 在建工程 | | | | | |
| 无形资产 | 1 250 000 | | | | |
| 累计摊销 | | 50 000 | | | |

（备注：长期借款中 150 000 于 2017 年 7 月 31 日到期）

诚信邦建筑有限根据以上资料编制 2016 年 12 月 31 日的资产负债表如表 14.5 所示。

表 14.5 　　　　　　　　　　资产负债表（简表）　　　　　　　　　　会企 01 表

编制单位：诚信邦公司　　　　　　　　　2016 年 12 月 31 日　　　　　　　　　单位：元

| 资产 | 年初余额 | 期末余额 | 负债和所有者权益 | 年初余额 | 期末余额 |
|---|---|---|---|---|---|
| 流动资产： | | | 流动负债 | | |
| 货币资金 | 8 460 990 | 12 582 200 | 短期借款 | 250 000 | 8 000 000 |
| 交易性金融资产 | | | 应付票据 | 10 000 | 585 000 |
| 应收票据 | 490 000 | 100 000 | 应付账款 | 170 000 | 1 128 000 |
| 应收账款 | 5 291 000 | 4 684 000 | 预收款项 | 10 000 | 1 500 000 |
| 预付款项 | 215 000 | 750 000 | 应付职工薪酬 | 25 000 | 160 000 |
| 应收利息 | | | 应交税费 | 34 586 | 122 820 |
| 应收股利 | | | 应付利息 | | 27 850 |
| 其他应收款 | 27 350 | 19 900 | 其他就付款 | | 30 000 |
| 存货 | 978 115 | 4 285 371.10 | 一年内到期的非流动负债 | | 150 000 |
| 一年内到期的非流动资产 | | | 流动负债合计 | 499 586 | 11 703 670 |

| 资产 | 年初余额 | 期末余额 | 负债和所有者权益 | 年初余额 | 期末余额 |
|---|---|---|---|---|---|
| 流动资产合计 | 15 462 455 | 22 421 471.10 | 非流动负债: | | |
| 非流动资产: | | | 长期借款 | 100 000 | 250 000 |
| 持有至到期投资 | | | 其他非流动负责 | | |
| 固定资产 | 5 022 000 | 12 067 820 | 非流动负债合计 | 100 000 | 250 000 |
| 在建工程 | | | 负债合计 | 599 586 | 11 953 670 |
| 无形资产 | 250 000 | 1 200 000 | 所有者权益: | | |
| 长期待摊费用 | | | 实收资本 | 20 000 000 | 20 000 000 |
| 其他非流动资产 | | | 盈余公积 | 120 680 | 448 021.10 |
| 非流动资产合计 | 5 272 000 | 13 267 820 | 未分配利润 | 14 189 | 3 287 600 |
| | | | 所有者权益合计 | 20 134 869 | 23 735 621.10 |
| 资产总计 | 20 734 455 | 35 689 291.10 | 负债和所有者权益总计 | 20 734 455 | 35 689 291.10 |

单位负责人: 马超凡 财务主管: 李毅 制表: 李毅

（1）分析计算填列的项目如下:

"货币资金"项目期末金额=4 600+11 513 600+1 064 000=12 582 200（元）

"存货"项目期末金额=1 640 000+780 000+（11 865 371.10-10 000 000）=4 285 371.10（元）

"固定资产"项目期末金额=13 022 000-954 180=12 067 820（元）

"无形资产"项目期末金额=1 250 000-50 000=1 200 000（元）

"应收账款"项目期末金额=3 500 000+1 200 000-16 000=4 684 000（元）

"预付款项"项目期末金额=150 000+600 000=750 000（元）

"预收款项"项目期末金额=1 500 000（元）

"应付账款"项目期末金额=1 100 000+28 000=1 128 000（元）

"其他应收款"项目期末余额=20 000-100=19 900（元）

"长期借款"项目期末金额=400 000-150 000=250 000（元）

"一年内到期的非流动负债"=150 000（元）

（2）其余项目根据总账余额直接填列。

# 14.3 建筑施工企业利润表的编制

利润表又称损益表，是反映企业在一定会计期间的经营成果的财务报表。该表是按照各项收入、费用以及构成利润的各个项目分类分项编制而成的。该表以"收入-费用=利润"为理论依据。

## 14.3.1 利润表的内容

利润表是投资者了解企业经营成果的基本途径，也是税务部门核查企业所得税计算正确与否的工具，所以我们要很好的认识利润表。

通常，利润表主要反映以下几个方面的内容。

（1）构成主营业务利润的各项要素。

从主营业务收入出发，减去为取得主营业务收入而发生的相关费用、税金后得出主营业务利润。

（2）构成营业利润的各项要素。

营业利润在主营业务利润的基础上，加其他业务利润，减营业费用、管理费用、财务费用后得出。

（3）构成利润总额（或亏损总额）的各项要素。

利润总额（或亏损总额）在营业利润的基础上加（减）投资收益（损失）、补贴收入、营业外收入，减去营业外支出后得出。

（4）构成净利润（或净亏损）的各项要素。

净利润（或净亏损）在利润总额（或亏损总额）的基础上，减去本期计入损益的所得税费用后得出。

## 14.3.2 利润表的结构

常见的利润表结构主要有单步式和多步式两种，我国企业采用的是多步式利润表，通过对当期的收入、费用、支出项目按性质加以归类，按利润形成的主要环节列示一些中间性利润指标，如营业利润、利润总额、净利润，分步计算当期净损益。这种多步式利润表体现了收入与费用支出配比的层次性，便于对企业的经营情况进行分析，有利于不同企业之间进行比较，有利于预测企业未来的盈利能力，从而满足报表使用者对会计信息的需求。

标准的通用利润表，如图 14.4 所示。

# 损 益 表

会企02表

编制单位：　　　　　　　　　　　年　月　日　　　　　　　　单位：元

| 项目 | 行次 | 本期金额 | 上期金额 |
|---|---|---|---|
| 一、营业收入 | 1 | | |
| 减：营业成本 | 2 | | |
| 营业税金及附加 | 3 | | |
| 销售费用 | 4 | | |
| 管理费用 | 5 | | |
| 财务费用 | 6 | | |
| 资产减值损失 | 7 | | |
| 加：公允价值变动收益（损失以"－"号填列） | 8 | | |
| 投资收益（损失以"－"号填列） | 9 | | |
| 其中：对联营企业和合营企业的投资收益 | 10 | | |
| 二、营业利润（亏损以"－"号填列） | 11 | | |
| 加：营业外收入 | 12 | | |
| 减：营业外支出 | 13 | | |
| 其中：非流动资产处置损失 | 14 | | |
| 三、利润总额（亏损总额以"－"号填列） | 15 | | |
| 减：所得税费用 | 16 | | |
| 四、净利润（净亏损以"－"号填列） | 17 | | |
| 五、每股收益： | 18 | | |
| （一）基本每股收益 | 19 | | |
| （二）稀释每股收益 | 20 | | |

图 14.4　通用利润表

## 14.3.3　利润表的编制方法

以企业利润表为例，介绍一下利润表的填列方法。

### 1．利润表"上期金额"的填列方法

利润表"上期金额"栏内各项数字，应根据上年该期利润表"本期金额"栏内所列数字填列。如果上年该期利润表规定的各个项目的名称与内容同本期不相一致，应对上年该期利润表各项目的名称和数字按本期的规定进行调整，填入利润表"上期金额"栏内。

### 2．利润表"本期金额"栏的填列方法

利润表"本期金额"栏内各项数字一般应根据损益类账户的本期实际发生额

分析填列；"营业利润""利润总额""净利润"等项目，应直接根据报表项目计算填列利润表分3个步骤编制：

（1）以营业收入（主营业务收入、其他业务收入之和）为基础，减去营业成本（主营业务成本、其他业务成本之和）、营业税金及附加、销售费用、管理费用、财务费用、资产减值损失，加上公允价值变动收益（公允价值变动损失为负数）和投资收益（投资损失为负数），计算出营业利润；

（2）以营业利润为基础，加上营业外收入，减去营业外支出，计算出利润总额；

（3）以利润总额为基础，减去所得税费用，计算出净利润（或净亏损）。

## 14.3.4　利润表编制实例

例 14-6　诚信邦公司 2016 年 12 月有关损益类账户发生额如图 14.5 所示，据此编制诚信邦公司 12 月份的利润表。

损益类账户发生额

| 账户名称 | 借方发生额 | 贷方发生额 |
|---|---|---|
| 主营业务收入 | | 12 180 000.00 |
| 主营业务成本 | 11 206 400.00 | |
| 其他业务收入 | | 100 000.00 |
| 其他业务成本 | 14 500.00 | |
| 营业税金及附加 | 81 849.60 | |
| 销售费用 | | |
| 管理费用 | 254 200.00 | |
| 财务费用 | 61 875.00 | |
| 投资收益 | | |
| 营业外收入 | | 500 |
| 营业外支出 | 2 000.00 | |
| 资产减值损失 | 12 100.00 | |
| 所得税费用 | 155 418.10 | |

图 14.5　诚信邦 12 月份损益类账户发生额

在填写利润表时，只需要将对应的数据填入相应项目即可。根据上述资料编制的 2016 年 12 月份利润表如图 14.6 所示。

## 利 润 表

编制单位：诚信邦公司　　　　　2016年12月

会企02表
单位：元

| 项目 | 本期金额 | 上期金额 |
|---|---|---|
| 一、营业收入 | 12 280 000 | （略） |
| 　减：营业成本 | 11 220 900 | |
| 　营业税金及附加 | 81 849.6 | |
| 　销售费用 | | |
| 　管理费用 | 254 200 | |
| 　财务费用 | 61 875 | |
| 　资产减值损失 | 12 100 | |
| 　加：公允价值变动收益（损失以"-"填列） | | |
| 　投资收益 | | |
| 　其中：对联营企业和合营企业投资收益 | | |
| 二、营业利润（损失以"-"填列） | 649 075.4 | |
| 　加：营业外收入 | 500 | |
| 　减：营业外支出 | 2 000.00 | |
| 　其中：非流动资产处置损失 | | |
| 三、利润总额（损失以"-"填列） | 647 575.4 | |
| 　减：所得税费用 | 155 418.1 | |
| 四、净利润（净损失以"-"填列） | 492 157.3 | |

图 14.6　诚信邦公司 12 月份的利润表

# 14.4　建筑施工企业现金流量表的编制

现金流量表是反映企业一定会计期间现金和现金等价物流入和流出的财务报表。从编制原则上看，它是按照收付实现制原则编制的，将权责发生制下的盈利信息调整为收付实现制下的现金流量信息，弥补了资产负债表和利润表提供信息的不足。

## 14.4.1　现金流量表的编制基础

现金流量表是反映企业一定会计期间现金和现金等价物流入和流出的财务报表，它属于动态的财务报表。现金流量表是以现金及现金等价物为基础编制的，具体包括如下内容。

### 1．现金

现金，是指企业库存现金以及可以随时用于支付的存款。不能随时用于支付的存款不属于现金。现金主要包括：

❑　库存现金。库存现金是指企业持有可随时用于支付的现金，与"库存现金"科目的核算内容一致；

❑　银行存款。银行存款是指企业存入金融机构、可以随时用于支取的存款，与"银行存款"科目核算内容基本一致，但不包括不能随时用于支付的存款。例如，不能随时支取的定期存款等不应作为现金；提前通知金融机构便可支取的定期存款则应包括在现金范围内；

❑　其他货币资金。其他货币资金是指存放在金融机构的外埠存款、银行汇票存款、银行本票存款、信用卡存款、信用证保证金存款和存出投资款等，与"其他货币资金"科目核算内容一致。

### 2．现金等价物

现金等价物，是指企业持有的期限短、流动性强、易于转换为已知金额现金、价值变动风险很小的短期投资。其中，"期限短"一般是指从购买日起 3 个月内到期。例如可在证券市场上流通的 3 个月内到期的短期债券等。

现金等价物虽然不是现金，但其支付能力与现金的差别不大，可视为现金。例如，建筑企业为保证支付能力，手中必须持有大量必要的现金，为了不使现金闲置，可以购买短期债券，在需要现金时，随时可以出手变现。

现金等价物的定义本身，包含了判断一项投资是否属于现金等价物的四个条件，即，期限短；流动性强；易于转换为已知金额的现金；价值变动风险很小。其中，期限短、流动性强，强调了变现能力，而易于转换为已知金额的现金、价值变动风险很小，则强调了支付能力的大小。通常从购买日起三个月到期或清偿的国库券、货币市场基金、可转换定期存单、商业本票及银行承兑汇票等都可列为现金等价物。企业作为短期投资而购入的可流通的股票，尽管期限短，变现的能力也很强，但由于其变现的金额并不确定，其价值变动的风险较大，因而不属于现金等价物。

## 14.4.2　现金流量表的内容

现金流量表的内容应当包括经营活动、投资活动和筹资活动产生的现金流量。

### 1．经营活动产生的现金流量

经营活动是指企业投资活动和筹资活动以外的所有交易和事项。建筑施工企业的经营活动主要包括：承发包工程、销售商品、提供劳务、经营性租赁、购买材料物资、接受劳务、支付税费等。

经营活动的现金流量主要包括：

- □　销售商品、提供劳务收到的现金；
- □　收到的税费退还；
- □　收到其他与经营活动有关的现金；
- □　购买商品、接受劳务支付的现金；
- □　支付给职工以及为职工支付的现金；
- □　支付的各项税费；
- □　支付其他与经营活动有关的现金。

### 2．投资活动产生的现金流量

投资活动是指企业长期资产的购建和不包括在现金等价物范围的投资及其处置活动。投资活动产生的现金流量包括：

- □　收回投资收到的现金；
- □　取得投资收益收到的现金；
- □　处置固定资产、无形资产和其他长期资产收回的现金净额；
- □　收到其他与投资活动有关的现金；
- □　购建固定资产、无形资产和其他长期资产支付的现金；
- □　投资支付的现金；
- □　支付其他与投资活动有关的现金。

### 3．筹资活动产生的现金流量

筹资活动是指导致企业资本及债务规模和构成发生变化的活动。筹资活动产生的现金流量包括：

- □　吸收投资收到的现金；
- □　取得借款收到的现金；
- □　收到其他与筹资活动有关的现金；
- □　偿还债务支付的现金；
- □　分配股利、利润或偿付利息支付的现金；
- □　支付其他与筹资活动有关的现金。

## 14.4.3　现金流量表的结构

我国企业现金流量表采用报告式结构，分类反映经营活动产生的现金流量、投资活动产生的现金流量和筹资活动产生的现金流量，最后汇总反映企业某一期间现金及现金等价物的净增加额。现金流量表的结构如图 14.7 所示，补充资料如图 14.8 所示。

# 现金流量表

编制单位：　　　　　　　　年　月　　　　　　　单位：元

| 项目 | 本期金额 | 上期金额 |
|---|---|---|
| 一、经营活动产生的现金流量： | | |
| 销售商品、提供劳务收到的现金 | | |
| 收到的税费返还 | | |
| 收到其他与经营活动有关的现金 | | |
| 　　　　经营活动现金流入　小计 | | |
| 购买商品、接受劳务支付的现金 | | |
| 支付给职工以及为职工支付的现金 | | |
| 支付的各项税费 | | |
| 支付其他与经营活动有关的现金 | | |
| 　　　　经营活动现金流出　小计 | | |
| 　　　经营活动产生的现金流量　净额 | | |
| 二、投资活动产生的现金流量： | | |
| 收回投资收到的现金 | | |
| 取得投资收益收到的现金 | | |
| 处置固定资产、无形资产和其他长期资产收回的现金净额 | | |
| 处置子公司及其他营业单位收到的现金净额 | | |
| 收到其他与投资活动有关的现金 | | |
| 　　　　投资活动现金流入　小计 | | |
| 购建固定资产、无形资产和其他长期资产支付的现金 | | |
| 投资支付的现金 | | |
| 取得子公司及其他营业单位支付的现金净额 | | |
| 支付其他与投资活动有关的现金 | | |
| 　　　　投资活动现金流出　小计 | | |
| 　　　投资活动产生的现金流量净额 | | |
| 三、筹资活动产生的现金流量： | | |
| 吸收投资收到的现金 | | |
| 取得借款收到的现金 | | |
| 收到其他与筹资活动有关的现金 | | |
| 　　　　筹资活动现金流入小计 | | |
| 偿还债务支付的现金 | | |
| 分配股利、利润或偿付利息支付的现金 | | |
| 支付其他与筹资活动有关的现金 | | |
| 　　　　筹资活动现金流出小计 | | |
| 　　　筹资活动产生的现金流量净额 | | |
| 四、汇率变动对现金及现金等价物的影响 | | |
| 五、现金及现金等价物净增加额 | | |
| 加：期初现金及现金等价物余额 | | |
| 六、期末现金及现金等价物余额 | | |

图 14.7　现金流量表

　　企业的现金流转情况在很大程度上影响着企业的生存和发展。企业现金充裕，就可以及时购入必要的材料物资和固定资产，及时支付工资、偿还债务、支付股利和利息；反之，轻则影响企业的正常生产经营，重则危及企业的生存。现金管理已经成为企业财务管理的一个重要方面，受到企业管理人员、投资者、债权人以及政府监管部门的关注。

补 充 资 料

| | | 金额 |
|---|---|---|
| 1. 将净利润调节为经营活动现金流量: | | |
| 净利润 | 57 | |
| 加: 计提的资产减值准备 | 58 | |
| 固定资产折旧 | 59 | |
| 无形资产摊销 | 60 | |
| 长期待摊费用摊销 | 61 | |
| 待摊费用减少（减: 增加） | 64 | |
| 预提费用增加（减: 减少） | 65 | |
| 处置固定资产、无形资产和其他长期资产的损失（减: 收益） | 66 | |
| 固定资产报废损失 | 67 | |
| 财务费用 | 68 | |
| 投资损失（减收益） | 69 | |
| 递延税款贷项（减借项） | 70 | |
| 存货的减少（减增加） | 71 | |
| 经营性应收项目的减少（减增加） | 72 | |
| 经营性应付项目的增加（减减少） | 73 | |
| 其他 | 74 | |
| **经营活动产生的现金流量净额** | 75 | |
| 2. 不涉及现金收支的投资和筹资活动: | | |
| 债务转为资本 | 76 | |
| 一年内到期的可转换公司债券 | 77 | |
| 融资租入固定资产 | 78 | |
| 3. 现金及现金等价物净增加情况: | | |
| 现金的期末余额 | 79 | |
| 减: 现金的期初余额 | 80 | |
| 加: 现金等价物的期末余额 | 81 | |
| 减: 现金等价物的期初余额 | 82 | |
| **现金及现金等价物净增加额** | 83 | |

图 14.8  现金流量表补充资料

## 14.4.4  现金流量表的编制方法及程序

现金流量表的编制与资产负债表和利润表截然不同，它是以收付实现制为基础进行编制的，具体编制方法如下。

### 1. 直接法和间接法

编制现金流量表时，列报经营活动现金流量的方法有两种：一是直接法；二是间接法。这两种方法通常也称为编制现金流量表的方法。

所谓直接法，是指按现金收入和现金支出的主要类别直接反映企业经营活动产生的现金流量，如销售商品、提供劳务收到的现金；购买商品、接受劳务支付的现金等就是按现金收入和支出的类别直接反映的。在直接法下，一般是以利润表中的营业收入为起算点，调节与经营活动有关的项目的增减变动，然后计算出经营活动产生的现金流量，也就是编制如图 14.7 所示的现金流量表。

所谓间接法，是指以净利润为起算点，调整不涉及现金的收入、费用、营业外收支等有关项目，剔除投资活动、筹资活动对现金流量的影响，据此计算出经营活动产生的现金流量。由于净利润是按照权责发生制原则确定的，且包括了与投资活动和筹资活动相关的收益和费用，将净利润调节为经营活动现金流量，实际上就是将按权责发生制原则确定的净利润调整为现金净流入，并剔除投资活动和筹资活动对现金流量的影响，也就是编制表如图 14-8 所示。

采用直接法编报的现金流量表，便于分析企业经营活动产生的现金流量的来源和用途，预测企业现金流量的未来前景；采用间接法编报现金流量表，便于将净利润与经营活动产生的现金流量净额进行比较，了解净利润与经营活动产生的现金流量差异的原因，从现金流量的角度分析净利润的质量。所以，现金流量表准则规定企业应当采用直接法编报现金流量表，同时要求在附注中提供以净利润为基础调节到经营活动现金流量的信息。

### 2．工作底稿法或 T 型账户法

在具体编制现金流量表时，可以采用工作底稿法或 T 型账户法，也可以根据有关科目记录分析填列。

（1）工作底稿法

采用工作底稿法编制现金流量表，是以工作底稿为手段，以资产负债表和利润表数据为基础，对每一项目进行分析并编制调整分录，从而编制现金流量表。工作底稿法的程序如下。

第一步，将资产负债表的期初数和期末数过入工作底稿的期初数栏和期末数栏。

第二步，对当期业务进行分析并编制调整分录。编制调整分录时，要以利润表项目为基础从"营业收入"开始，结合资产负债表项目逐一进行分析。在调整分录中，有关现金和现金等价物的事项，并不直接借记或贷记现金，而是分别计入"经营活动产生的现金流量""投资活动产生的现金流量""筹资活动产生的现金流量"有关项目。借记表示现金流入，贷记表示现金流出。

第三步，将调整分录填入工作底稿中的相应部分。

第四步，核对调整分录，借方、贷方合计数均已经相等，资产负债表项目期初数加减调整分录中的借贷金额以后，也等于期末数。

第五步，根据工作底稿中的现金流量表项目部分编制正式的现金流量表，如表 14.6 所示。

表 14.6　　　　　　　　　　　　现金流量表工作底稿

| 项目 | 期初数 | 本期借方发生额 | 本期贷方发生额 | 期末（本期）数 |
|---|---|---|---|---|
| 一、资产负债项目 | | | | |
| 借方项目： | | | | |
| 货币资金 | | | | |
| 交易性金融资产 | | | | |
| 应收票据 | | | | |
| 应收账款 | | | | |
| 预付账款 | | | | |
| 应收利息 | | | | |
| 应收股利 | | | | |
| 其他应收款 | | | | |
| 存货 | | | | |
| 可供出售金融资产 | | | | |
| 持有至到期投资 | | | | |
| 长期应收款 | | | | |
| 长期股权投资 | | | | |
| 投资性房地产 | | | | |
| 固定资产原值 | | | | |
| 工程物资 | | | | |
| 在建工程 | | | | |
| 固定资产清理 | | | | |
| 无形资产 | | | | |
| 研发支出 | | | | |
| 商誉 | | | | |
| 长期待摊费用 | | | | |
| 递延所得税资产 | | | | |
| 借方项目合计 | | | | |
| 贷方项目： | | | | |
| 累计折旧 | | | | |

| 项目 | 期初数 | 本期借方发生额 | 本期贷方发生额 | 期末（本期）数 |
|---|---|---|---|---|
| 累计摊销 | | | | |
| 坏账准备 | | | | |
| 存货跌价准备 | | | | |
| 长期股权投资减值准备 | | | | |
| 固定资产减值准备 | | | | |
| 无形资产减值准备 | | | | |
| 递延所得税负债 | | | | |
| 短期借款 | | | | |
| 交易性金融负债 | | | | |
| 应付票据 | | | | |
| 应付账款 | | | | |
| 预收账款 | | | | |
| 其他应付款 | | | | |
| 应付职工薪酬 | | | | |
| 应付利息 | | | | |
| 应付股利 | | | | |
| 应交税费 | | | | |
| 长期借款 | | | | |
| 应付债券 | | | | |
| 长期应付款 | | | | |
| 专项应付款 | | | | |
| 预计负债 | | | | |
| 实收资本 | | | | |
| 资本公积 | | | | |
| 盈余公积 | | | | |
| 未分配利润 | | | | |
| **贷方项目合计** | | | | |
| **二、利润表项目** | | | | |
| 主营业务收入 | | | | |
| 主营业务成本 | | | | |

| 项目 | 期初数 | 本期借方发生额 | 本期贷方发生额 | 期末（本期）数 |
|---|---|---|---|---|
| 主营业务税金及附加 | | | | |
| 其他业务收入 | | | | |
| 其他业务成本 | | | | |
| 销售费用 | | | | |
| 管理费用 | | | | |
| 财务费用 | | | | |
| 资产减值损失 | | | | |
| 公允价值变动损益 | | | | |
| 投资收益 | | | | |
| 营业外收入 | | | | |
| 营业外支出 | | | | |
| 所得税费用 | | | | |
| 净利润 | | | | |
| 三、现金流量表项目 | | | | |
| （一）经营活动产生的现金流量 | | | | |
| 销售商品、提供劳务收到的现金 | | | | |
| 收到的税费返还 | | | | |
| 收到的其他与经营活动有关的现金 | | | | |
| 现金流入小计 | | | | |
| 购买商品接受劳务支付的现金 | | | | |
| 支付给职工以及为职工支付的现金 | | | | |
| 支付的各项税费 | | | | |
| 支付的其他与经营活动有关的现金 | | | | |
| 现金流出小计 | | | | |
| 经营活动产生的现金流量净额 | | | | |
| （二）投资活动产生的现金流量 | | | | |
| 收回投资所收到的现金 | | | | |
| 取得投资收益所收到的现金 | | | | |
| 处置固定资产无形资产和其他长期资产而收到的现金净额 | | | | |
| 收到的其他与投资活动有关的现金 | | | | |
| 现金流入小计 | | | | |

建筑施工企业会计核算与纳税实务：零基础 全流程 重实践

| 项目 | 期初数 | 本期借方发生额 | 本期贷方发生额 | 期末（本期）数 |
|---|---|---|---|---|
| 购建固定资产无形资产和其他长期资产所支付的现金 | | | | |
| 投资所支付的现金 | | | | |
| 支付的其他与投资活动有关的现金 | | | | |
| 现金流出小计 | | | | |
| 投资活动产生的现金流量净额 | | | | |
| （三）筹资活动产生的现金流量 | | | | |
| 吸收投资所收到的现金 | | | | |
| 借款所收到的现金 | | | | |
| 收到的其他与筹资活动有关的现金 | | | | |
| 现金流入小计 | | | | |
| 偿还债务所支付的现金 | | | | |
| 分配股利利润或偿付利息所支付的现金 | | | | |
| 支付的其他与筹资活动有关的现金 | | | | |
| 现金流出小计 | | | | |
| 筹资活动产生的现金流量净额 | | | | |
| （四）现金及现金等价物净增加额 | | | | |
| 调整分录合计 | | | | |

（2）T型账户法

采用T型账户法编制现金流量表，是以T型账户为手段，以资产负债表和利润表数据为基础，对每一项目进行分析并编制调整分录，从而编制现金流量表。T型账户法的程序如下。

第一步，为所有的非现金项目（包括资产负债表项目和利润表项目）分别开设T型账户，并将各自的期末期初变动数过入各相关账户。如果项目的期末数大于期初数，则将差额过入和项目余额相同的方向；反之，过入相反的方向。

第二步，开设一个大的"现金及现金等价物"T型账户，每边分为经营活动、投资活动和筹资活动三个部分，左边记现金流入，右边记现金流出。与其他账户一样，过入期末期初变动数。

第三步，以利润表项目为基础，结合资产负债表分析每一个非现金项目的增减变动，并据此编制调整分录。

第四步，将调整分录过入各 T 型账户，并进行核对，该账户借贷相抵后的余额与原先过入的期末期初变动数应当一致。

第五步，根据大的"现金及现金等价物" T 型账户编制正式的现金流量表。

## 14.4.5 现金流量表编制实例

例 14-7　2016 年 12 月 31 日，诚信邦公司的资产负债表如图 14.9 所示；利润表如图 14.10 所示。

### 资产负债表（简表）

会企01表
单位：元

编制单位：北京诚信邦建筑工程有限公司　　　2016年12月31日

| 资产 | 月初余额 | 月末余额 | 负债和所有者权益 | 月初余额 | 月末余额 |
|---|---|---|---|---|---|
| 流动资产： | | | 流动负债 | | |
| 货币资金 | 2 938 503 | 12 582 200 | 短期借款 | 10 000 000 | 8 000 000 |
| 交易性金融资产 | 60 000 | | 应付票据 | 500 000 | 585 000 |
| 应收票据 | 250 000 | 100 000 | 应付账款 | 500 000 | 1 128 000 |
| 应收账款 | 1 000 000 | 4 684 000 | 预收款项 | | 1 500 000 |
| 预付款项 | 100 000 | 750 000 | 应付职工薪酬 | 660 000 | 160 000 |
| 应收利息 | | | 应交税费 | 34 000 | 122 820 |
| 应收股利 | | 10 000 | 应付利息 | 27 850 | 27 850 |
| 其他应收款 | 9 500 | 19 900 | 其他应付款 | | 30 000 |
| 存货 | 13 711 390.8 | 4 285 371.1 | 应付股利 | 51 000 | 0 |
| | | | 一年内到期的非流动负债 | 150 000 | 150 000 |
| 一年内到期的非流动资产 | | | 流动负债合计 | 11 922 850 | 11 703 670 |
| 流动资产合计 | 18 069 393.8 | 22 431 471.1 | 非流动负债： | | |
| 非流动资产： | | | 长期借款 | 250 000 | 250 000 |
| 长期股权投资 | | 190 000 | 应付债券 | | 5 000 000 |
| 持有至到期投资 | 4 800 000 | 4 800 000 | 其他非流动负债 | | |
| 固定资产 | 12 305 820 | 12 067 820 | 非流动负债合计 | 250 000 | 5 250 000 |
| 在建工程 | 31 100 | | 负债合计 | 12 172 850 | 16 953 670 |
| 无形资产 | 1 210 000 | 1 200 000 | 所有者权益： | | |
| 长期待摊费用 | | | 实收资本 | 20 000 000 | 20 000 000 |
| 其他非流动资产 | | | 盈余公积 | 448 021.1 | 448 021.1 |
| 非流动资产合计 | 18 346 920 | 18 257 820 | 未分配利润 | 3 795 442.7 | 3 287 600 |
| | | | 所有者权益合计 | 24 243 463.8 | 23 735 621.1 |
| 资产总计 | 36 416 313.8 | 40 689 291.1 | 负债和所有者权益总计 | 36 416 313.8 | 40 689 291.1 |

单位负责人：马超凡　　　财务主管：李毅　　　制表：李毅

图 14.9　诚信邦 2016 年 12 月资产负债表（简表）

# 利润表

会企02表

编制单位：诚信邦公司　　　　　2016年12月　　　　　单位：元

| 项目 | 本期金额 | 上期金额 |
|---|---|---|
| 一、营业收入 | 12 280 000 | （略） |
| 减：营业成本 | 11 220 900 | |
| 营业税金及附加 | 81 849.6 | |
| 销售费用 | | |
| 管理费用 | 254 200 | |
| 财务费用 | 61 875 | |
| 资产减值损失 | 12 100 | |
| 加：公允价值变动收益（损失以"-"填列） | | |
| 投资收益 | | |
| 其中：对联营企业和合营企业投资收益 | | |
| 二、营业利润（损失以"-"填列） | 649 075.4 | |
| 加：营业外收入 | 500 | |
| 减：营业外支出 | 2 000.00 | |
| 其中：非流动资产处置损失 | | |
| 三、利润总额（损失以"-"填列） | 647 575.4 | |
| 减：所得税费用 | 155 418.1 | |
| 四、净利润（净损失以"-"填列） | 492 157.3 | |

图 14.10　诚信邦 2016 年 12 月利润表

2016 年 12 月，相关的数据如下。

【业务 1】2016 年 12 月北京诚信邦建筑工程有限公司在税务代开的诚信邦发票上金额为 12 180 000 元，租金收入 100 000 元；应收票据期初余额为 250 000 元，期末余额为 100 000 元；应收账款期初余额为 1 000 000 元，期末余额为 3 200 000 元；本月内核销的坏账损失为 20 000 元。

本期销售商品提供劳务收到的现金（12 180 000+100 000）

加：本期收到前期的应收票据（250 000-100 000）

本期收到前期的应收账款（1 000 000-3 200 000-20 000）

本期销售商品、提供劳务收到的现金　　　10 200 000

【业务 2】北京诚信邦建筑工程有限公司 2016 年 12 月税务代开发票扣缴所得税 243 600 元（12 180 000×2%），12 月按照查账征收应交所得税 155 418 元（见

12 月所得税费用账户），月末收到所得税返还款 88 812 元，款项已存入银行。

本期收到的税费返还　　　　　　　　　　　　　88 812

【业务 3】北京诚信邦建筑工程有限公司 2016 年 12 月收到油漆工李延亮吸烟罚款 500 元，其他业务收入中租金收入 100 000 元系年初一次性交清全年租金本月应计入的，没有现金变动。

收到的其他与经营活动有关的现金为 500 元。

【业务 4】北京诚信邦建筑工程有限公司本期购买原材料及周转材料收到的发票上注明的材料价款为 1 150 000 元；应付账款月初余额 500 000 元，月末余额为 500 000 元；应付票据月初余额为 500 000 元，月末余额为 585 000 元；预付账款期初余额为 100 000 元，月末余额为 122 000 元；购买工程用物资 150 000 元，货款已通过银行转账支付。

本期购买商品、接受劳务支付的现金计算如下：

本期购买原材料支付的价款　　　　　　　　　　1 150 000

加：本期支付的前期应付账款（500 000-500 000）　　0

本期支付的前期应付票据（500 000-585 000）　-85 000

本期预付的货款（122 000-100 000）　　　　　22 000

本期购买商品、接受劳务支付的现金　　　　　1 087 000

【业务 5】北京诚信邦建筑工程有限公司本期实际支付工资 600 000 元，其中工程施工人员工资 400 000 元，管理人员工资 150 000 元，本公司办公楼在建工程人员工资 50 000 元；按工资 9% 缴纳了保险费；按照工资 1%支付了午餐补助。

支付给职工的工资（400 000+150 000）　　　　550 000

加：支付的保险费（550 000×9%）　　　　　　49 500

　　支付的午餐补助（550 000×1%）　　　　　　5 500

支付给职工以及为职工支付的现金　　　　　　605 000

【业务 6】北京诚信邦建筑工程有限公司 2016 年 12 月在税务代开发票，按 5.33% 扣缴营业税、城建税、教育费附加、地方教育费附加、所得税、印花税等税款 649 194.00 元，本期向税务机关交纳 11 月份应补缴的所得税 34 000 元。

本期支付的各项税费计算如下：

本期发生并交纳的税款　　　　　　　　　　　649 194

前期发生本期交纳的所得税额　　　　　　　　34 000

本期支付的各项税费　　　　　　　　　　　　683 194

【业务 7】北京诚信邦建筑工程有限公司出售上月购买的短期股票，收到的金额为 60 000 元。

本期收回投资所收到的现金：60 000（元）

【业务 8】2016 年 12 月收到股票投资发放的现金股利 10 000 元。

本期取得投资收益收到的现金：10 000（元）

【业务 9】北京诚信邦建筑工程有限公司出售闲置的八成新挖掘机收到价款 500 000 元。

本期处置固定资产、无形资产和其他长期资产所收回的现金净额 500 000 元

【业务 10】北京诚信邦建筑工程有限公司 2016 年 12 月购入运输车一辆，价款 185 000 元，通过银行转账支付；购买工程用物资 150 000 元；办公楼在建工程人员工资 50 000 元及 9% 的保险和 1% 午餐补助。

本期购建固定资产、无形资产和其他长期资产支付的现金计算如下：

| | |
|---|---|
| 购买运输车支付的现金 | 185 000 |
| 加：为在建工程购买材料支付的现金 | 150 000 |
| 在建工程人员工资及费用 50 000+50 000×10% | 55 000 |
| 本期购建固定资产、无形资产和其他长期资产支付的现金 | 390 000 |

【业务 11】北京诚信邦建筑工程有限公司购买股票，支付款项 200 000 元，其中含已经宣告发放的现金股利 10 000 元。

本期投资所支付的现金 200 000-10 000=190 000（元）

支付的其他与投资活动有关的现金反映企业除上述各项目外，支付的其他与投资活动有关的现金。其他与投资活动有关的现金，如果价值较大的，应单列项目反映。本项目可以根据有关科目的记录分析填列。

上例中已经宣告发放的现金股利 10 000 元在此项填列。

【业务 12】北京诚信邦建筑工程有限公司对外发行债券，发行款项 500 万元，代理发行的证券公司为其支付的各种费用共计 15 000 元，发行款项已全部收到。

本期吸收投资收到的现金计算如下：

| | |
|---|---|
| 发行债券取得的现金 | 4 985 000 |
| 其中：发行总额 | 5 000 000 |
| 减：发行费用 | 15 000 |
| 本期吸收投资收到的现金 | 4 985 000 |

【业务 13】北京诚信邦建筑工程有限公司 2016 年 12 月初应付现金股利为 51 000 元，本期宣布并发放现金股利 1 000 000 元，期末应付现金股利 0 元，支付贷款利息 46 875 元。

本期分配股利、利润或偿付利息所支付的现金计算如下：

| | |
|---|---|
| 本期宣布并发放的现金股利 | 1 000 000 |

加：本期支付的前期应付股利（51 000-0）      51 000

    支付贷款利息      46 875

    本期分配股利、利润或偿付利息支付的现金      1 097 875

根据以上业务，编制如图 14.11 和图 14.12 所示的现金流量表以及补充资料：

## 现金流量表

会企03表

2016年12月

单位：元

| 项　目 | 行次 | 本期金额 | 上期金额 |
|---|---|---|---|
| 一、经营活动产生的现金流量： | | | 略 |
| 销售商品、提供劳务收到的现金 | 1 | 10 200 000.00 | 略 |
| 收到的税费返还 | 3 | 88 812.00 | 略 |
| 收到的其他与经营活动有关的现金 | 8 | 500 | 略 |
| 现金流入小计 | 9 | 10 289 312.00 | 略 |
| 购买商品、接受劳务支付的现金 | 10 | 1 087 000.00 | 略 |
| 支付给职工以及为职工支付的现金 | 12 | 605 000.00 | 略 |
| 支付的各项税费 | 13 | 683 194.00 | 略 |
| 支付的其他与经营活动有关的现金 | 18 | 137 546.00 | 略 |
| 现金流出小计 | 20 | 2 512 740.00 | 略 |
| 经营活动产生的现金流量净额 | 21 | 7 776 572.00 | 略 |
| 二、投资活动产生的现金流量 | | | 略 |
| 收回投资所收到的现金 | 22 | 60 000.00 | 略 |
| 取得投资收益所收到的现金 | 23 | 10 000.00 | 略 |
| 处置固定资产、无形资产和其他长期资产所收回的现金净额 | 25 | 500 000.00 | 略 |
| 收到的其他与投资活动有关的现金 | 28 | | 略 |
| 现金流入小计 | 29 | 570 000.00 | 略 |
| 购建固定资产、无形资产和其他长期资产所支付的现金 | 30 | 390 000.00 | 略 |
| 投资所支付的现金 | 31 | 190 000.00 | 略 |
| 支付的其他与投资活动有关的现金 | 35 | 10 000.00 | 略 |
| 现金流出小计 | 36 | 590 000.00 | 略 |
| 投资活动产生的现金流量净额 | 37 | -20 000.00 | 略 |
| 三、筹资活动产生的现金流量 | | | 略 |
| 吸收投资所收到的现金 | 38 | 4 985 000.00 | 略 |
| 借款所收到的现金 | 40 | | 略 |
| 收到的其他与筹资活动有关的现金 | 43 | | 略 |
| 现金流入小计 | 44 | 4 985 000.00 | 略 |
| 偿还债务所支付的现金 | 45 | 2 000 000.00 | 略 |
| 分配股利、利润和偿付利息所支付的现金 | 46 | 1 097 875.00 | 略 |
| 支付的其他与筹资活动有关的现金 | 52 | | 略 |
| 现金流出小计 | 53 | 3 097 875.00 | 略 |
| 筹资活动产生的现金流量净额 | 54 | 1 887 125.00 | 略 |
| 四、汇率变动对现金的影响 | 55 | | 略 |
| 五、现金及现金等价物净增加额 | 56 | 9 643 697.00 | 略 |

图 14.11　现金流量表

补充资料

| | 页次 | 金额 |
|---|---|---|
| 1. 将净利润调节为经营活动现金流量: | | |
| 净利润 | 57 | 492 157.30 |
| 　　加：计提的资产减值准备 | 58 | |
| 　　固定资产折旧 | 59 | 206 000.00 |
| 　　无形资产摊销 | 60 | 12 100.00 |
| 　　长期待摊费用摊销 | 61 | |
| 　　待摊费用减少（减：增加） | 64 | |
| 　　预提费用增加（减：减少） | 65 | |
| 　　处置固定资产、无形资产和其他长期资产的损失（减：收益） | 66 | 2 000.00 |
| 　　固定资产报废损失 | 67 | |
| 　　财务费用 | 68 | 61 875.00 |
| 　　投资损失（减收益） | 69 | |
| 　　递延税款贷项（减借项） | 70 | |
| 　　存货的减少（减增加） | 71 | 9 426 019.70 |
| 　　经营性应收项目的减少（减增加） | 72 | -4 204 400.00 |
| 　　经营性应付项目的增加（减减少） | 73 | 1 780 820.00 |
| 　　其他 | 74 | |
| 经营活动产生的现金流量净额 | 75 | 7 776 572.00 |
| 2. 不涉及现金收支的投资和筹资活动: | | |
| 　　债务转为资本 | 76 | |
| 　　一年内到期的可转换公司债券 | 77 | |
| 　　融资租入固定资产 | 78 | |
| 3. 现金及现金等价物净增加情况: | | |
| 　　现金的期末余额 | 79 | 12 582 200.00 |
| 　　减：现金的期初余额 | 80 | 2 938 503.00 |
| 　　加：现金等价物的期末余额 | 81 | |
| 　　减：现金等价物的期初余额 | 82 | |
| 现金及现金等价物净增加额 | 83 | 9 643 697.00 |

图 14.12　现金流量表补充资料

# 14.5　建筑施工企业所有者权益变动表的编制

　　所有者权益变动表，是反映所有者权益的各个部分当期增减变动的财务报表，包括实收资本、资本公积、盈余公积、盈余公积和未分配利润的当期增减变动情况，是动态报表。

　　2007 年以前，公司所有者权益变动情况是以资产负债表附表形式予以体现的。新准则颁布后，要求上市公司于 2007 年正式对外呈报所有者权益变动表，所有者权益变动表将成为与资产负债表、利润表和现金流量表并列披露的第四张财务报表。

（1）所有者权益变动表的内容。

在所有者权益变动表中，企业还应当单独列示反映下列信息的：

❑　净利润；

❑　直接计入所有者权益的利得和损失项目及其总额；

❑　会计政策变更和差错更正的累积影响金额；

❑　所有者投入资本和向所有者分配利润等；

❑　提取的盈余公积；

❑　实收资本或股本、资本公积、盈余公积、未分配利润的期初和期末余额及其调节情况。

其中，反映"直接计入所有者权益的得利和损失"的项目即为其他综合收益项目。

（2）所有者权益变动表的结构。

所有者权益变动表以矩阵的形式列示：一方面，列示导致所有者权益变动的交易或事项，即所有者权益权益变动的来源，对一定时期所有者权益的变动情况进行全面反映；另一方面，按照所有者权益各组成部分（即实收资本、资本公积、盈余公积、未分配利润和库存股）列示交易或事项对所有者权益各部分的影响。

# 14.6　建筑施工企业中期财务会计报告的编制

为了使管理者、投资者及时掌握企业的经营成果，提供决策有用信息，一般会在会计年度中期定期（如月、季度）编制财务报告。中期财务报告是指短于一个完整的会计年度报告期间，比如：一个月、一个季度、半年或其他短于一个会计年度的期间。

## 14.6.1　中期财务会计报告的内容

《中期报告的内容与格式（试行）》规定，中期报告应包括如下主要内容：

- ❑ 资产负债表；
- ❑ 利润表；
- ❑ 现金流量表；
- ❑ 财务报表附注。

中期财务报告至少应包括资产负债表和利润表，可以是完整的财务报表，也可以简化，但简化的报表至少包括以下几项：流动资产、长期投资、固定资产净值、在建工程、无形资产及其他资产、资产总计、短期负债、长期负债、股东权益和少数股东权益。

简化的利润表至少应包括下列各项：主要营业务收入、主营业务利润、其他业务利润、利润总额、所得税费用和税后利润即净利润。

应提供的其他财务指标包括（但不限于）下列各项：每股收益率、净资产收益率、每股净资产和每股现金股利（在中期预分现金股利的情况下）。

## 14.6.2　中期财务会计报告编制要求

中期财务报告编制要求如下。

（1）编制中期财务报告应遵循一致性原则。与年度财务报告、各期财务报告保持一致性。

（2）中期会计计量可在更大程度上依赖于估计。

（3）编制中期财务报告应遵循重要性原则。应当以中期财务数据为基础、内容包括与理解企业中期末财务状况和中期经营成果及其现金流量相关的信息、根据具体情况做具体分析和职业判断。

（4）编制中期财务报告应遵循及时性原则。

注意：企业在中期如果发生了会计政策的变更，应当按照《企业会计准则第28号——会计政策、会计估计变更和差错更正》的规定处理，并按照准则规定在财务报表附注中作相应披露。

## 14.6.3　中期财务会计报告提供的比较信息

在中期财务报告中，企业应当提供以下比较财务报表：

（1）本中期末的资产负债表和上年度末的资产负债表；

（2）本中期的利润表、年初至本中期末的利润表以及上年度可比期间的利润表（其中上年度可比期间的利润表是指上年度可比中期的利润表和上年度年初至上年可比中期末的利润表）；

（3）年初至本中期末的现金流量表和上年度年初至上年可比本期末的现金流量表。

## 14.6.4　中期财务会计报告的附注应当包括的信息

中期会计报表附注至少应当包括的内容：

（1）对中期会计报表的编制采用了与上一年度会计报表相一致的会计政策的说明；如果发生了会计政策的变更，应说明变更的内容、理由及其影响数；会计政策变更的累积影响数不能合理确定的，应说明理由；

（2）会计估计变更的内容、理由及其影响数；影响数不能确定的，应说明理由；

（3）重大会计差错的内容及其更正金额；

（4）企业经营的季节性或者周期性特征；

（5）存在控制关系的关联企业发生变化的情况；关联方之间发生交易的，应当披露关联方关系的性质、交易类型和交易要素；

（6）合并会计报表的合并范围发生重大变化的情况；

（7）对性质特别或者金额异常的会计报表项目的说明；

（8）债务性证券和权益性证券的发行、回购和偿还情况；

（9）向企业所有者分配利润的情况（包括已在中期内实施的利润分配和已提出或者已批准但尚未实施的利润分配情况），包括向所有者分配的利润总额和每股股利；

（10）业务分部和专区分部的分部收入与分部利润（亏损）；

（11）中期资产负债表日至中期财务报告批准报出日之间发生的非调整事项；

（12）上年度资产负债表日以后所发生的或有负债和或者资产的变化情况；

（13）企业结构变化情况的说明；

（14）其他重大交易或者事项。

# 14.7　建筑施工企业财务报表附注

附注是财务报表的重要组成部分。企业编制财务报表附注，可以提高会计信息的可比性、增进会计信息的可理解性、促使会计信息充分披露，从而提高会计信息的之类，是报表使用者对企业的财务状况、经营成果和现金流动情况活的更充分的了解，并有利于报表使用者做出正确的决策。企业应当按照规定披露附注信息，主要包括下列内容。

（1）企业的基本情况：

❑ 企业注册地、组织形式和总部地址；

❑ 企业的业务性质和主要经营活动；

❑ 母公司以及集团最终母公司的名称；

❑ 财务报告的批准报出者和财务报告批准报出日。

（2）财务报表的编制基础。

（3）遵循企业会计准则的声明企业应当声明编制的财务报表符合企业会计准则的要求，真实、完整地反映了企业的财务状况、经营成果和现金流量等有关信息。

（4）重要会计政策和会计估计企业应当披露采用的重要会计政策和会计估计，不重要的会计政策和会计估计可以不披露。在披露重要会计政策和会计估计时，应当披露重要会计政策的确定依据和财务报表项目的计量基础，以及会计估计中所采用的关键假设和不确定因素。

（5）会计政策和会计估计变更以及差错更正的说明企业应当按照《企业会计准则第 28 号——会计政策、会计估计变更和差错更正》及其应用指南的规定，披露会计政策和会计估计变更以及差错更正的有关情况。

（6）报表重要项目的说明企业对报表重要项目的说明，应当按照资产负债表、利润表、现金流量表、所有者权益变动表及其项目列示的顺序，采用文字和数字描述相结合的方式进行披露。报表重要项目的明细金额合计，应当与报表项目金额相衔接。

## 实战训练

【训练一】　　　　　　　复习思考题

1. 财务会计报告的概念和组成。
2. 财务报表的概念和组成。
3. 资产负债表、利润表和现金流量表的作用。
4. 中期财务会计报告的内容。
5. 中期财务会计报告的作用。

【训练二】　　　　　　资产负债表的编制

A 建筑公司 2016 年 12 月 31 日的总分类账账户及有关明细账账户的余额如表14.7 所示。

表 14.7                    A 公司账户余额

| 会计账户名称 | 借方余额（元） | 贷方余额（元） |
|---|---|---|
| 库存现金 | 50 000 | |
| 银行存款 | 1 200 000 | |
| 其他货币资金 | 30 000 | |
| 交易性金融资产 | 500 000 | |
| 应收票据 | 6 000 | |
| 应收账款 | 700 000 | |
| 坏账准备 | | 8 000 |
| 预付账款 | 100 000 | |
| 其他应收款 | 5 200 | |
| 材料采购 | 260 000 | |
| 材料成本差异 | | 10 000 |
| 原材料 | 1 250 000 | |
| 低值易耗品 | 8 000 | |
| 周转材料 | 214 000 | |
| 工程施工 | 694 800 | |
| 长期待摊费用 | 120 000 | |
| 长期股权投资 | 300 000 | |
| 固定资产 | 2 500 000 | |
| 累计折旧 | | 640 000 |
| 在建工程 | 1 100 000 | |
| 短期借款 | | 360 000 |
| 应付票据 | | 200 000 |
| 应付账款 | | 500 000 |
| 其他应付款 | | 600 00 |
| 应交税费 | | 400 00 |
| 应付利润 | | 200 000 |
| 长期借款 | | 1 600 000 |
| 实收资本 | | 500 000 |
| 盈余公积 | | 3 200 000 |
| 利润分配——未分配利润 | | 100 000 |
| 合计 | 9 038 000 | 9 038 000 |

编制 A 企业 2016 年 12 月 31 日资产负债表。

【训练三】　　　　　建筑施工企业会计报表

A 企业当年年初会计账户的余额见习题一表格。

该企业本年度发生以下经济业务（假设只有一个施工单位，自行设计月份，材料采购逐笔结转原材料等账户，周转材料采用一次摊销方法，股权投资采用成本法核算）：

（1）用银行存款支付购入施工机械价款 200 000 元；

（2）收到甲方支付工程进度款 1 000 000 元，已转入公司账户；

（3）用银行存款缴纳所欠税款 33 000 元；

（4）应付职工工资 150 000 元，其中：施工现场管理人员工资 20 000 元，施工生产人员工资 120 000 元，公司行政管理人员工资 10 000 元；

（5）工程领域材料一批，实际成本 55 000 元；

（6）水电费 2 000 元，其中：施工现场用电 1 500 元，管理部门用电 500 元；

（7）上月的在途资料验收入库，实际成本 153 000 元，计划成本 155 000 元，结转其成本差异；

（8）计提固定资产折旧 70 000 元，其中：现场施工机械折旧 55 000 元，企业行政管理部门使用固定资产折旧 15 000 元；

（9）用现金支付企业行政管理部门办公费 3 000 元；

（10）一项再见工程完工，交付施工生产部门使用，办理竣工手续，固定资产价值 800 000 元；

（11）收到姑息 20 000 元，存入银行；

（12）应付合同违约罚款 6 000 元，计入营业外支出；

（13）用银行存款支付承包工程土方运输费 20 000 元，差旅费 5 000 元、其他间接费 2 000 元、安装工程价款 50 000 元；

（14）摊销施工现场临时设施费用 10 000 元，计入工程间接费；

（15）用银行存款归还到期的短期借款本金 100 000 元，并支付当期利息 4 000 元；

（16）用银行存款偿还欠款 250 000 元；

（17）承包工程本期应负担周转材料的材料成本差异；

（18）按 -0.6% 计算分摊领用材料的材料成本差异；

（19）本期承包工程全部竣工，合同收入 1 800 000 元，结转完工成本及合同毛利，并确认收入；

（20）与发包单位办理完工工程结算，银行汇款 600 000 元；

（21）工程竣工对冲结转工程结算；

（22）将各损益类账户发生额分别结转"本年利润"账户；

（23）计算并结转应交所得税；

（24）结转本年利润账户余额；

（25）按税后利润的 10%、5% 计提法定盈余公积和任意盈余公积，按利润分配决策向投资者分配利润 80 000 元；

（26）结转利润分配账户。

编制会计分录并登记总分类账，编制资产负债表、利润表、现金流量表及所有者权益的年度会计报表。

# 第15章 建筑施工企业的合并财务报表

一般来说，合并财务报表应当以母公司和其子公司的财务报表为基础，根据其他有关资料，按照权益法调整对子公司的长期股权投资后，由母公司编制。本章只是让读者大概了解财务报表的概念、范围、特点和如何编制，如果目前还用不到的读者可以先了解下。

## 15.1 建筑施工企业的合并财务报表概述

合并财务报表是指由母公司编制的，将母子公司形成的企业集团作为一个会计主体，综合反映企业集团整体财务状况、经营成果和现金流量的报表。

**注意**：母公司是指有一个或一个以上子公司的企业；子公司是指被母公司控制的企业。母公司应当是依法登记，取得企业法人资格的控股企业。

### 15.1.1 合并财务报表的组成

合并财务报表至少应当包括下列组成部分：

（1）合并资产负债表；

（2）合并利润表；

（3）合并现金流量表；

（4）合并所有者权益变动表（或股东权益变动表，下同）；

（5）附注。

### 15.1.2 合并财务报表范围的确定

合并财务报表的合并范围应当以控制为基础予以确定。

（1）母公司直接或通过子公司间接拥有被投资单位半数以上的表决权，表明母公司能够控制被投资单位，应当将该被投资单位认定为子公司，纳入合并财务报表的合并范围。但是，有证据表明母公司不能控制被投资单位的除外。

（2）母公司拥有被投资单位半数或以下的表决权，且满足下列条件之一的，视为母公司能够控制被投资单位，但是，有证据表明母公司不能控制被投资单位的除外：

❑　通过与被投资单位其他投资者之间的协议，拥有被投资单位半数以上的表决权；

❑　根据公司章程或协议，有权决定被投资单位的财务和经营政策；

❑　有权任免被投资单位的董事会或类似机构的多数成员；

❑　在被投资单位的董事会或类似机构占多数表决权。

（3）在确定能否控制被投资单位时，应当考虑企业和其他企业持有的被投资单位的当期可转换的可转换公司债券、当期可执行的认股权证等潜在表决权因素。母公司应当将其全部子公司，无论是小规模的子公司还是经营业务性质特殊的子公司，均纳入合并财务报表的合并范围。

## 15.1.3　合并报表的特点

（1）合并报表具有以下特点：

❑　合并财务报表反映的是企业集团的财务状况、经营成果及现金流量；

❑　合并财务报表的编制主体是母公司；

❑　合并财务报表的编制基础是构成企业集团的母、子公司的个别财务报表。

合并财务报表是在对纳入合并范围的企业的个别报表数据进行加总的基础上，结合其他相关资料，在合并工作底稿上通过编制抵销分录将企业集团内部交易的影响予以抵销之后形成；

❑　合并财务报表的编制遵循特定的方法——合并工作底稿法。

（2）合并财务报表至少应当包括下列组成部分：

❑　合并资产负债表；

❑　合并利润表；

❑　合并现金流量表；

❑　合并所有者权益（或股东权益，下同）变动表；

❑　附注。

# 15.2　建筑施工企业的合并财务报表的编制

编制合并财务报表的程序主要有 5 步：统一会计政策、编制合并工作底稿、编制调整分录和抵销分录、计算合并财务报表各项目的合并金额、填列合并财务报表。本节简单介绍下这几步。

## 15.2.1 统一会计政策和会计期间

在编制合并财务报表前，母公司应当统一子公司所采用的会计政策，使子公司采用的会计政策与母公司保持一致。子公司所采用的会计政策与母公司不一致的，应当按照母公司的会计政策对子公司财务报表进行必要的调整；或者要求子公司按照母公司的会计政策另行编报财务报表。同时，母公司应当统一子公司的会计期间，使子公司的会计期间与母公司保持一致。子公司的会计期间与母公司不一致的，应当按照母公司的会计期间对子公司财务报表进行调整；或者要求子公司按照母公司的会计期间另行编报财务报表。

## 15.2.2 编制合并工作底稿

合并工作底稿的作用是为合并财务报表的编制提供基础。在合并工作底稿中，对母公司和子公司的个别财务报表各项目的金额进行汇总和抵销处理，最终计算得出合并财务报表各项目的合并金额。

一般来说，合并资产负债表工作底稿、合并利润表工作底稿与合并所有者权益变动表的工作底稿合在一张工作底稿中，合并现金流量表工作底稿单独设置。

合并财务报表工作底稿的格式为：纵向设置报表项目，横向分别设置"个别报表""合计金额""调整与抵销分录"及"合并金额"四大栏。合并财务报表工作底稿具体格式如下。

合并财务报表工作底稿

| 项目 | 个别报表 | | 合计金额 | 调整与抵销分录 | | 合并金额 |
|---|---|---|---|---|---|---|
| | 母公司 | 子公司 | | 借方 | 贷方 | |
| 资产负债表项目： | | | | | | |
| ...... | | | | | | |
| 利润表项目： | | | | | | |
| ...... | | | | | | |
| 所有者权益变动表中的有关利润分配项目： | | | | | | |
| ...... | | | | | | |

### 15.2.3 编制调整分录和抵销分录

在合并工作底稿中编制调整分录和抵销分录，将内部交易对合并财务报表有关项目的影响进行抵销处理。编制抵销分录，进行抵销处理是合并财务报表编制的关键和主要内容，其目的在于将个别财务报表各项目的加总金额中重复的因素予以抵销。

在合并工作底稿中编制的调整分录和抵销分录，借记或贷记的均为财务报表项目（即资产负债表项目、利润表项目、现金流量表项目和所有者权益变动表项目），而不是具体的会计科目。比如，在涉及调整或抵销固定资产折旧、固定资产减值准备等均通过资产负债表中的"固定资产"项目，而不是"累计折旧""固定资产减值准备"等科目来进行调整和抵销。

#### 1．编制调整分录

（1）对子公司的个别财务报表进行调整。

① 对于非同一控制下企业合并取得的子公司，应当根据母公司在购买日设置的备查簿中登记的该子公司有关可辨认资产、负债的公允价值，对子公司的个别财务报表进行调整，使子公司的个别财务报表反映为在购买日公允价值基础上确定的可辨认资产、负债等在本期资产负债表日应有的金额。

② 子公司采用的会计政策、会计期间与母公司不一致的情况下，则需要考虑重要性原则，按照母公司的会计政策和会计期间，对子公司的个别财务报表进行调整。

（2）将对子公司的长期股权投资按权益法进行调整。

#### 2．编制抵销分录

合并利润表的编制，以母公司和纳入合并范围的子公司的个别利润表为基础，在抵销企业集团内部经济业务对下列项目的影响后，合并其数额来进行。

（1）编制母公司与子公司以及子公司之间发生的内部结算收入的抵销分录。

涉及内部点交工程已向发包单位点交并结算工程价款时，应在合并工作底稿中编制抵销分录：

借：主营业务收入

　　贷：主营业务成本

如果内部点交工程尚未向发包单位点交并结算工程价款时，应在合并工程结算收入、合并工程结算成本、合并存货（在建工程）项目中带息内部点交工程价款的收入、工程成本及将内部点交工程结算价款计算的存货调整为工程成本，将内部点交工程结算成本和税金及附加与工程结算收入的差额，调整合并存货，编制抵销分录：

借：主营业务收入

贷：主营业务成本

存货

（2）母公司与子公司以及子公司之间相互发生的内部结构件销售利润的抵销。

内部结构件销售尚未用于点交工程向发包单位结算工程价款时，应在存货项目抵销内部销售结构件中所包含的未实现利润，在合并企业业务利润项目中抵销内部结构件的利润，编制抵销分录：

借：其他业务利润

贷：存货

内部结构件已用于点交工程时，编制抵销分录：

借：其他业务利润

贷：主营业务成本

（3）母公司与子公司以及子公司之间相互持有对方债券所发生的投资收益，应与其相对应的利息支出相抵销，编制抵销分录：

借：投资收益

贷：财务费用

（4）母公司与子公司、子公司之间相互发生的固定资产交易所产生的未实现利润内部销售利润的抵销。

① 在发生内部销售固定资产交易的会计期间，应进行如下抵销：

借：其他业务利润

贷：固定资产原件

② 在发生内部销售固定资产交易以后的会计期间到该固定资产清理报废时止，应进行如下抵销：

借：年初未分配利润

贷：固定资产原件

③ 在内部销售固定资产报废清理时，应当将固定资产原件中包含的未实现内部销售利润总额减去报废清理以前固定资产原件中包含的未实现内部销售利润中已计入以前各期折旧费用的数额后的余额进行如下抵销：

借：年初未分配利润

贷：主营业务成本

存货

营业外收入（或营业外支出）

在编制合并工作底稿时，应将母公司、子公司会计报表的本年累计数或期末数分别填入"母公司报表的相应栏内"，然后根据内部交易及调整事项，编制调整分录填入"调整及抵销数"的"借方"或"贷方"。

### 3．实例：合并利润表及合并资产负债表的编制

某建筑施工企业于 2016 年初始投资 960 000 元，组建拥有 80% 股权的子公司，子公司实收资本为 1 200 000 元，少数股东权益为 240 000 元，本年度内，发生下列内部事项。

（1）子公司向母公司点交工程价款为 600 000 元的分包工程，母公司已向发包单位点交并结算工程价款。

（2）子公司向母公司销售 200 000 元的结构件，其内部销售利润为 40 000 元，结构件用于点交工程，价款未付。

（3）子公司当年税后利润为 150 000 元，母公司投资收益为 120 000 元（150 000×80%），少数股东损益为 30 000 元（150 000×20%），另提取盈余公积 23 500 元，分配利润 116 000 元，剩余 10 500 元结转下年。

根据上述事项，在合并工作底稿中编制如下会计分录。

（1）抵销内部点交工程结算收入：

借：主营业务收入      600 000

    贷：主营业务成本      600 000

（2）抵销结构件内部结算利润：

借：其他业务利润      40 000

    贷：存货      40 000

（3）抵销母公司与子公司之间相互应收应付结算件购销款：

借：应付账款      200 000

    贷：应收账款      200 000

（4）抵销因内部应收账款而抵销的坏账准备：

借：坏账准备      2 000

    贷：管理费用      2 000

（5）抵销母公司对子公司权益性投资与子公司所有者权益中母公司所有者权益，计算出少数股东权益和少数股东损益：

借：投资收益      120 000

    少数股东损益      30 000

    股本      1 200 000

    盈余公积      23 500

应付股利　　　　　　　　　　　　　　92 500

　　贷：长期股权投资　　　　　　　　　　1 080 000

　　　　盈余公积　　　　　　　　　　　　23 500

　　　　应付股利　　　　　　　　　　　116 000

　　　　少数股东权益　　　　　　　　　246 500

编制合并工作底稿如表 15.1 所示。

表 15.1　　　　　　　　　　　合并工作底稿

| 项目 | 母子公司报表金额 | | 调整抵销分录 | | 合并报表金额 |
|---|---|---|---|---|---|
| | 母公司 | 子公司 | 借方 | 贷方 | |
| 主营业务收入 | 25 000 000 | 2 000 000 | ①600 000 | | 2 640 000 |
| 主营业务成本 | 20 500 000 | 1 607 000 | | ①600 000 | 21 507 000 |
| 营业税金及附加 | 825 000 | 66 000 | | | 891 000 |
| 其他业务利润 | 563 000 | 30 000 | ②40 000 | | 553 000 |
| 管理费用 | 2 047 000 | 112 200 | | ④2 000 | 2 157 200 |
| 财务费用 | 132 000 | 20 000 | | | 152 000 |
| 投资收益 | 140 800 | | ⑤120 000 | | 20 800 |
| 营业外收入 | 20 000 | 3 000 | | | 23 000 |
| 营业外支出 | 11 000 | 2 000 | | | 13 000 |
| 所得税 | 459 320 | 109 830 | | | 569 150 |
| 少数股东权益 | | | | ⑤246 500 | 246 500 |
| 少数股东损益 | | 60 000 | ⑤30 000 | | 30 000 |
| 年末未分配利润 | 577 888 | 144 472 | | | 722 360 |
| 提取盈余公积 | 733 356 | 183 339 | ⑤23 500 | ⑤23 500 | 916 695 |
| 应付股利 | 676 200 | 116 000 | ⑤92 500 | ⑤116 000 | 815 700 |
| 应付账款 | 413 400 | 250 000 | ③200 000 | | 462 400 |
| 股本 | 7 363 200 | 3 040 800 | ⑤1 200 000 | | 9 204 000 |
| 货币资金 | 402 000 | 40 500 | | | 442 500 |
| 应收票据 | 877 400 | 68 000 | | | 945 400 |
| 应收账款 | 800 000 | 160 000 | | ③200 000 | 760 000 |
| 坏账准备 | 8 000 | 1 600 | ④2 000 | | 7 600 |
| 其他应收款 | 10 000 | 1 000 | | | 11 000 |
| 长期待摊费用 | 44 000 | 5 000 | | | 49 000 |
| 存货 | 4 844 000 | 365 500 | | ②40 000 | 5 169 500 |
| 长期股权投资 | 1 107 200 | | | ⑤1 080 000 | 27 200 |
| 合并差价 | | | | | |

根据合并工作底稿的调整及抵销数，调整母公司、子公司报表金额后，就可以按照下列方法计算出合并报表金额。

收入、收益、负债、所有者权益项目为：

母、子公司报表金额合计数+调整及抵销贷方金额数－调整及抵销借方数

成本、费用、支出、损失、资产项目为：

母、子公司报表金额合计数+调整及抵销借方金额数－调整及抵销贷方数

现根据合并工作底稿合并报表金额栏各项目数和上年合并报表，编制合并利润表、合并资产负债表分别如表 15.2 和表 15.3 所示。

表 15.2                    合并利润表

编制单位：某企业            2016 年 12 月            计量单位：元

| 项目 | 本年金额 | 上年金额 |
| --- | --- | --- |
| 一、营业总收入 | 26 553 000 | |
| 减：营业成本 | 21 507 000 | |
| 营业税金及附加 | 891 000 | |
| 销售费用 | | |
| 管理费用 | 2 157 200 | |
| 财务费用 | 152 000 | |
| 资产减值损失 | | |
| 加：公允价值变动收益（损失以"－"号填列） | | |
| 投资收益（损失以"－"号填列） | 20 800 | |
| 其中：对联营企业和合营企业的投资收益 | | |
| 二、营业利润（亏损以"－"号填列） | 2 266 600 | |
| 加：营业外收入 | 23 000 | |
| 减：营业外支出 | 13 000 | |
| 三、利润总额（亏损总额以"－"号填列） | 2 276 600 | |
| 减：所得税费用 | 569 150 | |
| 四、净利润（净亏损以"－"号填列） | 1 707 450 | |
| 归属于母公司所有者的净利润 | 1 677 450 | |
| 少数股东损益 | 30 000 | |
| 五、每股收益 | | |
| （一）基本每股收益 | | |
| （二）稀释每股收益 | | |

注：营业收入内含其他业务利润 553 000 元。

表 15.3　　　　　　　　　　　　合并资产负债表

编制单位：某企业　　　　　　　　　　2016 年 12 月　　　　　　　　　　计量单位：元

| 资产 | 行次 | 年初余额 | 期末余额 | 负债和所有者权益 | 行次 | 年初余额 | 期末余额 |
|---|---|---|---|---|---|---|---|
| 流动资产： | 1 | | | 流动负债： | 1 | | |
| 货币资金 | 2 | 551 500 | 442 500 | 短期借款 | 2 | 600 000 | 581 000 |
| 交易性金融资产 | 3 | | | 交易性金融负债 | 3 | | |
| 应收票据 | 4 | 542 500 | 945 400 | 应付票据 | 4 | 410 000 | 406 000 |
| 应收账款 | 5 | 348 250 | 752 400 | 应付账款 | 5 | 500 000 | 463 400 |
| 预付款项 | 6 | 50 000 | | 预收款项 | 6 | 175 000 | 194 000 |
| 其他应收款 | 7 | 2 500 | 11 000 | 应付职工薪酬 | 7 | 9 000 | 37 600 |
| 存货 | 8 | 4 740 000 | 5 169 500 | 应付股利 | 8 | 680 000 | 815 700 |
| 应收股利 | 9 | | | 应交税费 | 9 | 51 000 | 111 385 |
| 应收利息 | 10 | | | 其他应付款 | 10 | 1 000 | 8 000 |
| 应收补贴款 | 11 | | | 应付利息 | 11 | 50 000 | 80 000 |
| 一年内到期的非流动资产 | 12 | | | 一年内到期的非流动负债 | 12 | | |
| 其他流动资产 | 13 | | | 其他流动负债 | 13 | 10 500 | |
| 流动资产合计 | 14 | 6 234 750 | 7 320 800 | 流动负债合计 | 14 | 2 486 500 | 2 607 085 |
| 非流动资产： | 15 | | | 非流动负债： | 15 | | |
| 可供出售金融资产 | 16 | | | 长期借款 | 16 | 2 250 000 | 1 998 960 |
| 持有至到期投资 | 17 | | | 应付债券 | 17 | | |
| 长期应收款 | 18 | | | 长期应付款 | 18 | 320 000 | 600 000 |
| 长期股权投资 | 19 | | 27 200 | 预计负债 | 19 | | |
| 投资性房地产 | 20 | | | 递延所得税负债 | 20 | | |
| 固定资产 | 21 | 10 320 000 | 7 653 600 | 其他非流动负债 | 21 | | |
| 在建工程 | 22 | 1 220 000 | 1 122 400 | 非流动负债合计 | 22 | 2 570 000 | 2 598 960 |
| 工程物资 | 23 | | | 负债合计 | 23 | 5 056 500 | 5 296 045 |
| 固定资产清理 | 24 | | | 所有者权益： | 24 | | |
| 无形资产 | 25 | | 1 682 000 | 实收资本（或股本） | 25 | 9 204 000 | 9 204 000 |
| 开发支出 | 26 | | | 资本公积 | 26 | 2 000 000 | 1 860 000 |
| 商誉 | 27 | | | 减：库存股 | 27 | | |
| 长期待摊费用 | 28 | | 49 000 | 盈余公积 | 28 | 850 000 | 916 695 |
| 递延所得税资产 | 29 | | | 未分配利润 | 29 | 143 250 | 722 360 |

续表

| 资产 | 行次 | 年初余额 | 期末余额 | 负债和所有者权益 | 行次 | 年初余额 | 期末余额 |
|---|---|---|---|---|---|---|---|
| 其他非流动资产 | 30 | 275 000 | 390 600 | 外币报表折算差额 | 30 | | |
| 非流动资产合计 | 31 | 11 815 750 | 10 924 800 | 归属于母公司所有者权益合计 | 31 | 12 197 250 | 12 703 055 |
| | 32 | | | 少数股东权益 | 32 | 796 000 | 246 500 |
| | 33 | | | 所有者权益合计 | 33 | 12 993 250 | 12 949 555 |
| 资产总计 | 34 | 18 049 750 | 18 245 600 | 负债及所有者权益总计 | 34 | 18 049 750 | 18 245 600 |

#### 4．实例：合并现金流量表的编制

2016 年 12 月 31 日，M 公司及其拥有 80% 股份的子公司 N 公司的合并资产负债表和 2016 年度的合并利润表分别如表 15.4 和表 15.5 所示。2016 年其他有关数据如下。

（1）2016 年 N 公司出售了成本为 30 000 元的土地使用权，取得了 42 000 元的现金，实现利润 12 000 元。

（2）M 公司以补偿贸易的方式获得设备 380 000 元，记入"长期应付款"账户。

（3）从合并日起每年摊销合并价差 15 000 元。

（4）M 公司 2016 年收到债券投资收入款 12 000 元。

（5）除上述固定资产增加外，其他固定资产变化数由计提折旧引起。

（6）N 公司向少数股东以现金形式发放股利 40 000 元。

表 15.4　　　　　　M 公司合并资产负债表

编制单位：M 公司　　　　　　2016 年 12 月 31 日　　　　　　计量单位：元

| 项目 | 2015 年 | 2016 年 | 变动数 |
|---|---|---|---|
| 现金及现金等价物 | 216 000 | 314 000 | 89 000 |
| 应收账款 | 324 00 | 450 000 | 126 000 |
| 存货 | 246 000 | 300 000 | 54 000 |
| 长期债券投资 | 114 000 | 120 000 | 6 000 |
| 房屋 | 264 000 | 240 000 | （24 000） |
| 机器设备 | 720 000 | 980 000 | 260 000 |
| 土地使用权 | 122 000 | 92 000 | （30 00） |
| 合并差价 | 100 000 | 85 000 | （15 00） |
| 资产总计 | 2 106 000 | 2 581 000 | 475 000 |
| 应付账款 | 250 000 | 276 000 | 26 000 |

| 项目 | 2015 年 | 2016 年 | 变动数 |
|---|---|---|---|
| 应付利润 | 24 000 | 24 000 | |
| 长期应付款 | | 380 000 | 380 000 |
| 股本 | 600 000 | 600 000 | |
| 资本公积 | 300 000 | 300 000 | |
| 盈余公积 | 836 000 | 865 000 | 29 000 |
| 少数股东权益（20%） | 96 000 | 136 000 | 40 000 |
| 负债及所有者权益总计 | 2 106 000 | 2 581 000 | 475 000 |

**表 15.5**　　　　　　　　　　　　　M 公司合并利润表

编制单位：M 公司　　　　　　　　　　2016 年　　　　　　　　　　单位：元

| | | |
|---|---|---|
| 销售收入 | | 900 000 |
| 债券投资收益 | | 18 000 |
| 出售土地使用权利得 | | 12 000 |
| 收入合计 | | 930 000 |
| 减：销售成本 | 360 000 | |
| 　　折旧费用 | 144 000 | |
| 　　合并价差摊销费 | 15 000 | |
| 　　工资费用 | 64 800 | |
| 　　销售费用 | 56 400 | |
| 　　利息费用 | 8 800 | |
| 费用合计 | | 649 000 |
| 合并利润合计 | | 281 000 |
| 减：少数股东利润 | | 80 000 |
| 合并净利润 | | 201 000 |
| 减：提取盈余公积 | | 29 000 |
| 减：现金股利 | | 172 000 |
| 年末未分配利润 | | 0 |

　　M 公司合并现金流量表工作底稿及合并现金流量表，分别如表 15.6 和表 15.7 所示。

表15.6            **M公司合并现金流量表工作底稿**

编制单位：M公司           2016年           单位：元

| 项目 | 本年发生额 | 发生原因分析 借方 | 发生原因分析 贷方 |
|---|---|---|---|
| 合并利润表 | | | |
| 销售收入 | 900 000 | | （1）900 000 |
| 债券投资收益 | 18 000 | | （2）18 000 |
| 出售土地使用权利得 | 12 000 | | （3）12 000 |
| 收入合计 | 930 000 | | |
| 减：销售成本 | 360 000 | （4）360 000 | |
| 折旧费用 | 144 000 | （5）144 000 | |
| 合并价差摊销费 | 15 000 | （6）15 000 | |
| 工资费用 | 64 800 | （7）64 800 | |
| 销售费用 | 56 400 | （8）56 400 | |
| 利息费用 | 8 800 | （9）8 800 | |
| 少数股东利得 | 80 000 | （10）80 000 | |
| 合并净利润 | 201 000 | （14）201 000 | |
| 合并资产负债表 | | | |
| 现金及现金等价物 | 98 000 | （15）98 000 | |
| 应收账款 | 126 000 | （1）126 000 | |
| 存货 | 54 000 | （4）54 000 | |
| 长期债券投资 | 6 000 | （4）6 000 | |
| 房屋 | 240 000 | | （5）24 000 |
| 机器设备 | 260 000 | （11）380 000 | （5）12 000 |
| 土地使用权 | 30 000 | | （3）30 000 |
| 合并价差 | 15 000 | | （6）15 000 |
| 资产合计 | 475 000 | | |
| 应付账款 | 26 000 | | （4）26 000 |
| 应付利润 | | | |
| 长期应付款 | 380 000 | | （11）380 000 |
| 股本 | | | |
| 资本公积 | | | |
| 盈余公积 | 29 000 | （12）172 000 | （14）201 000 |
| 少数股东权益 | 40 000 | （13）40 000 | （10）80 000 |
| 负债及所有者权益合计 | 475 000 | | |

续表

| 项目 | 本年发生额 | 发生原因分析 | |
|---|---|---|---|
| | | 借方 | 贷方 |
| 合并现金流量表 | | 现金流入 | 现金流出 |
| 经营活动产生的现金流量： | | | |
| 销售商品、提供劳务收到的现金 | （1）774 000 | | |
| 购买商品、接受劳务支付的现金 | | | （4）388 000 |
| 支付给职工以及为职工支付的现金 | | | （7）64 800 |
| 支付的其他与经营活动有关的现金 | | | （8）56 400 |
| 投资活动产生的现金流量： | | | |
| 取得债券利息收入所收到的现金 | （2）12 000 | | |
| 处置无形资产收回的现金 | （3）42 000 | | |
| 筹资活动产生的现金流量： | | | |
| 偿付利息所支付的现金 | | | （9）8 800 |
| 支付给母公司股东股利的现金 | | | （12）172 000 |
| 支付给少数股东股利的现金 | | | （13）40 000 |
| 现金及现金等价物净增加额 | | | （15）98 000 |
| 合计 | | 828 000 | 828 000 |

表 15.7                         合并现金流量表

编制单位：M 公司                      2016 年                    单位：元

| 项目 | 金额 | 金额 |
|---|---|---|
| 经营活动产生的现金流量： | | |
| 销售商品、提供劳务收到的现金 | | 774 000 |
| 购买商品、接受劳务支付的现金 | （388 000） | |
| 支付给职工以及为职工支付的现金 | （64 800） | |
| 支付的其他与经营活动有关的现金 | （56 400） | |
| 经营活动产生的现金净流量 | | （509 200） |
| 投资活动产生的现金流量： | | 264 800 |
| 取得债券利息收入所收到的现金 | 12 000 | |
| 处置无形资产收回的现金 | 42 000 | |
| 投资活动产生的现金流量 | | |
| 筹资活动产生的现金流量： | | 54 000 |
| 偿付利息所支付的现金 | （8 800） | |
| 支付给母公司股东股利的现金 | （172 000） | |

| 项目 | 金额 | 金额 |
|---|---|---|
| 支付给少数股东股利的现金 | （40 000） | |
| 本期现金增加 | | （220 800） |
| 期初现金余额 | | 98 000 |
| 期末现金余额 | | 216 000 |
| 附二：从合并净利润调整经营活动产生的现金净流量 | | |
| 合并净利润 | | 314 000 |
| 调整项目： | | 201 000 |
| 少数股东利润 | 80 000 | |
| 处置长期债券投资收益 | （18 000） | |
| 处置无形资产收益 | （12 000） | |
| 财务费用 | 8 800 | |
| 固定资产折旧（房屋） | 24 000 | |
| （设备） | 12 000 | |
| 合并价差摊销 | 15 000 | |
| 经营性应收项目的增加 | （126 000） | |
| 存货增加 | （54 000） | |
| 经营性应付项目的增加 | 26 000 | 63 800 |
| 经营活动产生的现金净流量 | | 264 800 |

## 15.2.4　计算合并财务报表各项目的合并金额

在母公司和子公司个别财务报表各项目加总金额的基础上，分别计算出合并财务报表中各资产项目、负债项目、所有者权益项目、收入项目和费用项目等的合并金额。其计算方法如下。

（1）资产类各项目，其合并金额根据该项目加总金额，加上该项目抵销分录有关的借方发生额，减去该项目抵销分录有关的贷方发生额计算确定。

（2）负债类各项目和所有者权益类项目，其合并金额根据该项目加总金额，减去该项目抵销分录有关的借方发生额，加上该项目抵销分录有关的贷方发生额计算确定。

（3）有关收入类各项目和有关所有者权益变动各项目，其合并金额根据该项目加总金额，减去该项目抵销分录的借方发生额，加上该项目抵销分录的贷方发生额计算确定。

（4）有关费用类项目，其合并金额根据该项目加总金额，加上该项目抵销分录的借方发生额，减去该项目抵销分录的贷方发生额计算确定。

## 15.2.5　填列合并财务报表

根据合并工作底稿中计算出的资产、负债、所有者权益、收入、费用类以及现金流量表中各项目的合并金额，填列生成正式的合并财务报表。如 15.2.3 节中"3. 实例：合并利润表及合并资产负债表的编制"和"4. 实例：合并现金流量表的编制"所示。

### 📋 实战训练

【训练一】　　　　　　　复习思考题

1. 合并财务报表的组成。

2. 合并财务报表范围的确定。

3. 如何编制调整分录和抵销分录。

【训练二】　　　　　　　编制合并工作底稿

诚信邦建筑工程公司于 2015 年初投资 960 000 元，组建拥有 80% 股权的子公司，子公司实收资本为 1 200 000 元，少数股东权益 240 000 元，本年度内，发生下列内部事项。

（1）子公司向母公司点交工程价款为 600 000 元的分包工程，母公司已向发包单位点交并结算工程价款。

（2）子公司向母公司销售 200 000 元的结构件，其内部销售利润为 40 000 元，结构件用于点交工程，价款未付。

（3）子公司当年税后利润为 150 000 元，母公司投资收益为 120 000 元，少数股东损益为 30 000 元，另提取盈余公积 23 500 元，分配利润 116 000 元，剩余 10 500 元结转下年。

根据上述事件，在合并工作底稿中编制如下分录：

1. 抵销内部点交工程结算收入：

借：主营业务收入　　　　　　　　　　　　　　　　　600 000

　　贷：主营业务成本　　　　　　　　　　　　　　　　　　600 000

2. 抵销结构件内部结算利润：

借：其他业务利润　　　　　　　　　　　　　　　　　40 000

　　贷：存货　　　　　　　　　　　　　　　　　　　　　　40 000

3. 抵销母公司与子公司之间相互应付应收结构件购销款：

借：应付账款　　　　　　　　　　　　　　　　　　　200 000

　　贷：应收账款　　　　　　　　　　　　　　　　　　　　200 000

4. 抵销因内部应收账款而抵销的坏账准备：

借：坏账准备           2 000

  贷：管理费用           2 000

5. 抵销母公司对子公司权益性投资与子公司所有者权益中母公司所有者权益，计算出少数股东权益和少数股东损益：

借：投资收益          120 000

  少数股东损益        30 000

  股本           1 200 000

  盈余公积         23 500

  应付股利         92 500

  贷：长期股权投资      1 080 000

    盈余公积       23 500

    应付股利       116 000

    少数股东权益     246 500

编制合并工作底稿，如表 15.8 所示。

表 15.8         编制合并工作底稿

| 项目 | 母子公司报表金额 | | 调整抵销分录 | | 合并报表金额 |
|---|---|---|---|---|---|
| | 母公司 | 子公司 | 借方 | 贷方 | |
| 主营业务收入 | | | | | |
| 主营业务成本 | | | | | |
| | | | | | |
| | | | | | |
| | | | | | |
| | | | | | |